金属期货

付上金 编著

中国宇航出版社
·北京·

内 容 简 介

本书系统全面地讲解了金属期货及与之密切相关的煤炭期货投资的基本知识、分析方法、投资技巧以及影响期货价格的主要因素。分品种讲解了铁矿石、螺纹钢、热卷、硅铁、锰铁、线材、铜、铝、铅、锌、锡、镍、黄金、白银、焦炭、焦煤、动力煤等期货品种的投资知识和操作技巧，对期货投资者开拓投资思路、分析价格走势和实战操盘具有较强的指导意义。

图书在版编目（C I P）数据

金属期货 / 付上金编著. -- 北京 : 中国宇航出版社, 2018.6（2024.1重印）
ISBN 978-7-5159-1443-5

Ⅰ. ①金… Ⅱ. ①付… Ⅲ. ①金属－期货交易 Ⅳ. ①F713.35

中国版本图书馆CIP数据核字(2017)第321126号

责任编辑 田芳卿
责任校对 白希国　　**装帧设计** 宇星文化

出版发行 中国宇航出版社

社　址 北京市阜成路8号　**邮　编** 100830
(010)60286808　(010)68768548
网　址 www.caphbook.com
经　销 新华书店
发行部 (010)68767386　(010)68371900
(010)68767382　(010)88100613(传真)
零售店 读者服务部
(010)68371105
承　印 北京厚诚则铭印刷科技有限公司

版　次 2018年6月第1版
2024年1月第2次印刷
规　格 787×1092
开　本 1/16
印　张 19.75
字　数 342千字
书　号 ISBN 978-7-5159-1443-5
定　价 58.00元

前　　言

期货市场是一个知识密集型市场，资金对抗激烈，多空对垒凶猛，利益纠缠复杂多变。期货市场是一个智慧、胆识的较量场，是一个人力、物力、财力的消耗场。这里没有人情，只有资金的较量，人性的比拼，思维的搏击。

国内期货市场经过 20 多年的发展，日趋完善和成熟，期货品种日益丰富。商品期货交易已经比较规范稳定，金融期货推出新的品种，如股指期权等，涵盖的行业也更加广泛。如今，期货已经成为各类市场参与者规避风险、发现价格的有效工具，期货市场已经成为促进宏观经济稳定、支持实体经济发展的重要力量。

目前国内期货市场中，期货品种分为四大类。第一类是农副产品，主要有大豆、豆油、豆粕、菜油、菜粕、棕榈油、橡胶、白糖、棉花、鸡蛋等；第二类是能源化工，主要有原油、燃油、焦炭、焦煤、沥青、动力煤、PTA、玻璃、塑料、甲醇、聚丙烯等；第三类是金属，主要有铜、铝、锌、铅、金、银、螺纹钢、铁矿石等；第四类是金融，主要有股指期货、国债期货、期权等。

当下，无论是主管期货的官方机构，还是有实力的期货公司，或者权威财经媒体，比较系统的各期货品种基础资料、技术分析工具以及成功的具体操作手法比较匮乏。市面上很难找到一本完整的全面系统介绍某个期货品种的学习资料。

以金属铜为例，现存资料对铜资源在国内外的分布状况讲解不完善，对铜资源在国内外的储量统计不准确，历年来国内外铜精矿与精铜的具体生产与消费数据也难以查询，铜的消费构成以及影响铜现货和期货价格变动的各种因素的讲解也不够透彻，诸如此类，不胜枚举。

针对以上缺憾，笔者以自己的期货专业素养为基础，大量广泛收集、整理了金属类期货品种的数据资料、技术分析工具以及成功的操作手法，加上自己的创新，一并呈现给投资者，方便投资者日常查阅，更好地为投资者实战交易服务。

期货投资者都想拥有一个属于自己的稳定的期货交易系统。但是现实中，这个稳定的期货交易系统对绝大多数人来讲很难找到。只有极少数人通过多年的磨炼，甚至经过生死的考验，建立一个稳定的期货交易系统，从而步入稳定盈利的期货交易阶段，逐步实现财务自由，实现人生理想。

本书目的是为投资者打造一个迈向稳定交易系统的阶梯，通过本书的学习，投资者会对金属期货有一个整体的把握，或许能激发某些投资灵感，找到自己稳定的交易系统，实现期货交易质的突破。

本书主题内容是金属，但是煤炭与黑色金属的关系比较密切，煤炭价格的变化会引起黑色金属价格的波动，所以本书也把焦炭、焦煤、动力煤的内容引入进来。

最后，任何成功的期货交易，都必须考虑价格预测、时机选择和资金管理三个因素。投资者对这三个方面的掌握非一日之功，需要勤于学习、实践与日积月累。

付上金

2018 年 5 月 6 日

投资心得

（1）在任何市场，总投资额必须限制在全部资金的 50% 以内。

（2）在任何单个市场投入的资金量，必须限制在总资金的 10% ~ 15% 之间。

（3）在任何单个市场的最大亏损金额，必须限制在总资金的 5% 以内。

（4）在任何一个市场群类投入的保证金金额，必须限制在总资金的 20% ~ 25% 之间。

（5）顺应中等趋势的方向交易，在上涨走势中逢跌买入，下跌走势中逢高卖出。

（6）让利润充分增长，把亏损限制在小额之内。

（7）始终为头寸设置保护性止损指令，限制亏损幅度。

（8）不要冲动下单，要打有把握之仗。

（9）制定交易计划，并贯彻到底。

（10）奉行资金管理的各项要领。

（11）分散投资，但须防止“过犹不及”。

（12）风险收益比至少达到 1:3，才可以去尝试交易。

（13）绝对不要追加保证金，别把活钱扔进死头寸里。

（14）采用金字塔方法增加头寸的时候，应遵循如下原则：后加头寸必须小于前加头寸，只能在盈利的头寸上加码，不能在亏损头寸上加码。

（15）在平盈利头寸前，先平亏损头寸。

（16）除了超短线交易之外，投资者应该待在市场之外，最好是闭市期间做好决策。

（17）研究工作应该由长期逐步过渡到短期。

（18）利用日线图找准入市、出市点。

（19）在从事日内交易之前，先掌握隔日交易的技巧。

（20）尽量别理会常识，不要过分相信传播媒介的任何说法。

（21）学会踏踏实实当少数派。

（22）技术分析靠日积月累与实践才能提高。

（23）力求简明，复杂的不一定是优秀的。

目　录

第一章　金属期货概述

金属期货包括基本金属期货和贵金属期货。基本金属也称贱金属、普通金属，是指除贵金属和稀有金属之外的工业用金属，主要包括铁、锰、铜、铝、铅、锌、镍、锡等。贵金属主要指金、银和铂族金属钌、铑、钯、锇、铱、铂等8种金属。

基本金属是国民经济发展的基础材料，行业发展受经济发展进程及工业化水平影响，并受矿产资源供应状况制约。与人类的消费需求相比，基本金属的供给是有限的。

金属行业发展过程中，不同国家和地区的不同行业发展状况，使该行业的发展处于行业生命周期的不同阶段，但受到外部环境影响的因素大致相同，行业发展也表现出一定的共同特征。把握这些特征，有利于对基本金属行业进行深入分析。

本章下文提到的金属期货主要指基本金属期货。

第一节　金属特点及期货品种

一、金属特点

（一）供给特点

（1）金属的生产和供应为全年性的，生产由发达国家向新兴国家、发展中国家和地区转移和集中。

（2）全球金属矿产资源垄断明显，矿产商定价能力强于加工冶炼企业。

（二）需求特点

（1）金属需求受宏观经济影响较大，仓储成本在其价格构成中被弱化。

（2）金属的市场需求受经济周期、下游行业景气程度等相关因素影响明显。

（3）相对于供给，金属需求的市场化程度更高，终端产品的需求是全球性的。

二、金属期货品种

金属期货是期货市场最早交易的工业品种。从全球市场来看，金属期货代表性的交易所有伦敦金属交易所（LME）、纽约商品交易所（COMEX，芝加哥商业交易所集团分部）和上海期货交易所。

伦敦金属交易所（LME）是全球最大的金属现货、期货（远期）和期权交易中心，其交割仓库遍及全球，价格为全球贸易的重要参考指标。纽约商品交易所（COMEX）是北美金属期货交易中心。

目前，在国内外期货市场上市的金属期货品种合约，主要有铜、铝、锌、铅、螺纹钢、铁矿石、黄金、白银等。

第二节　金属产业链分析

金属各品种产业链共性特征明显，产业链研究应该从生产、贸易到终端消费等环节入手。基本金属大部分是碱金属，以矿石形态存在于自然界中，产业环节大致包括矿石采选、金属冶炼、金属加工和终端消费等环节。

一、矿石采选

矿石采选包括矿山开采和选矿两个环节。矿山开采是指人工或机械开采有利用价值的天然矿物资源，最后得到矿石。根据矿床埋藏深度的不同和技术经济合理性的要求，矿山开采分为露天开采和地下开采两种方式。接近地表和埋藏较浅的矿采用露天开采，埋藏较深的矿采用地下开采。

选矿生产流程一般是将矿石破碎、磨矿，然后经过磁选或者浮选、重选、过滤等工序，最后得到精矿。

影响矿产资源供给的主要因素有：矿产资源分布情况；潜在矿山的勘探和开发情况；已开发矿山的开发程度（产能、产量和扩产能力等）；能源短缺、地震、山体滑坡、罢工等因素对采矿造成的减产或者停产影响。潜在矿山的勘探、开发情况等相关数据，更多地需要从相关行业协会、统计机构和部分第三方独立研究机构获得。

正常情况下，上述影响因素中，前三者相对稳定。第四种因素是一些突变因素，一般具有难以预测性，并且对市场的影响很大，但大多数情况下都表现为短期和非本质的特性。

金属行业采矿阶段普遍受到经济周期的影响，因为金属矿山的勘探与建设具有周期性。对于矿山企业来讲，仅在金属价格高涨时才能获得投资需要的资金，而金属矿山的勘探和建设周期较长，一般需要 3 ~ 5 年的时间，因此，金属的供不应求一般都会持续数年以上。随着新矿山逐步投产与冶炼能力得到提升，金属供应将逐渐增加，甚至出现过剩，这可能导致行业逐步走向低迷。

分析矿石因素对金属价格的影响时，矿石生产和输出大国的矿产存量与已开发矿山的开发程度是需要重点关注的内容。以铜为例，智利、墨西哥、秘鲁等拉美产铜大国的产量情况、未来产量的增减计划等，是影响市场铜供给的重要因素。中国、美国作为重要的生产国和消费国，其矿产存量、产量数据对市场的影响必须仔细加以研究。

二、金属冶炼

金属冶炼是指焙烧、熔炼、电解以及使用化学药剂等方法，把矿石中的金属提取出来。研究金属冶炼的目的在于，分析冶炼环节各类因素对金属产品成本及其对市场价格的影响。

（一）原料供给

金属冶炼原料的供给情况，直接决定了中下游半成品、成品的供应量和价格，因此梳理清楚金属原料的供给情况非常必要。

根据原料类别划分，金属冶炼原料主要有矿石和回收的废旧金属。根据原料来源，金属冶炼原料可以分为国内自产和国外进口两类。中国是全球最大的生产国和消费国，原料进口依存度高，所以对金属冶炼原料的进口状况进行分析，是金属期货交易的重要内容。

比如 2008 年，中国精炼铜产量 370 万吨，净进口量 136 万吨，废铜进口量 560 万吨。如果废铜以 30% 的含铜量估算，进口废铜占国内铜供应量的比例约为 25%。在 2008 年金融危机中，铜及废铜价格均大幅下降。由于价格下跌，企业减少设备更新，以及部分进口商违约等因素，导致国际市场废铜供应及中国废铜进口量大幅减少。

废铜供应减少，也在一定程度上推动了2009年一季度精炼铜进口增长及价格回升。

在分析金属冶炼原料的供需情况时，除直接分析国内自产量和国外进口量之外，也可以通过分析加工冶炼费来预测金属冶炼原料的供应状况。金属品种的原料和产成品概况见表1-1。

表1-1　金属品种的原料和产成品概况

	铜	铝	锌	铅	钢材
原料	铜精矿、废杂铜	铝土矿、废铝	锌精矿	铅精矿	铁矿石、废钢
原料进口定价	期货价格减加工费	长单、单独议定价	期货价格减加工费		联合谈判、协议定价
半成品	冰铜、粗铜、阳极铜	氧化铝		粗铅	生铁、粗钢
成品	电解铜	电解铝	精炼锌	精铅、铅合金	螺纹钢、线材
制成品	铜材	铝材	镀锌板、合金、黄铜、氧化锌、电池	铅酸蓄电池、化工、焊料、铅弹、护套	

（二）加工冶炼费举例：铜锌加工冶炼费

加工冶炼费是铜和锌冶炼企业的主要收入来源。加工冶炼费处于高位，说明供应较为充裕，冶炼企业的加工冶炼费收入较高。

1. 铜加工冶炼费

铜的加工冶炼费是指铜精矿转化为精铜的总费用，通常用TC/RC（Treatment and Refining Charges for Processing Concentrates）表示，其中，TC（Treatment Charges）为粗炼费，是铜精矿转化为粗铜的粗炼费用，以美元/吨铜精矿报价。RC（Refining Charges）为精炼费，是指将粗铜转化为精铜的精炼费用，以美分/磅精铜报价。

TC/RC是矿产商或贸易商（卖方）向冶炼厂或贸易商（买方）支付的将铜精矿加工成精铜的费用。为什么铜精矿贸易是卖方向买方支付费用？这涉及世界铜的加工贸易习惯。目前国际通行的做法是：矿产商或贸易商与冶炼厂事先谈判TC/RC费用，然后从基于LME基准价确定的售价中扣除TC/RC费用，剩下的就是铜精矿的销售价格。

铜精矿的供应情况与 TC/RC 的高低存在一定的正相关关系，处于高位的 TC/RC 即意味着铜精矿供过于求，相反低位的 TC/RC 也说明铜精矿供不应求。换言之，也可以将 TC/RC 的变化作为铜精矿的供需领先指标。

以 TC 为例，将 TC 除以 22.046 221，将报价单位美元 / 吨转化为美分 / 磅，再除以 0.3（一般 TC/RC 的作价都是基于含铜量 30% 的铜精矿），再除以 0.965（依据 96.5% 的回收率），这种计算方法可以简化为“TC 费用 /6.38”，将得到的数字与 RC 费用相加，即可得到综合的 TC/RC 费用。由于矿石品位和回收率不同，计算方法要根据具体情况来定，并无固定的计算公式。

另外，部分铜精矿加工费合约中还包括 PP 条款。PP（Pice Participation）即价格分享（参与）。一般国际惯例价格基准是 90 美分 / 磅，参与比例是 10%。即当铜价超过 90 美分 / 磅（1 984 美元 / 吨）时，铜矿商将支付超出部分的 10% 给冶炼企业作为补贴。反之，当铜价低于 90 美分 / 磅时，冶炼企业将差额部分的 10% 补贴给铜矿商。

2. 锌加工冶炼费

锌和铜的冶炼工艺有一定差异，锌精矿可以直接冶炼成精炼锌。锌的加工冶炼费包括“协定加工费”和“价格分享收益”两部分。

协定加工费就是合同上达成的锌精矿加工冶炼费用。价格分享收益分为两类：如果精锌年均价大于协议基准价，则用精锌年均价与基准价之差再乘以上浮比例，算出“上浮浮动收益”，这部分收益用于补偿精锌价格上涨给冶炼企业带来的潜在损失。如果精锌年均价低于协议基准价，则用精锌年均价与基准价之差再乘以下浮比例，算出“下浮浮动收益”，这部分收益用来补偿精锌价格下跌给矿产商带来的潜在损失。

最后，将“协议加工费”和“价格分享收益”相加，即得出锌的实际加工费用。

由此可知，锌冶炼企业对每年签订的“协议加工费”和“价格分享收益”都相当敏感，锌的加工冶炼费高低，也会影响到冶炼企业未来增产或减产的动力。

（三）冶炼企业的产量、产能

冶炼企业的减 / 扩产计划、月度产量数据等，都会对市场供需预期产生影响，向上影响矿产原料的需求，向下影响金属成品的供给，因此冶炼企业的产能、产量情况是同时影响产业上下游的重要因素。

作为市场的供给方，冶炼企业的产量对价格存在明显的影响。当冶炼企业产量提高时，市场供给量就会增加，如果需求没有出现相应的增加，市场就会出现供过于求的情况，金属材料价格将会下跌；反之，则会出现上涨。

冶炼企业产量除了受原材料供给和企业开工意愿的影响之外，很大程度上受到企业冶炼产能的制约。即使市场价格出现大幅攀升，企业产量也只能以产能为限。当企业完成对新增产能的投资时，企业的生产能力和产量随之提高，从而对价格构成抑制作用。同时，市场价格、企业对未来市场价格的预期，也会影响企业的产能利用率、产量和市场供给量。

（四）生产成本

冶炼企业的生产成本是为冶炼生产金属材料发生的各项费用。

对于金属行业来说，市场更多关注的原材料、辅助材料、燃料材料、燃料机动力、人工成本、设备折旧等，这些因素对冶炼企业产品的生产成本起到主导作用。

钢材的前端材料是粗钢（粗坯），再往前就是生铁。炼铁中耗用量最大的是铁矿石和焦炭。生产 1 吨粗钢需要消耗 1.06 吨生铁，或者间接消耗 1.7 吨含铁量 65% 的铁矿石和 0.5 吨焦炭，因而钢材生产成本对铁矿石和焦炭价格具有较高敏感性。不同的钢铁企业，由于生产工艺、技术和管理方面的差别，生产成本也会存在差异。钢材的生产成本主要包括原材料铁矿石成本和焦炭成本，以及生铁制成费、粗钢制成费和轧钢费等费用。

铝是高耗能产品，平均每吨电解铝的耗电量为 1.45 万千瓦时。电力成本占国内电解铝生产成本的 35% ~ 40%，电价对铝生产成本存在较大的影响。电价每降 1 分钱，每吨电解铝生产成本即可减少 145 元。平均每吨电解铝消耗氧化铝 1.95 吨，氧化铝成本占比在 35% 左右，氧化铝和电价的波动直接影响电解铝的生产成本。

一般而言，当金属价格低迷，生产企业无利可图时，生产企业积极性会降低。但由于部分生产成本低的生产企业仍旧坚持增加产量以抢占市场，所以供应量不一定会减少。只有当金属价格极端低迷，绝大多数生产企业都承受不起亏损时，才会出现大规模的减产行为。

（五）冶炼副产品

金属加工冶炼过程中还会产生冶炼副产品，副产品的价格波动也会影响企业加工利润。

以铜为例，目前进口铜精矿中的硫暂时不计价，当铜精矿中硫含量较高时才计价。

铜冶炼企业的硫酸生产成本较低（通常在 200 ~ 300 元 / 吨），硫酸价格的上涨会弥补企业冶炼业务的亏损，冶炼副产品贵金属价格的上涨，也会增加冶炼企业的收益。

三、金属进出口

一般而言，金属进口量的增加体现了国内需求的增长，有助于推动国际市场价格的上涨。如果国内实际需求量增长低于进口量和国内产量的增加，则会增加国内供给压力，价格将会出现调整或下行。另一方面，国内外市场的价差变化、跨市场套利及抵押融资等因素，也会对进出口需求产生影响。

目前，国内有色金属品种进出口贸易渠道非常通畅，在套利机制的作用下，LME 和国内市场之间的金属比价会维持在一个相对均衡的水平。

金属进出口成本的高低，直接影响国内市场的供需状况。下面列出了有色金属进出口成本计算公式：

有色金属进口成本=（LME 三个月期货价格+现货升贴水+到岸升水）×（1 +进口关税税率）×（1 +增值税税率）× 汇率+杂费

有色金属进口成本= [国内现货价 ×（1 +出口关税税率）×（1 −出口退税税率）+运费+杂费]/ 汇率

以精炼锌进口成本计算为例。计算日期为 2008 年 11 月 28 日，LME 三个月期货价格为 1 212.5 美元 / 吨，现货升水 8.5 美元 / 吨，到岸升水 50 美元 / 吨，汇率 6.834 9 人民币 / 美元，进口关税税率 3%，增值税税率 17%，杂费 50 元。

那么精炼锌进口成本价为:（1 212.5 + 8.5 + 50）×（1 + 3%）×（1 + 17%）× 6.834 9 + 50 = 10 519（元 / 吨）。

当日锌的现货价格为 9 400 元 / 吨，进口实际亏损 1 119 元 / 吨。

四、金属材料加工

金属制品加工属于金属产业链的中间环节，行业整体规模较小，企业数量多且相对分散，与其上游冶炼企业和下游金属制品消费企业相比，定价能力差，不具备影响金属价格的能力。

对金属市场供求关系进行分析时，金属加工环节属于中间需求，关注的重点是企业开工率和订单情况，以及实际和潜在的消费状况，困难在于难以获得加工环节全面准确的数据。该类数据一般通过企业调研获取,部分咨询机构也会发布相关信息。

每月由国家统计局、中国有色金属工业协会发布的铜铝锌铅产量和进出口数据,由中国钢铁工业协会发布的钢材产量数据，可以作为评估铜、铝、铅、锌、钢材中间消费状况的参考。对于钢材品种，螺纹钢直接用于终端建筑行业，不存在制品加工环节。线材除直接用作建筑钢筋外，还可以加工成各类专用钢丝，或者其他金属制品，如铆钉、螺钉等，线材深加工比例达到 30% 左右。

五、终端消费

（一）终端消费行业分析

（1）分析金属消费的地域及行业分布。中国金属消费处于全球首位，并且消费量很大，“中国因素”是消费环节分析的切入点。

中国精铜消费已经超过全球总消费量的 1/3，国内精铜消费量变动对全球铜价具有举足轻重的影响。中国精铜终端消费主要分布在电力、空调制冷和交通运输、电子、建筑等行业。在国内精铜消费结构中，电力行业用铜量占精铜消费量的 46%，属于中国铜消费主导行业。国内电力行业、空调制冷业、交通运输业、电子业和建筑业五大行业的精铜消费量比重达到 89%。

建筑、电力电器、交通运输、包装和机械制造是中国铝消费的主要行业，其中铝消费最大的行业为建筑业，所占比例为 28%。交通运输业铝消费比例仅为 14%，机械制造和电力电器与电子方面的铝消费比例明显偏高。

锌的主要中间制品（镀锌板、压铸件、锌基合金）在国内主要用在建筑业、汽车业和家电业。目前，国内建筑业用锌占精锌产量的 33%，交通运输业用锌约占 14%，电力行业用锌约占 11%。

铅的主要用途是生产铅蓄电池，其次是氧化铅，其他还包括铅材和铅合金、铅盐、电缆。近年来，铅蓄电池中铅的消费量在总消费量中占比在 80% 以上。

线材约 75% 用于建筑材料，螺纹钢几乎全部用于建筑行业。

可以看出，金属终端消费主要集中于建筑、交通、电力、汽车、家电等行业。

（2）分析重点行业对金属消费的影响。在金属消费地域及行业分布分析的基础上，应该分析重点行业对相应品种消费需求的影响，这样有利于找到影响价格走势的主线。

例如，电力行业投资直接影响到铜金属的消费，电力供应会影响冶炼企业的成本及运营等。2009 年初，国内两大电网公司计划电网建设总投资 3 380 亿元，1—10 月份电网基本建设实际完成投资 2 487.72 亿元，预计全年完成投资额约为 3 000 亿元，远低于计划。上半年电力需求萎靡，电网公司资金紧张，直接影响了电网投资的进度。自 2009 年 11 月 20 日起，电价每千瓦时平均提价 0.028 元，电网公司资金困难问题得到改善，后续电网建设能够获得资金支持。未来电力建设重点发展核电、风电等新能源，需要相应的配套输电网络，也会带来输变电设备、电网投资的增长。铜作为各种电气设备的重要原材料，其需求也会相应增长。

（3）根据重点消费行业的分析结果，对某个金属整体消费情况做出预估。类似方法同样适用于全球金属终端消费分析，或特定国家金属终端行业消费分析。

（二）消费的替代性

不同时期，不同金属的价格存在较大的差异，但它们的部分物理属性相同。当金属的性价比偏离正常水平的时候，某些金属的替代作用就变得特别明显。

例如，铝对铜的可替代性。铝导线替代铜导线的不足之处是，导电率和安全性较铜略为逊色，所以铜导线一直在电线、电缆领域扮演主导角色。如果铜铝价差保持在正常水平，工业方面倾向于使用铜作为导体。如果铜价明显高于铝价，以铝导线代替铜导线，在经济上就会显得有利可图，工业方面就可能倾向于使用铝作为导体。

在分析金属的相互替代问题时，除了考虑价格因素之外，也需要关注替代品的技术变化和相关行业政策等因素对价格的影响。

第三节　金属价格影响因素分析

一、供给和需求因素

（1）供给分析。金属品种的市场供给量包括本期产量、进口量和期初库存量三部分，供给分析涉及相应品种的市场供给量测算，以及未来市场供给能力预测等相关内容。金属品种的生产是全年性的，仓储因素对其影响明显弱于农产品品种。金属品种的产量受矿石供给和产能的制约，市场供给量受生产成本、市场价格和需求因素影响较大。

（2）需求分析。金属品种的市场需求量包括本期消费量、出口量和期末库存量三部分，需求分析涉及相应品种市场需求量测算、未来市场容量预测和潜在需求分析等相关内容。金属品种的需求受宏观经济影响较大，需求旺盛时经常出现反向市场特征，仓储因素被弱化。金属品种的市场需求量受经济周期、下游行业景气程度等相关因素的影响明显。

二、政策因素

国家政策对于金属价格的影响主要包括国家产业政策和贸易政策两个方面。

（1）国家产业政策对于金属价格的影响。如推出限制行业准入、禁止盲目投资扩张政策，减少供给量，支持价格。政府储备轮库、拍卖及采购，对于市场价格也有较大的影响。2008 年发生的全球性金融危机，使金属价格大幅下跌，有色金属行业陷入困境。在此背景下，中央和地方政府推出了收储计划，国家储备局共采购了 30 万吨铜、59 万吨铝和 19.5 万吨锌，缓解了市场供给压力，有利于稳定商品价格，帮助企业摆脱困境。

（2）国家贸易政策对于金属价格的影响。诸如利用进出口关税、出口退税、补贴等调节政策对行业进行引导。

三、经济因素

金属是工业发展的重要原材料，金属需求与宏观经济发展呈正相关。当经济景气时，有利于刺激金属材料的需求。反之，当经济衰退时，则会抑制金属材料的需求。

进行宏观经济分析时，国内生产总值、工业增加值、通货膨胀等各种经济指标，都是非常重要的判断依据。在供需基本面变化不大的情况下，各种宏观经济指标是影响金属市场短期价格波动的重要因素。

四、汇率因素

国际市场大宗商品价格均以美元计价，美元汇率变化实际上反映了美元对其他货币的币值变化。美元指数是综合反映美元相对于 7 种主要货币汇率变化的指标，美元指数的趋势性变化，也会直接影响国际市场的金属价格。长期而言，美元汇率与金属价格有较高的负相关性，而美元指数的短期波动对于金属价格也有一定的影响。

具体到国内市场，人民币汇率变化是影响价格的重要因素。一方面汇率变化会直接影响金属及原材料进口成本，另一方面汇率的趋势性变化会影响商品贸易结构，进而影响金属市场的供求关系。

五、库存因素

库存数据及变化是反映供求关系的重要指标。库存数据分为报告库存和非报告库存。报告库存即“显性库存”，主要指交易所库存。非报告库存也即“隐性库存”，主要指全球范围内生产商、贸易商和消费商手中的库存。

一般而言，库存总量增加表明供应增长快于需求增长。由于隐性库存难以统计，仅用交易所库存数据进行分析，并不能反映实际的供需变化。另外，交易所库存、注册仓单以及注销仓单，有时也会被部分机构操纵，用以影响短期价格走势。不过，库存的趋势性变化、库存消费比、库存产量比等数据，还是有一定参考价值的。

因为隐性库存数量难以统计，所以在市场趋好时，会高估实际需求增长，在市场下滑时，又会夸大实际消费降低的数量。在市场下滑时，生产企业、消费企业以及商贸商的清库行为会减少供应，增加需求，进一步推动价格上涨。所以，企业的清库、补库行为，常常起到助涨、助跌的作用。

六、金融属性

金属（特别是有色金属）作为大宗商品，被市场赋予双重属性——商品属性和金融属性。前者反映金属供求关系变化对价格走势的作用，后者主要体现为金融市场对金属的投资行为。通常情况下，金属体现的是其商品属性，但在特定的历史时期或阶段，金融属性则可能发挥重要的甚至主导作用。

从广义上看，有色金属的金融属性主要体现在以下三个层次。

（1）作为融资工具。铜、铝、锌、铅具有良好的自然属性和保值功能，历来作为仓单交易和库存融资的首选品种，且备受青睐。许多商业银行或投资银行直接或间接参与仓单交易，并通过具有现货背景的大型贸易商进行融资操作。这种传统意义上的金融属性，实际上起到风险管理工具和投资媒介的作用。

（2）作为投机工具。金属是最成熟的商品期货交易品种之一，构成整个金融市场的有机组成部分，能够吸引大量投资资金介入，利用金融杠杆进行投机炒作，这本身就体现了“泛金融属性”的特征。

（3）作为资产类别。铜、铝、铅、锌作为重要的自然资源和工业原料，和原油、黄金等其他商品一起，受到越来越多的国际投资机构的重视，有的甚至将其视为与股票和债券等“纸资产”相对应的“硬资产”，成为与金融资产相提并论的独立资产类别，从而成为重要投资标的或投资替代品。

从宏观经济的角度分析，商品金融属性不断增强，实际上是计价货币贬值和通货膨胀预期强化的反映，对应的观察指标包括货币供应增长率、新增贷款、CFTC（美国商品期货委员会）公布的基金持仓变化、追踪商品指数的基金规模、通货膨胀率等。

七、相关市场的影响

随着商品市场在全球范围内受到的关注程度日益提高，越来越多的基金参与到商品期货交易，商品期货市场与其他金融市场的联动性也越来越强。

近几年，国内股票市场与期货市场的联动效应，在金属期货品种上表现得尤为明显。如果从宏观经济对金融市场及商品市场产生影响的角度分析，金属市场与股票市场确实存在一定的关联性，并且基金在多个市场同时操作也会促使市场出现联动效应。但从长期看，金属价格涨跌主要还是受其自身供求关系的影响，而股票市场对于金属价格的影响更多是在心理层面。

此外，原油价格对金属（特别是铜）的价格波动也有一定的影响。这主要是因为作为工业基础原料，二者的价格受到许多共同因素的影响，譬如宏观经济状况、美元汇率，以及作为投资品的需求，而原油价格作为大宗商品价格的标杆，其涨跌对于包括金属在内的其他商品价格都会产生一定的影响。

八、其他因素

突发事件（如罢工、地震等）、政府收放储行为、基金交易方向、投资者心理预期等，对金属市场的价格波动也会产生影响。

第四节　金属期货价格分析应关注的问题

影响金属期货价格的因素很多，间接因素包括经济状况、产业政策、资源分布等。直接因素可以进一步划分为外部因素和内部因素。外部因素有供应、需求、贸易等，内部因素包括期货市场的价、量、时、空等因素。金属期货品种的共性因素较多，对其进行价格分析时，应关注以下内容。

一、周期性较为明显

金属行业为国民经济发展提供基础材料，金属的消费需求与经济增长密切相关，行业发展与宏观经济周期高度一致。当经济处于上升时期时，市场需求增加，产品价格趋于上涨，行业产出会紧随其扩张。当经济衰退时，市场需求萎缩，产品价格下跌，行业产出、效益也相应下滑。

二、定价能力存在差异

一般而言，金属产业链可以划分为采选、冶炼、加工、消费四个环节，对应着矿产商、冶炼企业、金属加工企业，以及建筑、电力、电子、交通运输设备制造、五金机械、化工等消耗或使用金属制品的企业。

产业链不同环节的定价能力取决于行业集中度，总体而言，矿产商强于冶炼企业，冶炼企业强于金属加工企业。当然，品种之间、地域之间存在较大差异，并且一些大型企业通过收购、兼并、重组，积极向上下游扩张，推动了产业链一体化。

三、供求变化不同步

金属需求受世界经济景气度的影响，消费需求往往会迅速发生较大的变化。金属供给项目（特别是矿山供应）建设周期长，并且受到资源和勘探成果的限制，短期增加新产能有困难。一旦建成开工，持续生产，不会轻易关闭。

供应的变化往往落后于经济形势的变化，供给变化与需求变化之间也存在速度差，从而导致市场出现供需失衡。

四、原料供应集中

20 世纪 90 年代以来，采矿和钢铁行业是基础材料行业中整合度最高的行业，其中又以铁矿石行业垄断程度最高。淡水河谷、力拓、必和必拓三大巨头垄断了全球 70% 的铁矿石资源，世界前五位铜矿生产商的占比达到 40% 以上。近年来，铁矿石贸易谈判、年度铜加工费谈判对于钢材、铜价都有重要影响。

第二章　期货技术分析

第一节　技术分析的三大理论基石

一、道氏理论

道氏理论是所有市场技术分析理论的鼻祖，其核心内容包括六大原理，这也是每个学习技术分析的投资者的信条。

道氏理论的创始者是查尔斯·道，他对期货市场的研究心得一开始发表在《华尔街日报》上。1903 年，在纳尔逊所著的《股市投机常识》中，首次使用了“道氏理论”一词。1922 年，查尔斯·道的助手威廉·P. 汉密尔顿出版的《股市晴雨表》归纳整理了道氏理论。1932 年，《道氏理论》一书出版，作者罗伯特·雷亚对道氏理论做了进一步的研究。

道氏理论的伟大之处在于其宝贵的哲学思想，这是它全部的精髓。道氏理论在设计上是一种提升投机者或投资者知识的工具，并不是可以脱离经济基本条件与市场现况的一种全方位的严格技术理论。国内备受广大投资者推崇的缠论，一定程度上源于道氏理论，是对道氏理论哲学上与操作上的发展创新。

道氏理论研判的是市场中主要趋势的变化，考虑的是市场运行的方向，而不是对市场运行空间与时间的预测。尽管道氏理论在实践中广受诟病，但是其道法自然的哲学底蕴毋庸置疑。

（1）平均价格涵盖一切因素。所有影响供求关系的因素都可用平均价格来表现。收盘价是最重要的价格，用收盘价来计算平均价格指数。

（2）市场波动具有三种趋势：主要趋势、次要趋势和短期趋势。主要趋势通常持续 1 年以上，甚至几年，如大潮。次要趋势是对主要趋势的调整，一般持续 3 周到 3 个月，回撤空间大约 50%，如大浪。短期趋势持续时间不超过 3 周，幅度小，如波纹。

（3）主要趋势可分为三个阶段。比如上涨，第一阶段是建仓，尽管市场萧条，但形势即将扭转，所谓物极必反，有远见的投资者开始买入建仓。第二阶段上涨，更多投资者参与进来。第三阶段高点，所有信息乐观，价格惊人上扬，连创新高，公众蜂拥而来，出现市场高点。

（4）各种平均价格必须相互验证。除非两个平均指数都同样发出看涨或者看跌信号，否则不可能发生大规模的上升或者下跌。如果两个平均指数相互背离，那么原来的趋势依然会得到保持。

（5）趋势必须得到交易量的验证。在研判主要趋势三个阶段走势的时候，通常需要参考交易量，交易量应该在主要趋势方向上放大。比如，如果大趋势是上涨，则在价格上涨的同时，交易量应该增加。当价格下跌时，交易量减少。

（6）只有发生了确定无疑的反转信号之后，才能判定一个既成趋势终结。一个既成趋势终结的判定比较困难，因为既成趋势具有惯性，除非外力改变它的发展，否则会继续延续。

道氏理论指导下的操作属于右侧交易，也就是转折信号出来，趋势明朗后，再跟进操作，这样能捕捉到大趋势的中腹部分。实质上，没有一种趋势交易系统能稳定地抓住顶和底，抄底逃顶的投资者也少有成功。道氏理论是一个不错的交易系统理论。

道氏理论研究的对象是价格平均数，它在期货市场中的应用，显然与在股市中的应用有区别。道氏理论着眼大趋势，但在期货市场中，短暂趋势的把握极为重要。期货投资者要根据实际情况，灵活运用道氏理论，增加交易胜算。

二、江恩理论

江恩理论也是一种研判期市运行规律的理论，通过数学、几何学、宗教、天文学的综合运用，建立起独特的分析方法和测市理论。它是由 20 世纪著名的投资大师威廉·江恩（Willian D.Gann）结合其在期货品种和期货市场上的骄人成绩和宝贵经验提出来的，包括江恩时间法则、江恩价格法则和江恩线等。

江恩理论认为，期货品种、期货市场也存在宇宙中的自然规则，市场的价格运行趋势不是杂乱的，而是可以通过数学方法预测的。

（一）江恩线

江恩线的数学表达有两个基本要素，这两个基本要素是价格和时间。江恩通过江恩圆形、江恩螺旋正方形、江恩六边形、江恩“轮中轮”等图形，将价格与时间完美地融合起来。

在江恩理论中，“7”是一个非常重要的数字。江恩在划分市场周期循环时，经常使用“7”或“7”的倍数，他认为“7”融合了自然、天文与宗教的理念。

江恩线是江恩理论与投资方法的重要概念。江恩在 X 轴上建立时间，在 Y 轴建立价格，江恩线符号由“TXP”表示。江恩线的基本比率为 1:1，即一个单位时间对应一个价格单位，此时的江恩线角度为 45° 。

通过对市场的分析，江恩还分别以 3 和 8 为单位进行划分，如 1/3、1/8 等，这些江恩线构成了市场回调或上升的支持位和阻力位。

（二）江恩回调

江恩 50% 回调法则基于江恩的 50% 回调或 63% 回调概念之上。不论价格上升或下降，在江恩价位中，50%、63%、100% 最为重要，它们分别与几何角度 45° 、63° 和 90° 相对应，这些价位通常用来决定建立 50% 回调带。

投资者计算 50% 回调位的方法是：将最高价和最低价之差除以 2，再将所得结果加上最低价或从最高价减去。当然，价格的走势是难以预测的，大家在预测走势上应该留有余地，实际价格也许高于或低于 50% 的预测。

根据价格水平线的概念，75%、100% 作为回调位置，对价格运动趋势构成强大的支持或阻力。例如,某只期货品种价格从 40 元最高点下降到 20 元最低点开始反转，价格带的空间是 40 元减去 20 元所得的 20 元。这一趋势的 50% 为 10 元，即上升到 30 元时将回调。

30 元与 20 元价格带的 50% 为 5 元，即回调到 25 元时再继续上升。升势一直到 40 元与 20 元的 75%，即 35 元再进行 50% 的回调。最后上升到 40 元，完成对前一个熊市的 100% 回调。

通过观察大量图表，可以看到以下江恩法则的存在。

（1）价格明显在 50% 回调位反转。

（2）如果价格穿过 50% 回调价位，下一个回调将出现在 63% 价位。

（3）如果价格穿过 63% 回调价位，下一个回调将出现在 75% 价位。

（4）如果价格穿过 75% 回调价位，下一个回调将出现在 100% 价位。

（5）支持位和阻力位也可能出现在 50%、63%、75% 和 100% 回调重复出现的价位水准上。

（6）有时价格的上升或下降可能会突破 100% 回调价位。

（三）江恩循环

江恩循环理论是对整个江恩思想及其多年投资经验的总结。江恩认为较重要的循环周期有以下三种。

短期循环：1 小时、2 小时、4 小时……18 小时、24 小时、3 周、7 周、13 周、15 周、3 个月、7 个月。

中期循环：1 年、2 年、3 年、5 年、7 年、10 年、13 年、15 年。

长期循环：20 年、30 年、45 年、49 年、60 年、82 或 84 年、90 年、100 年。

30 年循环周期是江恩分析的重要基础，因为 30 年共有 360 个月，这恰好是 360° 圆周循环。按江恩价格带理论对其进行 1/8、2/8、3/8……7/8 等分，正好可以得到江恩长期、中期和短期循环。

10 年循环周期是江恩周期分析的重要基础，江恩认为，10 年周期可以再现市场的循环。例如，一个新的历史低点将出现在一个历史高点的 10 年之后。反之，一个新的历史高点将出现在一个历史低点之后。

江恩同时指出，任何一个长期的升势或跌势都不可能持续 3 年以上不做调整，其间必然有 3 ~ 6 个月的调整。因此，10 年循环的升势过程实际上是前 6 年中每 3 年出现一个顶部，最后 4 年出现最后的顶部。

上述长短不同的循环周期之间存在着某种数量上的联系，如倍数关系或平方关系。江恩将这些关系用圆形、正方形、六角形等显示出来，为正确预测期市走势提供了有力的工具。

通常，周期分析者认为，波谷比波峰可靠，所以周期长度的度量都是从波谷到波谷进行的。之所以这样度量，大概是绝大多数周期的变异出现在波峰上，也就是说波峰的形成比较复杂，因而认为波谷更可靠些。

从实际应用结果来看，在牛市中，周期分析远比在熊市中表现优异。原因何在？笔者认为，这与周期理论研究倾向于关注底部有关。同时笔者发现，在牛市中，波谷比波峰形成或驻留的时间相对较短，而波峰常因出现强势整理走势变得复杂起来，所以较难把握。

在熊市中则相反，因为势道较弱，市场常以整理形态取代反弹，所以波峰比波谷形成的时间要短，易于发现。在运用周期理论测市的时候，牛市中以波谷法度量较为准确，熊市中以波峰法度量胜算更高些。

（四）波动法则

江恩认为，市场的波动率或内在周期性因素来自市场时间与价位的倍数关系。当市场的内在波动频率与外来市场推动力量的频率产生倍数关系时，市场便会出现共振，令市场产生向上或向下的巨大作用。

回顾历史走势可以发现：期货品种走势经常大起大落，一旦从低位启动，产生向上的突破，期价就会如脱缰的野马向上奔腾。一旦从高位产生向下的突破，期价又如决堤的江水一泻千里。这就是共振作用在期市中的反映。

共振可以产生势，这种势一旦产生，向上向下的威力都极大。它能引发人们的情绪和操作行为，产生一边倒的情况。向上时人们情绪高昂，蜂拥入市。向下时，人人恐慌，期价狂泻，如同遇到世界末日，江恩称之为价格崩溃。

一个期货投资者，应对共振现象充分留意。如下情况可能引发共振现象。

（1）当长期投资者、中期投资者、短期投资者在同一时间点进行方向相同的买入或卖出操作时，将产生向上或向下的共振。

（2）当时间周期中的长周期、中周期、短周期交汇到同一个时间点且方向相同时，将产生向上或向下共振的时间点。

（3）当长期移动平均线、中期移动平均线、短期移动平均线交汇到同一价位点且方向相同时，将产生向上或向下共振的价位点。

（4）当K线系统、均线系统、成交量、KDJ指标、MACD指标、布林线指标等多种技术指标均发出买入或卖出信号时，将产生技术指标的共振点。

（5）当金融政策、财政政策、经济政策等多种政策方向一致时，将产生政策面的共振点。

（6）当基本面和技术面方向一致时，将产生极大的共振点。

（7）当某一上市公司基本面情况、经营情况、管理情况、财务情况、周期情况方向一致时，将产生这一上市公司的共振点。

共振并不是随时都可以发生，而是有条件的。当这些条件满足时，可以产生共振。当条件不满足时，共振就不会发生。当部分条件满足时，也会产生共振，但作用较小。共振的条件满足得越多，共振的威力就越大。

总之，共振是使期价产生大幅波动的重要因素，投资者可以从短期频率、中期频率和长期频率以及倍数关系去考虑。江恩还认为，市场的外来因素是从大自然循环及地球季节变化的时间循环而来。共振是一种合力，是发生在同一时间多种力量向同一方向推动的力量。投资者一旦找到这个点，将可以获得巨大的利润，回避巨大的风险。

（五）江恩止损

江恩曾经出版过一些期货品种书籍，但是没有一本书比《华尔街四十五年》更能透露江恩成功的秘密。在这本书中，大家看到最多的字眼并非什么江恩角度线、时间周期或是轮中轮等，而是“止蚀单”三个字。

江恩说，大多数人在期市中亏钱主要有以下三个原因。

（1）交易过度或买卖过于频繁。

（2）没有下止蚀单（Stop loss order）。

（3）对市场知之甚少。

不下止蚀单是投资人常犯的错误。若是投机者，绝对应该设置一个价位，只要跌破这个价位，无论如何都应该第一时间将期货品种抛出。江恩在书中的建议是，止蚀单设在买入价之下 3% ~ 5%。考虑到中国期市波动幅度比较大，投资者可以适当放宽止蚀单的范围，例如 5% ~ 10%。

在《华尔街四十五年》一书中可以看出，即使读者完全掌握了江恩分析走势的方法，如果没有遵守交易规则的话，同样不可能取得成功。

江恩在这本书中揭示了他的成功之道，共计 24 条，以下几条值得大家认真对待。

（1）永远不要过度交易，每次交易只使用少量资金。这种做法实质是“留得青山在，不怕没柴烧”，其稳健程度可想而知。当今投资者动不动就大胆杀入，满仓操作，有失稳健。

（2）止蚀单极其重要，无论是盈是亏。设置止蚀单后不要随便撤销。

（3）投机之道乃顺势而为，不要逆市操作。如果你无法确定趋势，就不要入市买卖。分红、期价高低、摊平成本等，都不是入市的好理由。

（4）加码、补仓、斩仓、空翻多或多翻空都必须小心谨慎。如果理由不充分，就保持现状。

（5）当你赚了很多钱之后，要及时休息，避免增加交易。

（6）不要因小失大。投资期市如果只为获得 3% ~ 5% 的收益，很容易导致较大的亏损。投资应当把握期市的主要趋势。

从这里可以看出，江恩在投机市场纵横数十年，其总结出来的交易规则其实很简单，并没有什么深奥的地方。这些交易规则保障江恩投机成功，使“江恩理论”锦上添花。

三、艾略特波浪理论

艾略特波浪理论（Elliott Wave Theory）是由美国证券分析家拉尔夫·纳尔逊·艾略特创立的一种期货品种技术分析理论，又称波段理论。该理论认为市场走势不断重复一种模式，每一周期由5个上升浪和3个下跌浪组成。

艾略特波浪理论将不同规模的趋势分成九大类，最长的超大循环波（grand supercycle）是横跨200年的超大型周期，而次微波（subminuette）则只覆盖数小时之内的走势。但无论趋势的规模如何，每一周期由八个波浪构成这一点是不变的。

这个理论的前提是:期价随主趋势运行时，依五波的顺序波动，逆主趋势而行时，则依三波的顺序波动。长波可以持续100年以上，次波的期间相当短暂。

（一）艾略特波浪理论基本原理

艾略特波浪理论认为，不管是多头市场还是空头市场，每个完整循环都会有几个波段。多头市场的一个循环中，前五个波段是看涨的，后三个则是看跌的。而前五个波段中，第1、第3、第5波段（即奇数序号的波段）是上升的，第2、第4、第6波段（即偶数波段）是明显看跌的。第7作为奇数序号波段则是反弹整理。因此，奇数序号波段基本上在不同程度上是看涨或反弹，而偶数序号波段则是看跌或回跌。整个循环呈现的是一上一下的总规律。

从更长的时间看，一个循环的前五个波段构成一个大循环的第1波段，后三个波段构成大循环的第2个波段。整个大循环也由八个波段组成。

就空头市场看，情形则相反，前五个波段是看跌行情，后三个则呈现看涨行情。前五个波段中，又是第1、第3、第5奇数序号波段看跌，第2、第4偶数序号波段反弹整理。看涨行情的三段中，则第6、第8段看涨，第7段回跌整理。整个循环依然是一上一下的八个波段。在空头市场，一个循环也构成一个大循环的第1、第2个波段，大循环也由八个波段组成，如图2-1所示。

无论是多头市场还是空头市场，第3波段是最长的，即上升时升幅最大，下降时跌幅也最大。

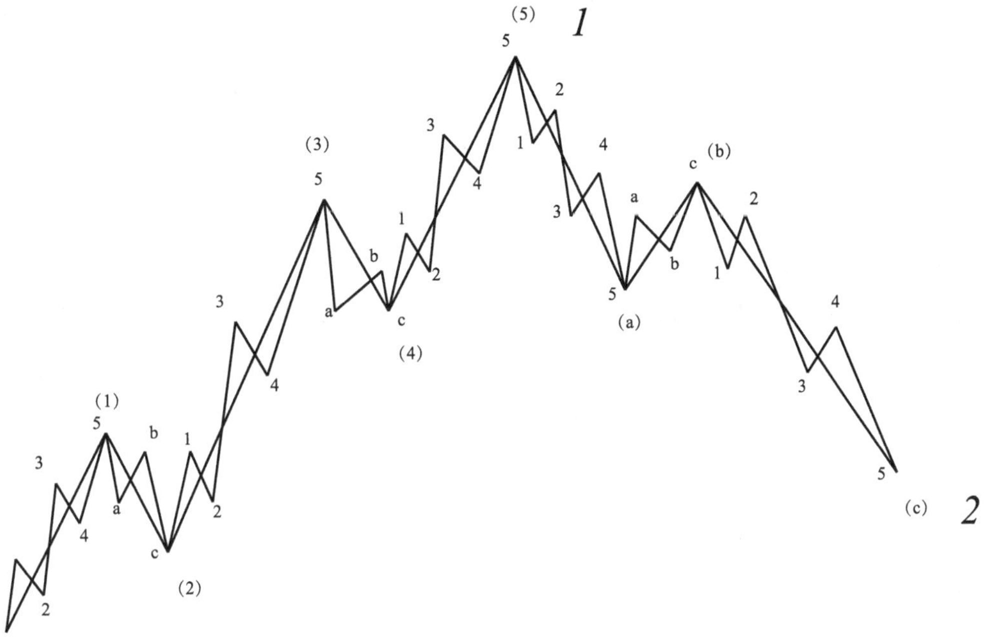

图 2–1 波浪理论八浪模型

（二）艾略特波浪理论基本特点

（1）期价指数的上升和下跌交替进行。

（2）推动浪和调整浪是价格波动的两个最基本形态，而推动浪（即与大市走向一致的波浪）可以再分割成八个小浪，一般用第 1 浪、第 2 浪、第 3 浪、第 4 浪、第 5 浪来表示，调整浪也可以划分成 3 个小浪，通常用 a 浪、b 浪、c 浪表示。

（3）在上述八个波浪（五上三落）完毕之后，一个循环即告完成，走势将进入下一个八浪循环。

（4）时间的长短不会改变波浪的形态，因为市场仍会依照其基本形态发展。波浪可以拉长，也可以缩短，但其基本形态永恒不变。

总之，波浪理论可以用一句话来概括，即“八浪循环”。

（三）艾略特波浪理论基本要点

（1）一个完整的循环包括八个波浪，五上三落。

（2）波浪可以合并为高一级的浪，亦可以再分割为低一级的小浪。

（3）跟随主流行走的波浪，可以分割为低一级的八个小浪。

（4）第 1、第 3、第 5 三个波浪中，第 3 浪不能是最短的一个波浪。

（5）假如三个推动浪中的任何一个浪成为延伸浪，其余两个波浪的运行时间及幅度会趋于一致。

（6）调整浪通常以三个浪的形态运行。

（7）黄金分割理论的奇异数字组合是波浪理论的数学基础。

（8）经常遇见的回吐比率为 0.382、0.5 及 0.618。

（9）第四浪的底不可以低于第一浪的顶。

（10）艾略特波浪理论包括三部分：形态、比率及时间，其重要性以排行先后为序。

（11）艾略特波段理论主要反映群众心理。越多的人参与市场，其准确性越高。

（四）艾略特波浪理论的三个关键部分

投资者应了解，艾略特波浪理论的关键主要包括以下三个部分。

第一为波浪的形态。

第二为浪与浪之间的比例关系。

第三为浪间的时间间距。

这三者之间，波浪的形态最为重要，也是艾略特波浪理论的立论基础。数浪正确与否，对成功运用波浪理论把握投资时机至关重要。波浪理论并不是独立存在的，它与道氏理论、技术分析、经济基本面分析都有一些神奇的关联关系。众多投资人士称，道氏理论告诉人们何谓大海，而波浪理论则指导你如何在大海上冲浪。

（五）艾略特波浪理论的三个原则

1. 修正波纵深原则

修正波纵深原则主要用来衡量修正波的回撤幅度，通常修正波会达到小一级别 4 浪的低点附近。在强势行情中，只创新高不创新低，此时的小一级别 4 浪低点会是一个很好的阻力位，可以借此跟进止损。

2. 斐波纳契原则

该原则是指波动比率呈现出斐波纳契数字序列。例如，第 3 浪为第 1 浪的 1.618、2.618……。第 2 浪回调为第 1 浪的 0.382、0.5、0.618。第 4 浪回调为第 3 浪的 0.382、0.5。第 5 浪为第 1 至第 3 浪的 0.618。

时间上同样遵守此原则。

3. 黄金分割原则

（1）黄金分割比例既可以帮助实现很好的进场，又可以实现很好的出场。如果你能与市场融为一体，这些神秘的黄金分割数字会成为你的终身伴侣。

（2）1.618 可以反过来用以确定眼前的第 3 浪是否是真正的第 3 浪。如果第 3 浪连第 1 浪的 1.618 都到不了，那么它多半不是第 3 浪。如果你能判断市场要出现延长的大行情，那么市场通常会到前面一浪的 2.618 倍位置上，这样就给出了一个非常好的参考目标。

（3）在趋势上涨初期，回撤幅度多为 0.618。如果回撤以平台型进行，则多为 0.5。在趋势中期，当趋势逐渐明显时，市场回撤 0.618 的概率开始下降，而是偏向于 0.5 的回调位。

（六）艾略特波浪理论交替原则

该原则是指简单与复杂、上升与下跌、推动与调整、规则与不规则交替进行。修正波呈现交替现象，如第 2 浪为锯齿型调整浪，则第 4 浪可能为平台型或三角型调整浪，反之亦然。在时间上也存在此现象，如果第 2 浪急剧回调，则第 4 浪可能长时间复杂调整，反之亦然。复杂程度上，第 2 浪简单，则第 4 浪复杂，反之亦然。若第 2 浪为“复式”调整，则第 4 浪可能为“单式”调整。

（1）小的调整对应着小的推动，中等调整预示着中等的驱动，大的调整则是在蓄积一波大幅的推动行情。眼前是一个小级别的调整，则做好小推动的操作打算。眼前是一个大级别的调整，则做好大推动的操作计划。

（2）如果第 2 浪出现了简单的调整，则第 4 浪多是复杂的调整。如果第 2 浪调整的时间很短，基本可以判断第 4 浪调整的时间不会很短。利用艾略特波浪理论，可以用已知的走势去预知即将到来的走势，从而提高操作的胜算。如果第 2 浪走出了很规则的形态，要注意第 4 浪可能走出不太规则的形态。

（七）推动浪规则

一个推动浪细分为五浪。

浪 1 细分为一个推动浪或一个楔型。（罕见）

浪 3 细分为一个推动浪。

浪 5 细分为一个推动浪或一个楔型。

浪 2 细分为一个锯齿型、平台型或联合型。

浪 4 细分为一个锯齿型、平台型、三角型或联合型。

浪 2 绝对不超过浪 1 的起点。

浪 3 一定超过浪 1 的终点。

浪 3 绝不是最短的浪。

浪 4 绝对不超过浪 1 的终点。

1 浪、3 浪、5 浪绝不会全部是延伸浪。

（八）调整浪

浪型包括锯齿型、平台型、三角型或联合型三种。

1. 锯齿型规则

锯齿型总是细分为 3 浪。

浪 A 总是细分为一个推动浪或一个引导楔型浪。

浪 C 总是细分为一个推动浪或一个楔型浪。

浪 B 总是细分为一个锯齿型浪、平台型浪、三角型浪或以上三种形态的联合型浪。

浪 B 绝对不超过浪 A 的起点。

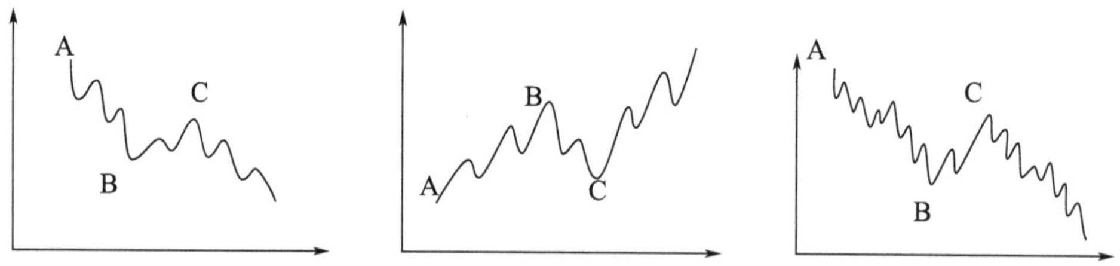

图 2-2　调整浪中的锯齿型

2. 平台型规则

平台型总是细分为三浪。

浪 A 绝对不会是三角型浪。

浪 C 总是推动浪或楔型浪。

浪 B 总是至少回撤浪 A 的 90%。

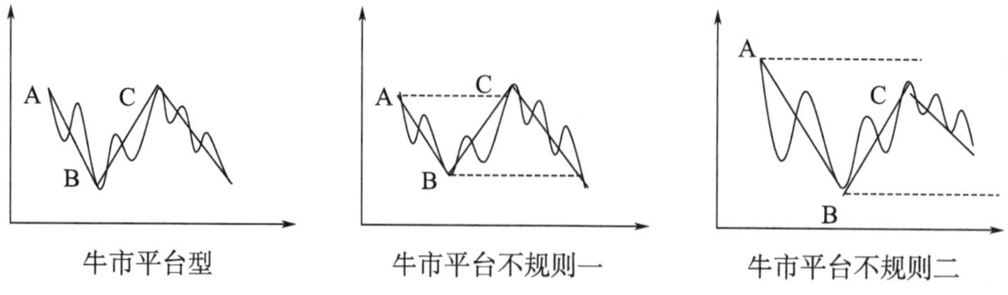

图 2-3　调整浪中的平台型

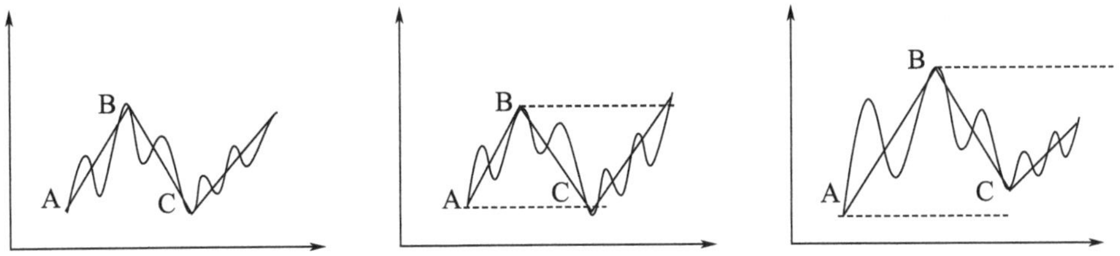

熊市平台型　　熊市平台不规则一　　熊市平台不规则二

图 2-3　调整浪中的平台型（续）

3. 三角型

（1）收缩三角型规则。

三角型总是细分为 5 浪。

在 A、B、C、D、E 五浪中至少有四浪，每一浪细分为锯齿型浪或锯齿型联合浪。

浪 C 绝对不超出浪 A 的终点，浪 D 绝不超出浪 B 的终点，浪 E 绝不超出浪 C 的终点。其结果是随着时间的推移，B、D 浪终点的连线与 A、C 浪终点的连线同时收敛。

三角型绝对不会有一个以上复杂次级浪。在这种情况下，复杂次级浪总是锯齿联合浪或三角型浪。

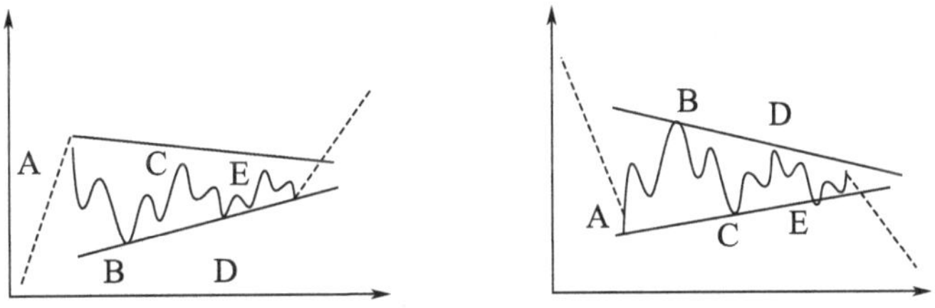

收缩三角型一　　收缩三角型二

图 2-4　调整浪中的收缩三角型

（2）水平三角型规则。

除了 B、D 浪基本上结束于同一水平上之外，水平三角型与收缩三角型具有相同的特征。尚未看到一组 9 浪的水平三角型，暗示这种形式不可能延伸。

当三角型后出现浪 5 时，一般来说浪 5 要么是简单、短促的走势，要么是出人意料的长距离延伸。

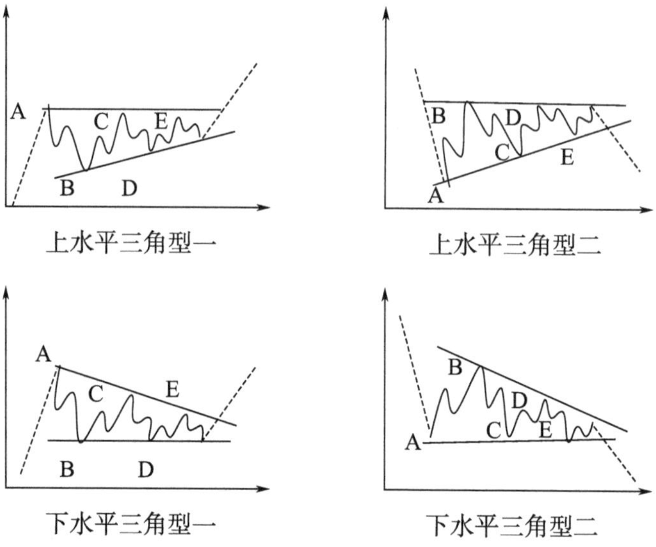

图 2-5　调整浪中的水平三角型

（3）扩张三角型规则。

除下述差别外，多数规则与收缩三角型一样。

C、D、E 三个浪，每个浪都超出同向前一个次级浪的终点。其结果是随着时间的推移，B、D 浪的终点连线从 A、C 浪的终点连线向外发散。

B、C、D 三个次级浪每一浪都至少回撤前面次级浪的 100%，但不会超出 150%。

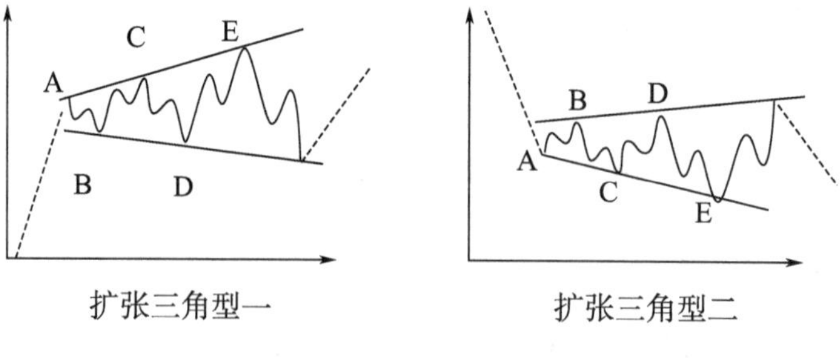

图 2-6　调整浪中的扩张三角型

4. 联合型规则

联合型由两个或三个调整形态构成，中间被一个或两个标 X 的反向调整形态隔开。第一个修正形态标 W，第二个标 Y。如果有第三个，第三个标 Z。

锯齿型联合由两个或三个锯齿型构成。在这种情况下，叫做双锯齿或三锯齿。

“双三”平台型联合按顺序由一个锯齿和一个平台、一个平台和一个锯齿、一个平台和一个平台、一个锯齿和一个三角型、或一个平台和一个三角型构成。

罕见的“三三”平台型联合由三个平台型构成。

双锯齿和三锯齿取代锯齿型，双三和三三取代平台型和三角型。

尚未发现扩张三角型是构成联合型的成分。

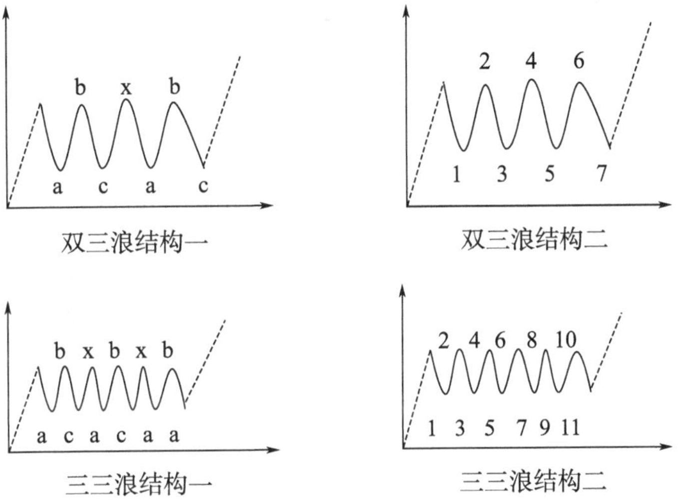

图 2-7　调整浪中的联合型

第二节　技术分析的三大 K 线处置理论

一、K 线组合理论

K 线是对市场资金运行轨迹的刻画，反映了投资者的心理状态，有效展示了投资者随行情演绎而决策变化的交易过程。人在相似的环境下一般会做出相似的反应，并相互强化这种效果，这就构成了 K 线组合理论的基础。

K 线组合分析在掌握市场时机方面是有效的。把 K 线组合与其他指标一起使用，用技术指标来过滤 K 线组合，实战效果更好，准确率更高，能及时提供交易信号。

在进行 K 线组合分析的时候，要以基本组合为核心，但也不能忽视其要点。比如，上下影线的关系，实体的长短，实体与上下影线间的比例关系，K 线所处的位置，等等。

以下为日常实战交易中常用到的 K 线组合。其中黑色为阴线，白色为阳线。K 线组合形成后，一般需要等下一根 K 线来进行验证确认。

1. 看涨 K 线组合

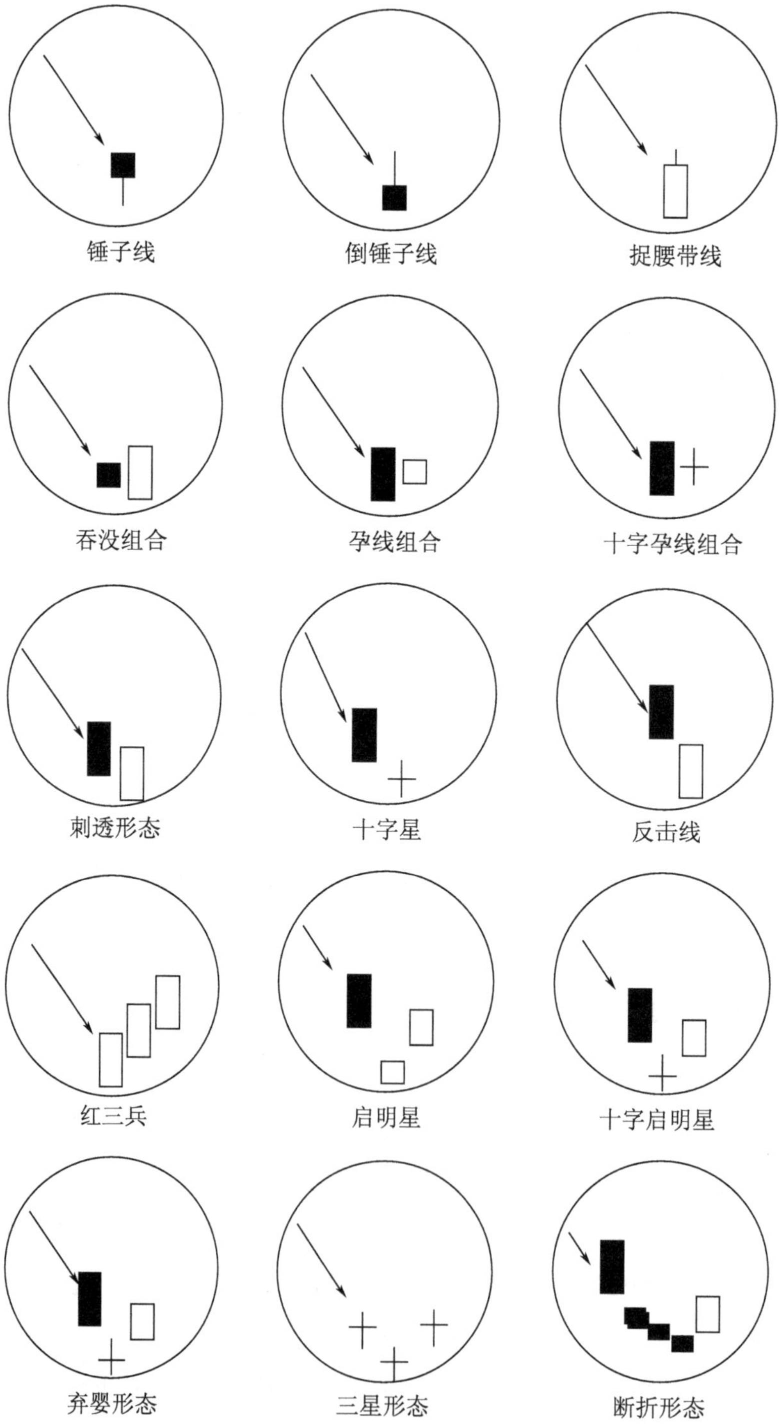

图 2–8 看涨 K 线

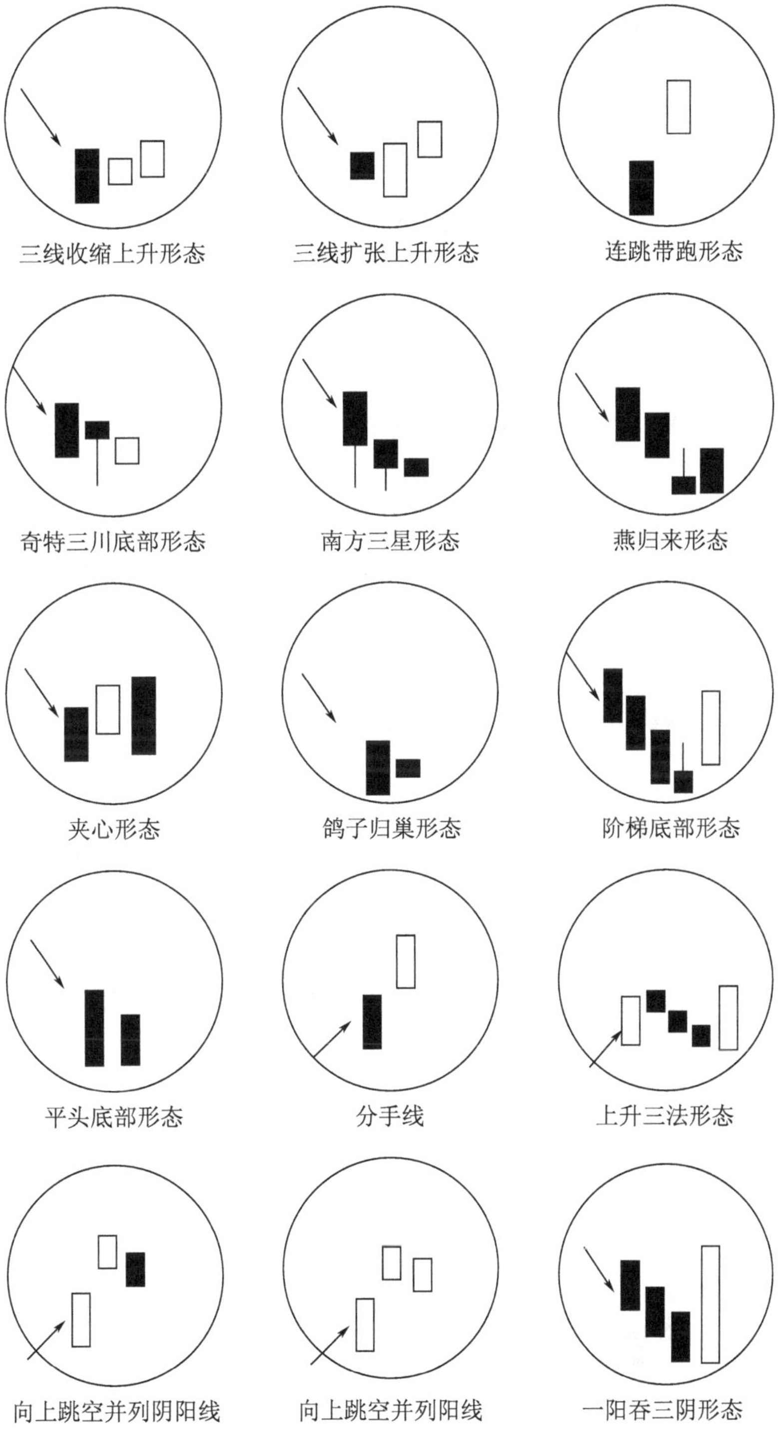
三线收缩上升形态
三线扩张上升形态
连跳带跑形态
奇特三川底部形态
南方三星形态
燕归来形态
夹心形态
鸽子归巢形态
阶梯底部形态
平头底部形态
分手线
上升三法形态
向上跳空并列阴阳线
向上跳空并列阳线
一阳吞三阴形态

图 2–8　看涨 K 线（续）

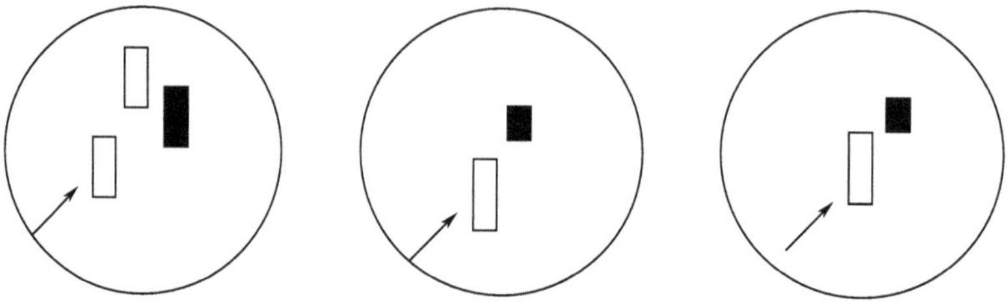

图 2-8　看涨 K 线（续）

2. 看跌 K 线组合

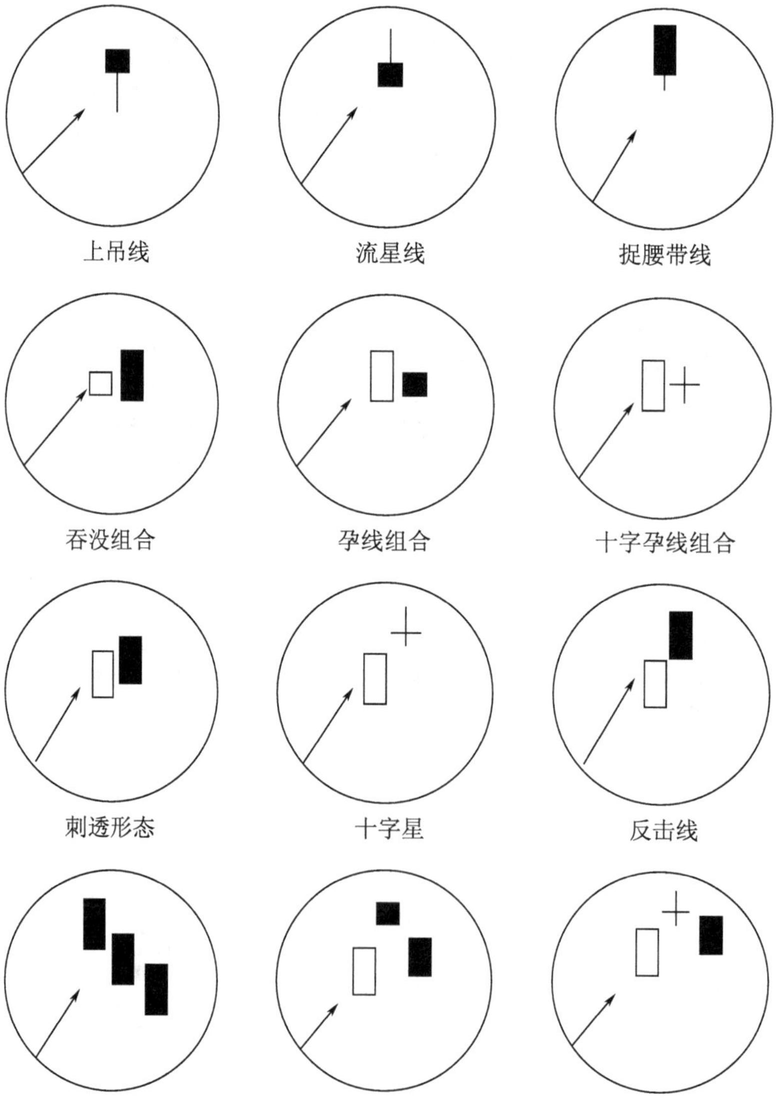

图 2-9　看跌 K 线

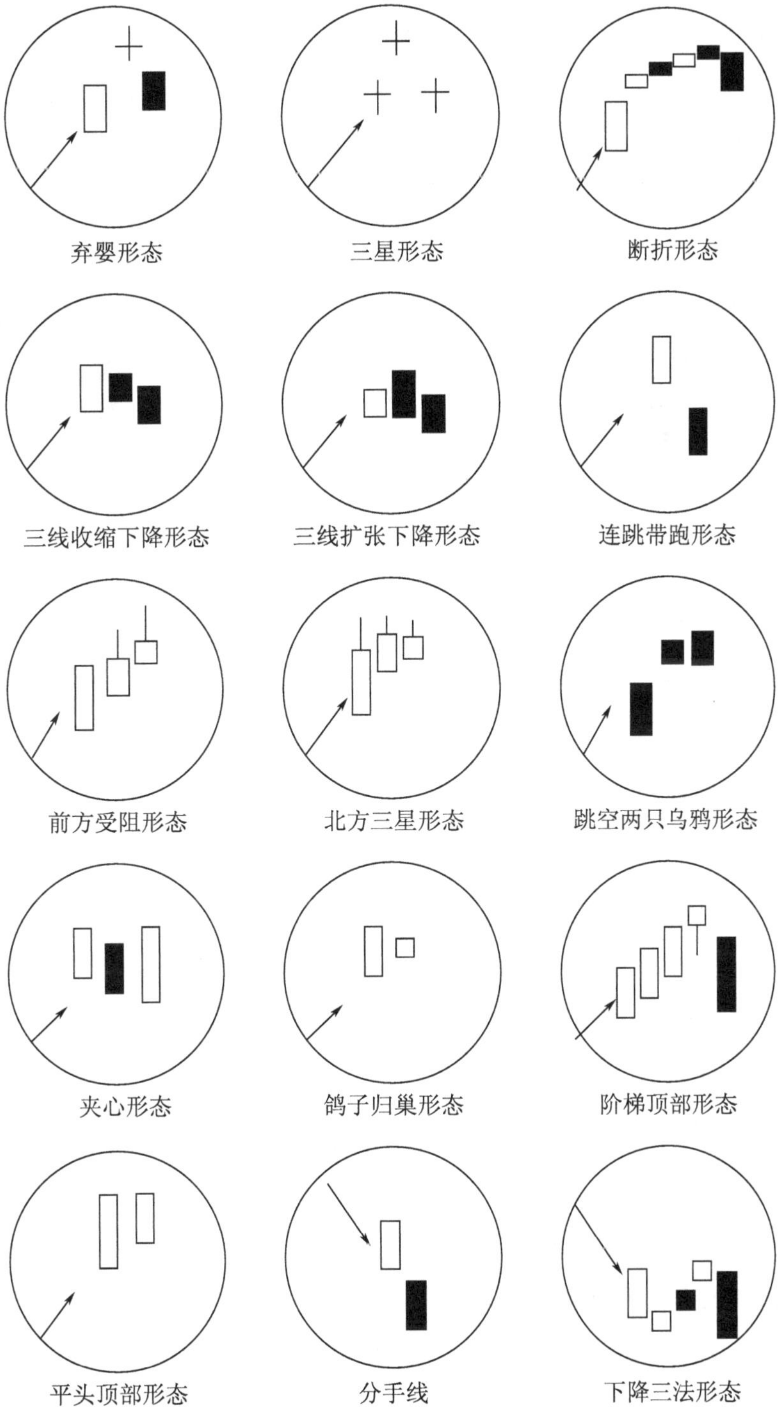
弃婴形态
三星形态
断折形态
三线收缩下降形态
三线扩张下降形态
连跳带跑形态
前方受阻形态
北方三星形态
跳空两只乌鸦形态
夹心形态
鸽子归巢形态
阶梯顶部形态
平头顶部形态
分手线
下降三法形态

图 2-9　看跌 K 线（续）

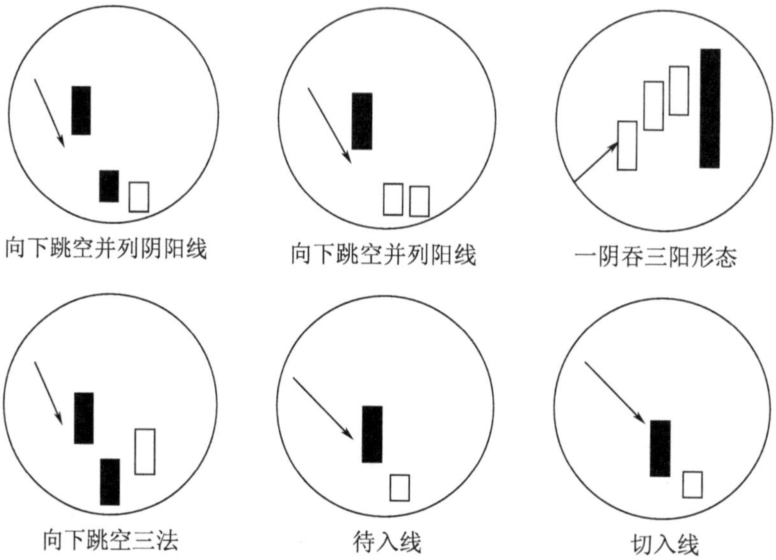

图 2-9　看跌 K 线（续）

二、切线理论

趋势是价格运动的方向。价格的变化是有趋势的，价格一般沿着这个趋势持续运动。趋势分析在技术分析中占有重要的地位，投资者应该牢固掌握。

（一）趋势的确认

标准的上升趋势由一系列较高的高点和较高的低点构成。每个相对的高点都高于前面的高点，且每个相对低点也都高于前面的低点。

同理，下跌趋势由一系列较低的低点和较低的高点构成，每个相对的高点都低于前面的高点，且每个相对的低点也都低于前面的低点。

（二）趋势通道

趋势线与平行于趋势线的直线构成的平行通道称为趋势通道，平行于趋势线的平行线称为折返线。

上涨行情中，折返线是连接波峰的线。下跌行情中，折返线是连接波谷的线。

（三）趋势线及趋势通道应用规则

（1）上升趋势线由依次上升的波谷连接而成，下降趋势线由依次下降的波动高点连接而成。

（2）趋势线需要第三个点验证测试，经过第三点测试的趋势线才是有效果的趋势线。被测试的次数越多，趋势线越重要。

（3）在趋势中，当价格触及波峰的连线时，是卖出的时机。当价格触及波谷的连线时，是买入的时机。上升趋势线是价格回落的支撑线，当上升趋势线被有效跌破的时候，发出多单平仓、空单进场信号。下降趋势线是价格反弹的阻力线，当下降趋势线被有效突破的时候，发出空单平仓、多单进场信号。

（4）只有趋势线被突破一定幅度或者突破一定时间，才能认为趋势线被有效突破。否则只是假突破，趋势并没有得到根本扭转。有效突破的幅度因品种而异，一般是3% 左右，突破时间一般以 3 个交易日为准。

（5）向上突破下降趋势线时必须有成交量的配合，向下跌破上升趋势线的时候，无须成交量配合。确认跌破有效后，成交量会增加。

（6）如果以缺口形式突破趋势线，则突破是强有力的。

（7）在趋势末期，价格一般会出现加速运动，所以市场反转的时候，顶底点一般远离趋势线。

（8）实际交易中，可以画出不同周期的趋势线。

（9）过于陡峭的趋势线一般没有实质意义，斜率 45° 左右的趋势线具有实质意义。

趋势线使用起来简单、直观、方便。趋势线是事后的线，也是一种经验线，有效性容易被高估。画趋势线是一个主观的过程，画法因人而异。

（四）内部趋势线

一般的趋势线是通过极点的连线构成的，但极点一般是情绪化的点，不具有普遍的代表性。内部趋势线一般忽略极点，是波峰附近的最高收盘价、波谷附近的最低收盘价的连线，也就是相对高点和相对低点的连线。

（五）移动平均线

移动平均线是某周期级别内一定时间跨度的收盘价的价格平滑。移动平均线显示出的转折信号一般滞后于真实的转折点，这一特征投资者要多加注意。

移动平均线一般在单边趋势市场内有效，在震荡整理市场内，移动平均线易产生虚假信号，失去参考意义。

三、形态理论

价格形态是特定的 K 线组合方案，具有预测性。价格形态有两种最主要的分类：反转形态与持续形态。反转形态意味着趋势存在反转的潜质，持续形态意味着原趋势具有保持的潜质。投资者应在形态形成的过程中尽早判别出其所属类型。

反转形态主要有头肩顶（底）形态、三重顶（底）形态、双重顶（底）形态、V形顶（底）形态、圆形顶（底）形态等。持续形态则主要包括三角形整理形态、旗形整理形态、楔形整理形态、矩形整理形态。

在所有的价格形态中，交易量起到重要的验证作用。在形势不明朗的情况下，配合 K 线运行轨迹，研究相应成交量，是判断当前价格形态是否可靠的重要办法。

绝大多数价格形态有其具体的测算方法，可以确定出最小的价格目标位。这些目标位仅仅是一个估算，不具有准确性，但有助于投资者确定其风险收益比。

（一）反转形态

反转形态主要包含如下要素:市场有趋势存在,趋势存在是反转形态存在的基础。趋势反转的第一个信号是原趋势线被突破。形态规模越大,随之而来的市场动作越大。

顶部形态经历时间一般短于底部形态经历的时间，但其波动性较强。底部形态价格波动范围通常较小，酝酿时间较长。价格向上突破的时候，需要交易量的验证。

1. 头肩顶（底）形态

头肩顶形态和头肩底形态是实际交易中遇到最多的形态，也是最可靠的反转突破形态。

对于头肩顶形态来讲，当颈线被向下突破之后，价格向下跌落的幅度等于头和颈线之间的垂直距离。也就是价格向下运行这个幅度后，有可能遇到支撑。

同样，对于头肩底形态来讲，价格向上突破颈线之后，其上涨的幅度可能在达到底部与颈线之间的垂直距离位置后遇到阻力。

在头肩顶形态中，价格向下突破颈线后有一个回升的过程，回升到颈线位遇到阻力再转而向下，这个回升过程称为反扑。头肩底形态道理类似。

对于反扑要注意以下两点。

第一,在头肩顶形态中,反扑为多头提供了最后一次出逃机会。在头肩底形态中,反扑为空头提供了最后一次出逃机会。

第二，反扑不是这两个形态的必然组成部分，所以不要等到反扑后再采取行动，应该在颈线被突破后坚决采取行动。

头肩顶的头是第一卖出点，但这个第一卖出点投资者一般抓不住，不好把握。有缠论基础的投资者，可以通过背驰来研判。

右肩是第二卖点，这个点是头肩顶形态一个较好的卖出点，这个时候价格上升到右肩位置，因为买方动能不足而回落，头肩顶形态基本形成，所以投资者在此位置要主动卖出。

头肩顶的颈线跌破点是第三卖出点，这个点是头肩顶形态最重要的卖出点。当颌线被突破后，头肩顶宣告成立，价格运行趋势逆转确定无疑，投资者应坚决卖出。

价格跌破颈线后，反弹至颈线附近是第四个卖出点。这个点是头肩顶形态最后的卖出点，但这个点有时候不一定出现。

这里一定要注意，对于头肩顶来说，左肩、头、右肩对应的成交量是依次减少的。对于头肩底来讲，左肩、头、右肩对应的成交量没有明显的规律，但是存在低位放量抵抗的现象。尤其头肩底形态向上突破颈线时，需要大成交量配合。

有时候，头肩形态会出现变体，称为复杂头肩形态。这种形态可能呈现双头或两个左肩、两个右肩的情况。在这种情况下，头肩形态具有很强的对称性，也就是单个左肩对应单个右肩，双左肩对应双右肩。

2. 双重顶（底）与三重顶（底）

双重顶和双重底也就是通常说的 M 头与 W 底。这种形态在实际中经常遇到，其重要性仅次于头肩形，比较容易辨别。

当 M 头被向下突破颈线后，价格向下跌落的幅度等于头与颈线的垂直距离。也就是说，价格至少跌出这个幅度之后，才有可能获得较强的支撑。

同样，对于 W 底来说，价格突破颈线之后，其上涨的幅度等于底部与颈线的垂直距离。也就是说，价格至少涨出这个幅度之后，才有可能遇到较强的阻力。对于双重顶来说，有三个卖点，第一个卖点是右边头部，第二个卖点是颈线被跌破时，第三个卖点是价格反弹到颈线附近位置时，但这一卖点有可能不出现。

形成双重顶第一个顶的过程中，会出现较大的成交量，随之小幅回落。接下来，当价格再度上涨，几乎与第一个顶高度相近的时候，交易量随之放大，但小于第一个顶的成交量。

在双重顶的形成过程中，两顶之间的距离非常重要。一般来说，跨越时间越长，形态的高度越大，将来的反转潜力越大。一般来讲，最有力量的双重顶至少应该持续 1 个月。

这里要注意，双重底形态是一个中期到长期的反转形态，两个底部之间的间隔最好相距至少 4 周，有的甚至长达 2 ～ 3 个月之久。另外，底部的形成一般比头部的形成需要更长的时间。

在判断双重顶突破是否有效的时候，一般要求收盘价向下超越前一个阻挡的极值，而不仅仅是盘中突破。也可以选择双日穿过原则，也就是收盘价必须连续两天收在前期阻挡极值之下。

三重顶（底）形态是头肩顶（底）形态的变体，它是由三个一样高或者一样低的顶和底组成。在三重顶中，成交量一般逐渐递减，但在向下突破的时候，成交量应放大。三重顶只有在连接两个中间低点的支撑线——颈线被向下突破后才正式完成。

三重底道理类似，但价格向上突破颈线的时候，成交量更加重要。

3. 圆弧顶（底）形态

圆弧底是指把价格在每个小波段的低点用折线连在一起，得到一条类似于圆弧的弧线，该弧线托住价格。圆弧顶是指把价格在每个小波段的高点用折线连在一起，得到一条类似于圆弧的弧线，该弧线盖住价格。

圆弧形态代表趋势运行平缓，逐渐发生变化，同时交易量形成类似的对应的盆状形态。也就是说，圆弧形态的成交量中间小，两端大。

对于圆弧顶（底）来说，当价格向下（上）突破颈线时，是第一卖出（买入）点。当价格反向运行受到颈线压制（支撑）后，是第二卖出（买入）点。

圆弧形态出现的频率较少，但一旦出现，则是非常好的交易机会。总的来说，其未来的涨跌幅度与圆弧形成的时间成正相关关系。也就是说，形成圆弧的时间越长，未来的涨跌幅度越大，反之越小。一般来讲，人们把圆弧的弦与圆弧顶部的垂直距离作为未来涨跌的第一个目标量幅。

4. V 形形态

V 形形态在市场剧烈变动时出现。在这种形态中，趋势往往超出预料，突然转向，一般很难把握。形成 V 形反转的主要条件是走势陡峭，转折点往往在恐慌交易中出现，同时伴随巨大的成交量，持仓量也会变大。

出现 V 形反转后，价格通常在极短的时间内回撤到原先开始加速杀跌的位置。

（二）持续形态

1. 三角形

三角形整理形态主要分为上升三角形、下降三角形、对称三角形、扩大三角形等，详细见波浪理论。

2. 矩形

矩形，也叫箱形，是一种典型的整理形态，价格绝大部分在两条横向的平行线之间上下波动。

矩形为博弈均衡整理形态，是多空双方势均力敌的表现，多空双方在箱体范围内达到均衡状态。随着时间的推移，双方热情逐步衰减，成交量减少，市场趋于平淡。

如果走势原来是上升的，那么经过一段时间的箱体整理，会继续原来的走势，多方重新获得优势，采取主动，价格突破箱体上沿。如果原来走势是下降的，则空方会采取行动，突破箱体下沿。

矩形持续时间一般是 1 ~ 3 个月。矩形波动相对于其他形态空间较大，其他形态常见的交易量萎缩现象在矩形形态中不那么明显。矩形突破后，走势运行的空间一般与该矩形的上下沿之间的距离差不多。

与其他形态不同的是，矩形为投资者提供了短线交易机会。如果在矩形早期能预测到价格以后将进行矩形整理的话，那么投资者就可以在矩形下沿买入，在矩形上沿卖出，获得短线机会，这其中的收益一般是相当可观的。

3. 楔形与旗形

楔形与旗形是常见的持续整理形态，在一个趋势中出现的频率较高。这两个形态是趋势的中途整理形态，有鲜明的运行方向，那就是与原趋势的方向相反。经过一段时间的整理之后，原来的趋势继续运行。

楔形与对称三角形类似，通常持续 1 个月以上，一般不超过 3 个月。楔形一般出现在趋势运行中，也可能出现在趋势运行的顶部或者底部形成过程中。但无论楔形出现在趋势的中间还是出现在两端，都有一个普遍的规律，上升楔形看跌，下跌楔形看涨。在形成楔形的过程中，成交量是逐渐减少的。楔形形成之前或者突破之后，成交量都很大。

旗形形态一般出现在趋势急速运行之后，成交量一般在形成形态期间较少。在旗形形态形成过程中，如果价格形成旗形而成交量为不规则或者并非逐次减少，则趋势将很快反转，不是持续整理形态。也就是说，一段上涨行情后出现旗形形态，趋势会向下反转。一段下跌趋势后出现旗形形态，趋势会向上反转。

换句话说，高成交量的旗形形态，原来趋势可能出现逆转，不会是整理形态。因此，成交量的变化在旗形走势中十分重要，它是观察和判断形态成立与否的主要方法。

第三节　主要技术指标及其应用

一、趋势型指标

（一）MA（移动平均线）

移动平均线是由美国著名投资专家葛兰碧（Joseph E.Granville）于20世纪中期提出来的。均线是当今应用最普遍的技术指标之一，能够帮助交易者确认现有趋势，判断将出现的趋势，发现过度延伸即将反转的趋势。

移动平均线是一个通用的趋势型指标，简洁实用。移动平均线是技术分析中一种分析时间序列数据的工具。它的计算方法是将某一段时间的收盘价除以该周期，比如日线MA5，指5天内的收盘价除以5。

日线图中，常用的有5天、10天、30天、60天、120天和240天移动平均线。其中，5天和10天的短期移动平均线是短线操作的参考指标，称作日均线指标。30天和60天是中期均线指标，称作季均线指标。120天、240天是长期均线指标，称作年均线指标。

对移动平均线的考查一般从以下几个方面进行。

1. 移动平均线基本特点

（1）追踪趋势。

注意价格的趋势，并追随这个趋势，不要轻易放弃。如果从期价图表中能够找出上升或下降趋势线，那么MA曲线将保持与趋势线方向一致，能消除期价在趋势持续过程中出现的起伏。原始数据的期价图表不具备保持追踪趋势的特性。

（2）稳定性。

因为MA的变动不是一天的变动，而是几天的变动，一天的大变动被几天一分摊，变动就会变小而显不出来。通常愈长期的移动平均线，愈能表现稳定的特性，即移动平均线不轻易往上往下，必须等到期价涨势真正明朗了，移动平均线才会往上延伸。

经常出现期价开始回落之初，移动平均线却是向上的。等到期价下滑显著时，才见移动平均线走下坡，这是移动平均线最大的特色。

愈短期的移动平均线稳定性愈差，愈长期的移动平均线稳定性愈强，但也因此使得移动平均线有延迟反应的特性。

（3）滞后性。

在期价原有趋势发生反转时，由于 MA 具有追踪趋势的特性，MA 的行动往往过于迟缓，掉头速度落后于大趋势。这是 MA 的一个极大弱点。等 MA 发出反转信号时，期价掉头的幅度已经很大了。

（4）助涨助跌性。

当期价突破了 MA 时，无论是向上突破还是向下突破，期价有继续向突破方向再走一程的愿望，这就是 MA 的助涨助跌性。

2. 移动平均线普通战法

（1）上升行情初期，短期移动平均线从下向上突破中长期移动平均线，形成的交叉叫黄金交叉。黄金交叉预示期价将上涨。MA5 上穿 MA10 形成的交叉，MA10 上穿 MA30 形成的交叉，均为黄金交叉。

（2）当短期移动平均线向下跌破中长期移动平均线，形成的交叉叫做死亡交叉。死亡交叉预示期价将下跌。MA5 下穿 MA10 形成的交叉，MA10 下穿 MA30 形成的交叉，均为死亡交叉。

不是所有的黄金交叉和死亡交叉都是进货点和出货点，原因是庄家有时会制造骗线。尤其是在上升途中或者下跌途中，庄家可能会进行震荡洗盘或震荡出货。此时，黄金交叉和死亡交叉指示的买卖点是非常不可靠的，这种情况下投资者应该小心。

（3）在上升行情进入稳定期，MA5、MA10、MA30 从上而下依次顺序排列，向右上方移动，称为多头排列，预示期价将大幅上涨。

（4）在下跌行情中，MA5、MA10、MA30 自下而上依次顺序排列，向右下方移动，称为空头排列，预示期价将大幅下跌。

（5）在上升行情中，期价位于移动平均线之上，走多头排列的移动平均线可视为多方的防线。当期价回档至移动平均线附近，各条移动平均线依次产生支撑力量，买盘入场推动期价再度上升，这就是移动平均线的助涨作用。

（6）在下跌行情中，期价在移动平均线的下方，呈空头排列的移动平均线可以视为空方的防线。当期价反弹到移动平均线附近时，便会遇到阻力，卖盘涌出，促使期价进一步下跌，这就是移动平均线的助跌作用。

（7）移动平均线由上升转为下降出现最高点，或者由下降转为上升出现最低点时，是移动平均线的转折点，预示期价走势将发生反转。

（8）当移动平均线在底部出现双底形态或三重底形态，是最佳买入时机。当移动平均线在顶部出现双顶形态或三重顶形态，是最佳卖出时机。

（9）移动平均线运行一段时间后，会出现波峰和波谷，这就是转折点。移动平均线的转折点非常重要，通常预示着趋势发生转变。当一种移动平均线向上运行，无法再创新高，并显示波峰状，即是期价无力创新高并可能转变趋势下行的征兆，这种转折点通常又称为卖点。在下跌过程中，移动平均线向下运行，曲线转平并掉头时波谷就出现了，即人们所说的买点。投资者应紧跟移动平均线，及时发现转折点（波峰和波谷）来寻找买卖点。

（10）移动平均线简单实用，易于掌握，很受投资人的喜爱。但它也有缺点，主要是在股指、期价窄幅整理或庄家进行震荡洗盘时，短期移动平均线会过多出现买卖信号。这类信号不易辨别，容易造成误导。另外，投资者的持仓成本对了解移动平均线也很重要。

（11）当 MA10 由上升转而向右下方反折下移时，MA30 却仍向右上方移动，表示此段下跌是多头市场的技术性回档，涨势并未结束。

（12）如果 MA30 也跟随 MA10 向右下方反折下跌，而 MA60 仍然向右上方移动，表示此波段回档较深，宜采取出局观望的策略。

（13）如果 MA60 也跟随 MA10、MA30 向右下方反转下跌，表示多头市场结束，空头市场来临。

（14）盘整时，MA5、MA10、MA30 会纠缠在一起。如盘局时间延长，MA60 也会与之黏合在一起。

（15）大势处于盘局时，如 MA5、MA10 向右上方突破上升，则后市必然盘高。如 MA5、MA10 向右下方下行，则后市必然盘跌。

（16）空头市场中，如期价向上突破 MA5、MA10 并站稳，是期价在空头市场中反弹的征兆。

（17）空头市场中，如期价向上突破 MA5、MA10 后又站上 MA30，且 MA10 与 MA30 形成黄金交叉，则反弹势将转强，后市有一定的上升空间。

（18）空头市场中，如期价先后向上突破了 MA5、MA10、MA30，又突破了 MA60，则后市会有一波强力反弹的中级行情，甚至空头市场就此结束，多头市场开始。

3. 葛兰碧移动平均线买卖法则

（1）移动平均线从下降逐渐走平且略向上方抬头，而期价从移动平均线下方向上方突破，为买进信号。

（2）期价在移动平均线之上运行，回档时未跌破移动平均线，之后又再度上升时，为买进时机。

（3）期价在移动平均线之上运行，回档时跌破移动平均线，但短期移动平均线继续呈上升趋势，此时为买进时机。

（4）期价在移动平均线以下运行，突然暴跌，距离移动平均线太远，极有可能向移动平均线靠近（物极必反，下跌反弹），此时为买进时机。

（5）期价在移动平均线之上运行，连续数日大涨，离移动平均线愈来愈远，说明购买期货品种者获利丰厚，随时都会产生获利回吐的卖压，应暂时卖出持仓。

（6）移动平均线从上升逐渐走平，期价从移动平均线上方向下跌破移动平均线时，说明卖压渐重，应卖出所持期货品种。

（7）期价在移动平均线下方运行，反弹时未突破移动平均线，且移动平均线跌势减缓，趋于水平后又出现下跌趋势，此时为卖出时机。

（8）期价反弹后在移动平均线上方徘徊，而移动平均线却继续下跌，宜卖出所持期货品种。

（二）MACD（平滑异同移动平均线）

MACD 是由美国杰拉尔德·阿佩尔（Geral Appel）于 1979 年提出的，又称为指数平滑异同移动平均线，是从双移动平均线发展而来的，其计算方法是由快的移动平均线减去慢的移动平均线。

MACD 指标由两线一柱共同组成，快速线为 DIF，慢速线为 DEA，柱状线为 MACD。

1.MACD 计算公式

在应用 MACD 时，先计算出快速移动平均线（即 12 日的 EMA1）和慢速移动平均线（即 26 日的 EMA2），以这两个数值之间的差值得出 DIF。然后再求出 DIF 的 9 日平滑移动平均线 DEA，最后得出 MACD 值。

（1）计算 12 日和 26 日移动平均线 EMA1 和 EMA2。

当日 EMA（12）＝前一日 EMA（12）×11/13＋当日收盘价 ×2/13

当日 EMA（26）＝前一日 EMA（26）×25/27＋当日收盘价 ×2/27

（2）计算离差值（DIF）。

DIF ＝当日 EMA（12）－当日 EMA（26）

（3）计算 9 日离差平均值 DEA。

当日 DEA ＝前一日 DEA × 8/10 ＋当日 DIF × 2/10

（4）计算 MACD。

MACD ＝ 2 ×（DIF － DEA）

2. 参考方法

在各类投资中，有以下方法供投资者参考。

（1）当 DIF 和 MACD 均大于 0（在图形上表示为它们处于 0 线以上）并向上移动时，一般表示为行情处于多头行情中，可以买入开仓或多头持仓。

（2）当 DIF 和 MACD 均小于 0（在图形上表示为它们处于 0 线以下）并向下移动时，一般表示为行情处于空头行情中，可以卖出开仓或空仓观望。

（3）当 DIF 和 MACD 均大于 0（在图形上表示为它们处于 0 线以上）但都向下移动时，一般表示为行情处于下跌阶段，可以卖出开仓和空仓观望。

（4）当 DIF 和 MACD 均小于 0（在图形上表示为它们处于 0 线以下）但向上移动时，一般表示为行情即将上涨，期货品种将上涨，可以买入开仓或多头持仓。

（5）当 DIF 由下向上突破 DEA，形成黄金交叉，即白色的 DIF 上穿黄色的 DEA 形成交叉，或者 BAR（绿柱线）缩短，为买入信号。

（6）当 DIF 由上向下突破 DEA，形成死亡交叉，即白色的 DIF 下穿黄色的 DEA 形成交叉，或者 BAR（红柱线）缩短，为卖出信号。

（7）当期价指数逐波升高，而 DIF 及 DEA 并不是同步上升，而是逐波下降，与期价走势形成顶背离，则预示期价即将下跌。如果此时出现 DIF 两次由上向下穿过 DEA，形成两次死亡交叉，则期价将大幅下跌。

（8）震荡行情中，该指标将失真。当价格并不是自上而下或者自下而上运行，而是保持水平方向移动时，称为牛皮市道，此时将在 MACD 指标中产生虚假信号。牛皮市道中，指标 DIF 线与 MACD 线的交叉十分频繁，同时柱状线的收放也频频出现，颜色常常由绿转红或者由红转绿，此时 MACD 指标处于失真状态，使用价值相应降低。

（三）BOLL（布林通道）

BOLL 指标是美国期市分析家约翰·布林格（John Bollinger）根据统计学中的标

准差原理，设计出来的一种非常简单实用的技术分析指标。

一般而言，期价运动总是围绕某一价值中枢（如均线、成本线等）在一定范围内变动，BOLL 指标也会随着期价的变化自动调整。由于该指标具有灵活性、直观性和趋势性等特点，渐渐成为投资者广泛使用的市场热门指标。

BOLL 指标即布林指标，又叫布林线指标。BOLL 指标是一种非常简单实用的技术分析指标，是研判市场中长期运动趋势的一种重要技术分析工具。

BOLL 指标由三条线组成，即 BOLL 指标上轨线、BOLL 指标中轨线、BOLL 指标下轨线。BOLL 指标通过这三条线之间的关系，再结合其他指标，成为研判趋势的有效工具。

BOLL 指标还引入了“价格通道”概念，通过市场价格通道的宽窄与期价波动的大小，来判断市场的未来趋势。

1.BOLL 指标计算方法

BOLL 指标计算中引进了统计学中的标准差概念，涉及中轨线（MB）、上轨线（UP）和下轨线（DN）的计算。以日 BOLL 指标计算为例，其计算方法如下。

（1）计算公式。

中轨线＝N 日的移动平均线

上轨线＝中轨线＋两倍的标准差

下轨线＝中轨线－两倍的标准差

（2）计算过程。

①计算 MA。

MA＝N 日内的收盘价之和 ÷N

②计算标准差 MD。

MD＝平方根（N－1）日的（C－MA）的两次方之和除以 N

③计算 MB、UP、DN 线。

MB＝（N－1）日的 MA

UP＝MB＋k×MD

DN＝MB－k×MD

（k 为参数，可以根据实际情况做相应的调整，一般默认为 2。）

2.BOLL 指标一般研判标准

BOLL 指标一般通过三条 BOLL 指标线，即上轨线、中轨线、下轨线之间的关系来判断期价今后的走势，从而确定下一步的操作策略。

（1）当 BOLL 指标的上轨、中轨、下轨线同时向上运行时，表明市场强势特征非常明显，短期内价格将继续上涨，投资者应坚决持有做多。

（2）当 BOLL 指标的上轨、中轨、下轨线同时向下运行时，表明市场弱势特征非常明显，短期内将继续下跌，投资者应坚决做空。

（3）当 BOLL 指标的上轨线向下运行，而中轨线和下轨线还在向上运行时，表明市场处于整理态势之中。如果市场处于长期上升趋势，则表明目前进行的是市场上涨途中的强势整理，投资者可以持多待涨或逢低做多。如果市场处于长期下跌趋势时，则表明市场进入下跌途中的弱势整理，投资者应以持空待跌或逢高做空为主。

（4）BOLL 指标的上轨线向上运行，中轨线和下轨线同时向下运行的可能性非常小，这里不作研判。

（5）当 BOLL 指标的上轨、中轨、下轨线几乎同时处于水平方向横向运行时，则要看市场目前的走势处于什么样的位置来判断。

3.K 线与布林线结合研判

（1）当 K 线从布林线中轨线以下向上突破布林线中轨线时，预示期价的强势特征开始出现，期价将上涨，投资者应以中长线进场做多为主。

（2）当 K 线从布林线中轨线以上向上突破布林线上轨线时，预示期价的强势特征已经确立，期价将可能短线大涨，投资者应以持有待涨或短线买入为主。

（3）K 线向上突破布林线上轨线以后，K 线运动方向继续向上时，如果布林线上轨、中轨、下轨线的运动方向也同时向上，则预示期市强势特征依旧，期价短期内还将上涨，投资者应坚决持有待涨。直到 K 线运动方向开始有掉头向下的迹象时，再密切注意行情是否转势。

（4）K 线在布林线上方向上运动了一段时间后，如果 K 线的运动方向开始掉头向下，投资者应格外小心。一旦 K 线掉头向下并突破布林线上轨线时，预示着期价短期的强势行情可能结束，期价短期内将大跌，投资者应及时短线卖出期货品种，离场观望。特别是对于那些短线涨幅很大的期货品种。

（5）当 K 线从布林线上方向下突破布林线上轨线后，如果布林线上轨、中轨、下轨线的运动方向也开始同时向下，预示着期价的短期强势行情即将结束，期价短期走势不容乐观，投资者应以逢高减磅为主。

（6）当K线从布林线中轨线上方向下突破布林线中轨线时，预示期价前期的强势行情已经结束，期价的中期下跌趋势已经形成，投资者应中线及时卖出期货品种。如果布林线的上轨、中轨、下轨线也同时向下，则更能确认下跌趋势。

（7）当K线向下跌破布林线下轨线并继续向下时，预示期价处于极度弱势行情，投资者应坚决以持币观望为主，尽量不进场做多。

（8）当K线在布林线下轨线运行了一段时间后，如果K线的运动方向有掉头向上的迹象时，表明期价短期内将止跌企稳，投资者可以少量逢低建仓。

（9）当K线从布林线下轨线下方向上突破布林线下轨线时，预示期价的短期行情可能回暖，投资者可以及时适量买进期货品种，做短线反弹行情。

（10）当K线一直处于中轨线上方，并和中轨线一起向上运动时，表明期价处于强势上涨过程中，只要K线不跌破中轨线，投资者应坚决一路持有。

（11）当K线一直处于中轨线下方，并和中轨线一起向下运动时，表明期价处于弱势下跌过程中，只要K线不向上反转突破中轨线，稳健的投资者都可一路观望。

4.BOLL 指标喇叭口研究

BOLL 指标独特的研判手段就是喇叭口研判。所谓 BOLL 指标喇叭口，是指在市场价格运行过程中，BOLL 指标的上轨线和下轨线分别从两个相反的方向与中轨线大幅扩张或靠拢，形成类似于喇叭口的特殊形状。

根据布林线上轨线和下轨线运行方向和所处的位置不同，可以将喇叭口分为开口型喇叭口、收口型喇叭口和紧口型喇叭口三种类型。

开口型喇叭口形态常出现在期货品种短期内暴涨行情的初期，收口型喇叭口形态常出现在期货品种暴跌行情的初期，紧口型喇叭口形态则常出现在期价大幅下跌的末期。

（1）BOLL 指标开口型喇叭口。

当市场经过长时间的底部整理后，BOLL 指标的上轨线和下轨线逐渐收缩，上下轨线之间的距离越来越小。市场价格突然出现向上急速飙升的行情，此时 BOLL 指标上轨线也同时急速向上扬升，而下轨线却加速向下运动，这样 BOLL 指标上下轨线之间的形状就形成了一个类似于大喇叭的特殊形态，通常把 BOLL 指标的这种喇叭口称为开口型喇叭口。

开口型喇叭口是一种显示市场短线大幅向上突破的形态，它是市场经过长时间的低位横盘筑底后，面临向上变盘时所出现的一种走势。BOLL 指标上下轨线出现方向截然相反而力度却很大的走势，预示着多头力量逐渐强大，空头力量逐步衰竭，市场正处于短期大幅拉升行情之中。对于开口型喇叭口形态的出现，投资者如能及时短线做多，定会获利丰厚。

（2）BOLL 指标收口型喇叭口。

当市场经过短时间的大幅拉升后，BOLL 指标的上轨线和下轨线逐渐扩张，上下轨线之间的距离越来越大，随着成交量的逐步减少，市场价格在高位出现了急速下跌行情。此时 BOLL 指标上轨线开始急速掉头向下，下轨线还在加速上升，这样 BOLL 指标上下轨线之间的形状，就变成一个类似于倒过来的大喇叭的特殊形态，通常把 BOLL 指标的这种喇叭口称为收口型喇叭口。

收口型喇叭口形态的确立，以上轨线开始掉头向下，价格向下跌破短期均线为准。出现收口型喇叭口形态，投资者如能及时做空，则会获取比较大的收益。

（3）BOLL 指标紧口型喇叭口。

当市场经过长时间的下跌后，BOLL 指标的上下轨线向中轨线逐渐靠拢，上下轨线之间的距离越来越小，市场价格在低位反复震荡，此时 BOLL 指标的上轨线还在向下运动，而下轨线却在缓慢上升。这样，BOLL 指标上下轨线之间的形状就变成一个类似于倒过来的小喇叭的特殊形态，通常把 BOLL 指标的这种喇叭口称为紧口型喇叭口。当紧口型喇叭口出现后，投资者既可以观望等待，也可以少量建多仓。

（四）DMI（动向指标或趋向指标）

DMI 指标又叫动向指标或趋向指标，英文全称为“Directional Movement Index”，简称 DMI，是由美国技术分析大师威尔斯·威尔德创造的一种中长期市场分析方法。该指标通过分析期货品种价格在涨跌过程中买卖双方力量均衡点的变化情况，即多空双方的力量变化受价格波动的影响而发生由均衡到失衡的循环过程，从而提供对趋势判断的依据。

DMI 指标的计算方法和过程比较复杂，涉及 DM、TR、DX 等几个计算指标和 +DI（即 PDI）、-DI（即 MDI）、ADX 和 ADXR 等 4 个研判指标的运算。

1. 计算的基本程序

以计算日 DMI 指标为例，其运算的基本程序如下。

（1）按一定的规则比较每日期价波动产生的最高价、最低价和收盘价，计算出每日期价波动的真实波幅、上升动向值、下降动向值 TR、+DI、-DI。在运算基准日基础上按一定的天数将其累加，以求 n 日的 TR、+DM 和 DM 值。

（2）将 n 日内的上升动向值和下降动向值分别除以 n 日内的真实波幅值，从而求出 n 日内的上升指标 +DI 和下降指标 –DI。

（3）通过 n 日内的上升指标 +DI 和下降指标 –DI 之间的差和之比，计算出每日的动向值 DX。按一定的天数将 DX 累加后平均，求得 n 日内的平均动向值 ADX。再通过当日的 ADX 与前面某一日的 ADX 相比较，计算出 ADX 的评估数值 ADXR。

2. 计算当日动向值

动向指数的当日动向值分为上升动向、下降动向和无动向三种情况，每日的当日动向值只能是三种情况中的一种。

（1）上升动向（+DM）。

+DM 代表正趋向变动值即上升动向值，其数值等于当日的最高价减去前一日的最高价，如果数值小于或等于 0 则 +DM = 0。

（2）下降动向（–DM）。

–DM 代表负趋向变动值即下降动向值，其数值等于前一日的最低价减去当日的最低价，如果数值小于或等于 0 则 –DM = 0。注意 –DM 也是非负数。

再比较 +DM 和 –DM，较大的那个数字保持，较小的数字归 0。

（3）无动向。

无动向代表当日动向值为 0 的情况，即当日的 +DM 和 –DM 同时等于 0。有两种期价波动情况下可能出现无动向。一是当日的最高价低于前一日的最高价，并且当日的最低价高于前一日的最低价，二是当上升动向值正好等于下降动向值。

3. 计算真实波幅（TR）

TR 代表真实波幅，是当日价格较前一日价格的最大变动值。取以下三项差值中的最大值（取绝对值）为当日的真实波幅。

（1）当日的最高价减去当日的最低价的价差。

（2）当日的最高价减去前一日的收盘价的价差。

（3）当日的最低价减去前一日的收盘价的价差。

TR 是（1）、（2）、（3）中的数值最大者。

4. 计算方向线 DI

方向线 DI 是衡量期价上涨或下跌的指标，分为上升指标和下降指标。在有的期市分析软件上，+DI 代表上升方向线，–DI 代表下降方向线。

其计算公式如下。

+DI =（+DM ÷ TR）× 100

–DI =（–DM ÷ TR）× 100

要使方向线具有参考价值，必须运用平滑移动平均原理对其进行累积运算。以 12 日作为计算周期为例，先将 12 日内的 +DM、–DM 及 TR 平均，所得数值分别为 +DM12、–DM12 和 TR12，具体公式如下。

+DI（12）=（+DM12 ÷ TR12）× 100

–DI（12）=（–DM12 ÷ TR12）× 100

计算第 13 天的 +DI12、–DI12 或 TR12 时，只要利用平滑移动平均公式运算即可。

上升或下跌方向线的数值永远介于 0 与 100 之间。

5. 计算动向平均数 ADX

依据 DI 值可以计算出 DX 指标值。其计算方法是将 +DI 和 –DI 间的差的绝对值除以总和的百分比，得到动向指数 DX。由于 DX 的波动幅度比较大，一般以一定周期的平滑方法计算，得到平均动向指标 ADX。

具体公式如下。

DX =（DI DIF ÷ DI SUM）× 100

其中，DI DIF 为上升指标和下降指标的差的绝对值，DI SUM 为上升指标和下降指标的总和，ADX 就是 DX 的一定周期 n 的移动平均值。

6. 计算评估数值 ADXR

在 DMI 指标中还可以添加 ADXR 指标，以更有利于行情的研判。

ADXR 的计算公式如下。

ADXR =（当日的 ADX +前一日的 ADX）÷ 2

和其他指标的计算一样，由于选用的计算周期不同，DMI 指标也包括日 DMI 指标、周 DMI 指标、月 DMI 指标、年 DMI 指标以及分钟 DMI 指标等各种类型。

经常用于期市研判的是日 DMI 指标和周 DMI 指标，虽然它们计算时的取值有所不同，但基本的计算方法一样。另外，随着期市软件分析技术的发展，投资者只需掌握 DMI 指标的基本原理和计算方法，无须去计算指标的数值。

7.DMI 指标主要用于判断市场趋势。

在应用中，DMI 指标的研判主要集中在两个方面，一方面是分析上升指标 +DI、下降指标 –DI 和平均动向指标 ADX 之间的关系，另一方面是对行情的趋势及转势特征进行判断。其中，+DI 和 –DI 两条曲线的走势关系是判断能否买卖的信号，ADX

则是判断未来行情发展趋势的信号。

上升指标 +DI 和下降指标 –DI 的研判功能如下。

（1）当期价走势向上发展，同时 +DI 从下方向上突破 –DI 时，表明市场上有新多买家进场，为买入信号。如果 ADX 伴随上升，则预示期价的涨势可能更强劲。

（2）当期价走势向下发展，同时 +DI 从上向下突破 –DI 时，表明市场上做空力量加强，为卖出信号。如果 ADX 伴随下降，则预示跌势将加剧。

（3）当期价维持某种上升或下降行情时，+DI 和 –DI 的交叉突破信号比较准确。但当期价维持盘整时，则 +DI 和 –DI 交叉发出的买卖信号无效。

8. 平均动向指标 ADX 的研判功能

ADX 为动向值 DX 的平均数，DX 是根据 +DI 和 –DI 两数值的差和对比计算出来的百分比。利用 ADX 指标能更有效地判断市场行情的发展趋势。

（1）判断行情趋势。

①当行情走势由横盘向上发展时，ADX 值会不断递增。当 ADX 值高于前一日时，可以判断当前市场行情仍在维持原有的上升趋势，即期价将继续上涨。如果 +DI 和 –DI 同时增加，则表明当前上升趋势十分强劲。

②当行情走势进入横盘阶段时，ADX 值会不断递减。判断行情时，应结合期价走势 +DI 和 –DI 进行判断。

③当行情走势由盘整向下发展时，ADX 值会不断递减。当 ADX 值低于前一日时，可以判断当前市场行情仍维持原有的下降趋势，即期价将继续下跌。如果 +DI 和 –DI 同时减少，则表明当前的跌势将延续。

（2）判断行情是否盘整。

当市场行情在一定区域内小幅横向盘整时，ADX 值会出现递减的情况。当 ADX 值降至 20 以下，且呈横向窄幅移动时，可以判断行情为牛皮盘整，上升或下跌趋势不明朗，投资者应以观望为主，不可依据 +DI 和 –DI 的交叉信号来买卖期货品种。

（3）判断行情是否转势。

当 ADX 值在高点由升转跌时，预示行情即将反转。在涨势中，ADX 在高点由升转跌，预示涨势即将告一段落。在跌势中，ADX 值从高位回落，预示跌势可能停止。

9.DMI 指标实战技巧

DMI 指标的实战技巧，主要集中在 DMI 指标的 PDI、MDI、ADX 和 ADXR 这四条曲线的交叉情况以及 PDI 曲线所处的位置和运行方向等两个方面。

（1）买卖功能。

①当 DMI 指标中的 PDI、MDI、ADX 和 ADXR 这四条曲线在 20 附近一段狭小的区域内窄幅盘整，如果 PDI 曲线先后向上突破 MDI、ADX、ADXR 曲线，同时期价也带量向上突破中长期均线时，意味着市场上多头主力比较强大，期价短期内将进入强势拉升阶段，这是 DMI 指标发出的买入信号。

②当 DMI 指标中的 PDI、MDI、ADX 和 ADXR 这四条曲线在 20 ~ 40 这段区域内作宽幅整理，如果 PDI 曲线先后向下跌破 ADX 和 ADXR 曲线时，应密切注意行情会不会反转向下。一旦 PDI 曲线向下跌破 MDI 曲线，同时期价也向下突破中长期均线，则意味着市场上空头主力比较强大，期价短期内还将下跌，这是 DMI 指标发出的卖出信号。

（2）持仓、持币功能。

①当 DMI 指标中的 PDI 曲线分别向上突破 MDI、ADX、ADXR 后，一直在这三条曲线上运行，同时期价也依托中长期均线向上扬升，则意味着市场上多头力量依然占据优势，期价还将上涨，这是 DMI 指标比较明显的持有信号。只要 PDI 曲线没有向下跌破这三条曲线中的任何一条，就可以坚决持仓待涨。

②当 DMI 指标中的 PDI 曲线分别向上突破 MDI、ADX、ADXR 后，经过一段时间的高位盘整，PDI 曲线向下跌破 ADX 曲线，但在 ADXR 处获得支撑，并重新掉头上行，同时期价也在中期均线附近获得支撑，则表明市场强势依旧，期价还将上扬，这也是 DMI 指标的持有信号，投资者还可以短线持仓待涨。

③当 DMI 指标中的 PDI 曲线向下跌破 MDI、ADX、ADXR 后，如果 PDI 曲线一直运行在这三条线下方，并且在 20 以下区域作水平或向下运动，同时期价也被中长期均线压制下行，则意味着市场上空头力量占绝对优势，期价还将继续下跌，这是 DMI 指标比较明显的持币信号。只要 PDI 曲线没有向上突破这三条曲线中的任何一条，就应坚决持币观望。

10. 指标区分使用

（1）多空指标。

多空指标包括 +DI 多方、–DI 空方。

① +DI 在 –DI 上方，期货品种行情以上涨为主。+DI 在 –DI 下方，期货品种行情以下跌为主。在期货品种上涨行情中，当 +DI 向上交叉 –DI，是买进信号。相反，

当 +DI 向下交叉 –DI，是卖出信号。

② –DI 从 20 以下上升到 50 以上，期货品种价格很有可能会有一波中级下跌行情。

③ +DI 从 20 以下上升到 50 以上，期货品种价格很有可能会有一波中级上涨行情。

④ +DI 和 –DI 以 20 为基准线上下波动时，表明该期货品种多空双方处于拉锯战，期货品种价格以箱体整理为主。

（2）趋向指标。

趋向指标包括 ADX 和 ADXR。ADX 和 ADXR 是 +DI 和 –DI 的引导指标，同时也是判断期货品种行情的趋势指标。

①当 ADX 从上方向下穿越 ADXR 时，形成的交叉叫做死叉。当 ADX 与 ADXR 形成死叉时，预示期货品种上涨行情将终结。如果 ADX 和 ADXR 下行至 20 左右并交织波动时，说明期货品种将横盘整理，没有上涨行情。

②当 ADX 在 50 以上反转向下时，不管期货品种价格是上涨还是下跌，都预示着行情即将反转。

③当 ADX 从下方上穿 ADXR 时，形成的交叉叫做金叉。当 ADX 与 ADXR 发生金叉时，预示着期货品种将出现一波上涨行情。ADX 和 ADXR 运行至 50 以上时，将可能产生一轮中级以上行情。ADX 和 ADXR 上行至 80 以上时，那么市场将很有可能走出翻倍以上的大行情。

④当四根线间距收窄时，表明期货品种行情处于盘整中，DMI 指标失真。

（五）SAR（停损转向指标或抛物线指标）

抛物线转向指标（SAR），也称停损点转向指标，是利用抛物线方式，随时调整停损点位置以观察买卖点的指标。由于停损点以弧形的方式移动，故称为抛物线转向指标。其全称叫“Stop and Reveres”，缩写 SAR，由美国技术分析大师威尔斯·威尔德（Wells Wilder）创造，是一种简单易学、比较准确的中短期技术分析工具。

SAR 指标英文全称有两层含义。

一是“stop”，即停损、止损的意思，这就要求投资者在买卖某个期货品种之前，先要设定一个止损价位，以减少投资风险。这个止损价位也不是一成不变的，随着期价的波动，止损位也要不断地随之调整。

如何既可以有效地控制潜在的风险，又不会错失赚取更大收益的机会，是每个投资者追求的目标。但是期市情况变幻莫测，而且不同的期货品种不同时期的走势又各不相同，如果止损位设得过高，就可能出现期货品种在其调整回落时卖出，而卖出的期货品种却从此展开一轮新的升势，错失了赚取更大利润的机会。反之，止损位定得过低，就起不到控制风险的作用。如何准确地设定止损位，是各种技术分析理论和指标阐述的一个目的，而 SAR 指标在这方面有其独到的功能。

SAR 指标英文全称的第二层含义是"Reverse"，即反转、反向操作之意，这就要求投资者在决定投资期货品种前，先设定一个止损位。当价格达到止损价位时，投资者不仅要对前期买入的期货品种进行平仓，而且在平仓的同时，可以进行反向做空操作，以谋求收益最大化。

这种方法在有做空机制的期货市场可以操作，国内股票市场不允许做空，但投资者也可以使用这个指标。使用该指标主要有两种方法，一是在股价向下跌破止损价位时及时抛出，之后持币观望，二是当股价向上突破 SAR 指标显示的股价压力位时，及时买入股票或持股待涨。

1. 计算方法

（1）先选定一段时间判断为上涨或下跌。

若是看涨，则第一天的 SAR 值必须是近期内的最低价。若是看跌，则第一天的 SAR 须是近期的最高价。

第二天的 SAR，则为第一天的最高价（看涨时）或是最低价（看跌时）与第一天的 SAR 的差距乘上加速因子，再加上第一天的 SAR。

（2）每日的 SAR 都可以用上述方法类推，归纳公式如下。

SAR（n）= SAR（n − 1）+ AF[EP（n − 1）− SAR（n − 1）]

SAR（n）=第 n 日的 SAR 值，SAR（n − 1）=第（n − 1）日的 SAR 值。

AR：加速因子。

EP：极点价。若是看涨一段期间，则 EP 为这段期间的最高价。若是看跌一段期间，则 EP 为这段期间的最低价。

EP（n − 1）：第（n − 1）日的极点价。

加速因子第一次取 0.02。假若第一天的最高价比前一天的最高价还高，则加速因子增加 0.02。若无新高，则加速因子沿用前一天的数值，但加速因子最高不能超过 0.2。下跌以此类推。

看涨期间，若是计算出某日的 SAR 比当日或前一日的最低价高，则应以当日或前一日的最低价为某日之 SAR。看跌期间，若是计算某日之 SAR 比当日或前一日的最高价低，则应以当日或前一日的最高价为某日之 SAR。

（3）在计算SAR值时，要注意以下几项原则。

①第一次计算SAR值时，须由明显高低点起的第n天开始。如果是看涨行情，则SAR（0）为底部最低价。如果是看跌行情，则SAR（0）为顶部的最高价。

②加速因子AF有向上加速因子和向下加速因子的区分。若是看涨行情，则为向上加速因子。若是看跌行情，则为向下加速因子。

③加速因子AF的初始值一直是以0.02为基数。如果是在看涨行情中买入期货品种后，某天的最高价比前一天的最高价还要高，则加速因子AF递增0.02，并入计算。但加速因子AF最高不超过0.2。看跌行情以此类推。

④在看涨行情中，如果计算出的某日SAR值比当日或前一日的最低价高，则应以当日或前一日的最低价为该日的SAR值。

⑤在看跌行情中，如果计算出的某日SAR值比当日或前一日的最高价低，则应以当日或前一日的最高价为某日的SAR值。总之，SAR值不得定于当日或前一日的行情价格变动幅度之内。

⑥任何一次行情转变，加速因子AF都必须重新由0.02起算。

⑦SAR指标的计算基准周期参数为2，如2日、2周、2月等，其计算周期的参数变动范围为2～8。

⑧SAR指标的计算方法和过程比较烦琐，对于投资者来说，只要掌握其演算过程和原理即可，在实际操作中，并不需要投资者自己计算SAR值。更重要的是，投资者要灵活掌握和运用SAR指标的研判方法与功能。

2.SAR指标的运用

买卖时机是价位穿过SAR时，也就是向下跌破SAR便卖出，向上越过SAR就买进。

3.SAR指标的一般研判标准

SAR指标的研判标准主要包括以下四个方面。

（1）当期货品种期价从SAR曲线下方开始向上突破SAR曲线时，为买入信号，预示期价一轮上升行情可能展开，投资者应迅速及时地买进期货品种。

（2）当期货品种期价向上突破SAR曲线后继续向上运动，SAR曲线也同时向上运动时，表明期价的上涨趋势已经形成，SAR曲线对期价构成强劲的支撑，投资者应坚决持有待涨或逢低加码买进期货品种。

（3）当期货品种期价从SAR曲线上方开始向下突破SAR曲线时，为卖出信号，预示期价一轮下跌行情可能展开，投资者应迅速及时地卖出期货品种。

（4）当期货品种期价向下突破 SAR 曲线后继续向下运动，SAR 曲线也同时向下运动，表明期价的下跌趋势已经形成，SAR 曲线对期价构成巨大的压力，投资者应坚决持币观望或逢高减磅。

4.SAR 指标的特殊研判标准

SAR 指标的运行角度和运行时间。

（1）当 SAR 曲线向下运行的角度大于 45° 时，说明空方力量比较强大，期价的跌势比较迅猛，期价还将继续下跌。此时，投资者应坚决持币观望，不宜轻易抢反弹。

（2）当 SAR 曲线向上运行的角度大于 45° 时，如果 SAR 曲线已经向上运行了很长一段时间，并且期价短期内涨幅过大时，说明多方力量消耗过大，期价将随时可能反转向下。此时投资者应密切关注 SAR 曲线的走势，一旦 SAR 指标发出明显的卖出信号，应坚决清仓离场。

（3）当 SAR 曲线向上运行的角度大于 45° 时，如果 SAR 曲线刚刚向上运行，说明多方力量开始积聚，期价将继续向上攀升。此时，投资者应坚决持有待涨。

（4）当 SAR 曲线向下运行的角度小于 45° ，并且 SAR 曲线向下持续运行了很长一段时间（最少 3 个月以上），一旦期价向上突破 SAR 曲线，则表明期价的中长期下跌趋势可能结束，投资者可以开始逢低买入期货品种。

（5）当 SAR 曲线向上运行的角度小于 45° 时，如果 SAR 曲线已经向下运行了很长一段时间，或者在低位盘整了很长一段时间（最少 3 个月以上），说明空方的力量已经衰竭，多方力量开始加强，期价的一轮新的涨升行情已经展开，期价将继续上涨。此时，投资者应坚决持有待涨。

5.SAR 指标实战技巧

SAR 指标的构造比较简单，研判方法简洁明了。对于普通投资者来说，它不失为一个难得的分析工具。

为了使预测结果更加准确，这里介绍一下周 SAR 和周 MACD 相配合的分析方法。下面以行情分析软件上的（10、2、20）周 SAR 指标和（26、12、9）周 MACD 的配合研判为例，来揭示 SAR 指标的买卖和观望功能。

（1）买卖信号。

①经过相当长一段时间的下跌行情后，期价 K 线越来越靠近周 SAR 指标一直下压的绿圆圈，一旦期价 K 线（或美国线）放量向上突破周 SAR 指标的绿圆圈，同时周 MACD 指标在 0 线附近也形成金叉时，意味着下跌趋势已经结束，期价将反转向上。

这是周 SAR 指标发出的中长线买入信号，此时投资者应及时买入期货品种。

②当期价 K 线运行在周 SAR 指标上方时，一旦期价跌破周 SAR 指标，使周 SAR 曲线由向上的红圆圈变成向下的绿圆圈，同时周 MACD 指标也开始在中高位形成死叉时,这是周 SAR 指标发出的中长线卖出信号,此时投资者应及时卖出期货品种。

（2）持有、持币信号。

①当期价 K 线一直依托周 SAR 曲线的红圆圈向上运行，同时周 MACD 指标中的 MACD 曲线和 DIF 曲线运行方向也是向上时，意味着期价的上升趋势还将继续，这是周 SAR 指标发出的中线持有信号。只要红圆圈没有消失，投资者就可以一路持有待涨。

②期价 K 线向下跌破周 SAR 曲线后，一直被周 SAR 曲线的绿圆圈压制下行，周 MACD 指标中的 MACD 曲线和 DIF 曲线的运行方向也同时向下时，意味着期价的中长期下跌趋势还将继续，这是周 SAR 指标发出的中长线持币观望信号。只要绿圆圈没有消失，投资者就应该一路持币观望。

6. 巧用 SAR 指标设立止损

SAR 指标能用量化的价格给出止损点位和反转点。

SAR 的实质就是多空立场的转变过程。当期价在停损点之上时,保留手中的头寸，也就是持看多的态度，是多方。期价跌破停损点之后，应将手中的头寸抛出，也就是说持看空的态度，是空方。由多方变成空方，完全由期价突破停损点而定，停损点就是多空转变的分界线。这也是 SAR 称为停损转向指标的原因。

7.SAR 指标的特点

（1）操作简单，买卖点明确。出现买卖信号即可进行操作，特别适合于入市时间不长，投资经验不丰富，缺乏买卖技巧的中小投资者使用。

（2）适合于连续拉升的“牛股”，不会轻易被主力震仓和洗盘赶出局。

（3）适合于连续阴跌的“熊股”，不会被下跌途中的反弹诱多蒙骗。

（4）适合于中短线波段操作。

（5）长期使用 SAR 指标，虽不能买在最低价，也不能卖在最高价，但可以避免长期套牢的危险，同时又能避免错失牛股行情。

（6）SAR 与实际价格、周期长短有密切关系，可适应不同周期期价的波动特性。

（7）盘局中，经常交替出现买卖信号，失误率较高。

（六）四周规则

周规则又称海龟交易法，是由理查德·唐迁（Richard Donchian）发明的，它是一种追随趋势的完整的自动交易系统，最初以四周的形式出现。

《金融评论》曾发表过一篇论文，里面刊载了10年间对20多种技术型交易系统的测试和研究结论，其中周规则名列榜首，紧随其后的是移动平均线。

周规则是顺应趋势的，可借助其对类似移动平均线交叉后形成的反转信号进行过滤。如MA5向上突破MA10形成上攻趋势时，周规则亦出现向上突破信号，形成共振，进而确认突破有效与否。

四周规则虽然时间跨度较大，但其顺应趋势，言简意赅，不成则已，一成必见血封喉。

第一，只要价格涨过前四周内的最高价，就平掉空头仓位并做多。

第二，只要价格跌破前四周内的最低价，就平掉多头仓位并做空。

假突破：当出现四周突破并建立头寸之后，如果行情朝相反方向运行一到两周，投资者应平掉该头寸，确认其为假突破，并等待下一个四周突破信号出现时再入市。

具体市场具体分析，周规则可以进一步优化，并不局限于四周突破。如美林公司商品研究报告写道，糖期货市场最好采用五周规则，大豆市场最佳选择是两周规则。

周规则一般适用于所有时间周期，包括筑顶、筑底、回调和牛熊市的大涨大跌。

这里特别强调出现牛熊市时的操作方法。很多投资者认为，当行情连续多日暴跌后，出现反弹的概率会升高，这属于一种心理悖论。

举个简单的例子，投掷硬币每次得到头像的概率是50%，连续8次都是头像的概率是1/256。这时很多人都会认为第9次是反面，因为太久没有出现反面了。也有人可能会回答是头像，因为前面总是出现头像。

事实上，这两种解释都不对。第9次投掷硬币，与前面8次的结果没有任何逻辑关系，也没有记忆，因此第9次掷出头像的概率依然是50%。从交易层面上讲，就是很多投资者抛开技术面和基本面，主观地认为多日暴涨和暴跌后的行情应该如何走，这是一种非常不理性的投资行为。

为了避免在无趋势时产生的错误开仓信号，尽量保护手中的利润，可以将四周规则用于开仓，而将两周规则用于平仓。同时，它不仅可以当作交易系统使用，还可以当作辨别趋势是否反转的工具。

如果你是一位系统化交易者，那么通过优化周规则并在其基础上进行交易，这是最好的选择，因为它已被证明具备在任何市场中获利的能力。

最后需要指出的是，使用周规则应该始终如一地按照它的指示去操作，往往一年甚至几年的利润就在一次信号之中获得。

二、摆动型指标

摆动指标附属于基本的趋势分析，从这个意义上说，它只是一种第二位的指标。市场主要趋势是压倒一切的，顺着趋势方向交易这一原则具有重要意义。然而，在某些场合，随机摆动指标也有其重要作用。

例如，在一场重要趋势即将来临时，摆动指标分析不仅用处不大，甚至可能使投资者误入歧途。但当市场价格运动接近趋势尾声时，摆动指标就极有价值了，特别是此时出现的背离现象，就是非常重要的警示信号。

（一）摆动指标几种重要用途

当价格处于上升趋势、下降趋势时，趋势指标和趋势分析方法对指导交易有很好的帮助。当价格处于横向延伸时，价格将在一定的区域内震荡，此时的摆动指标往往很有效果。特别是在摆动指标出现如下几种情况时，摆动指标很有意义，这几种情况对绝大多数摆动指标来说都是共通的。

（1）当摆动指标的值达到上边界或下边界的极限值时最有意义。如果接近上边界，表明市场处于所谓的超买状态。如果接近下边界，市场就处于所谓的超卖状态。这两种情况都是警讯，表示市场趋势走得太远，开始有些脆弱起来。

（2）当随机指标处于极限位置，并且随机指标与价格变化之间出现了背离现象时，通常构成重要的预警信号，特别是连续出现多次背离现象。

（3）如果随机指标顺着市场趋势的方向穿越 0 线，可能是重要的买卖信号。

（4）在价格呈现延伸趋势时，要重点关注随机指标的效果，这样操作比较理想。

（二）两种重要的背离现象

（1）摆动指标处在上限位置，甚至摆动指标在上限位置经过很长时间的钝化。之后摆动指标开始向下移动，或摆动指标的高点逐步降低，但价格并没有随摆动指标下移，甚至价格不跌反涨，此时价格与摆动指标就构成了顶背离。该背离构成了重要的预警信号。

（2）摆动指标处在下限位置，甚至摆动指标在下限位置经过很长时间的钝化。之后摆动指标开始向上移动，或摆动指标的低点逐步抬高，但价格并没有随摆动指标的上移而上涨，甚至价格不涨反跌，此时价格与摆动指标就构成了底背离。该背离构成了重要的预警信号。

（三）威廉指标（W%R）

威廉指标（W%R）是由美国拉瑞·威廉姆斯（Larry Williams）于 1973 年首创的，W%R 指标是一个振荡指标。W%R 指标主要是利用分析周期内的最高价、最低价及周期结束的收盘价这三者之间的关系展开分析的。

威廉指标计算公式如下。

n 日 W%R =（Hn − Ct）/（Hn − Ln）× 100

其中 Ct 为当天的收盘价，Hn 和 Ln 是最近 n 日内（包括当天）出现的最高价和最低价。

W%R 指标表示的含义是当天的收盘价在过去一段日子的全部价格范围内所处的相对位置。如果 W%R 的值比较大，当天的价格处在相对较低的位置，要注意反弹。如果 W%R 的值比较小，当天的价格处在相对较高的位置，要注意回落。W%R 取值居中，在 50 左右，则价格上下的可能性都有。

1. 买卖原则

当 W%R 高于 80%，即处于超卖状态，表明行情即将见底，应当考虑买入。W%R 低于 20%，即处于超买状态，表明行情即将见顶，应当考虑卖出。

W%R 进入高位后，一般要回头。如果这时期价还在继续下跌，这就产生了背离，是进货的信号。

W%R 进入低位后，一般要反转。如果这时期价还在继续上升，这就产生了背离，是卖出的信号。

W%R 连续几次撞顶（底），局部形成双重或多重顶（底），则是进货（出货）的信号。

2.W%R 曲线的形状

当 W%R 曲线从超卖区开始向上爬升，超过 80 这条买入线时，说明行情可能向上突破，是提示买入的信号。

当 W%R 曲线从超买区开始向下回落，跌破 20 这条卖出线时，说明行情可能向下反转，是提示卖出的信号。

当 W%R 曲线由超卖区向下突破 50 这条多空平衡线时，说明期价涨势较强，可考虑短线加码买入。

当 W%R 曲线由超买区向上突破 50 这条多空平衡线时，说明期价跌势较强，可考虑短线加码卖出。

3.W%R 指标的特殊分析方法

（1）顶背离。

当期价 K 线图上的期货品种走势一峰比一峰高，期价一直向上涨丌，而 W%R 指标图上的 W%R 曲线走势是在高位一峰比一峰低，这叫顶背离现象。顶背离现象一般是期价将出现高位反转的信号，表明期价短期内即将下跌，是比较强烈的卖出信号。

（2）底背离。

当期价 K 线图上的期货品种走势一峰比一峰低，期价在向下跌落，而 W%R 指标图上的 W%R 曲线走势是在低位一底比一底高，这叫底背离现象。底背离现象一般是期价将出现低位反转的信号，表明期价短期内即将上涨，是比较强烈的买入信号。

指标背离一般出现在强势行情中比较可靠。即期价在高位时，通常只需出现一次顶背离，即可确认行情即将出现顶部反转。期价在低位时，一般要反复多次出现底背离后，才可确认行情将出现底部反转。

4. 指标的撞底和撞顶

指标撞顶和撞底的研判，是威廉指标独有的分析原则。威廉指标能比较准确地提示超买超卖和判断强弱转化，通过测量一段时间内的期价高点和低点，可以提示有效的买卖信号。因此，威廉指标的撞顶和撞底研判有助于投资者短线买卖决策。

在威廉指标的一般研判标准中，讲到 80 ~ 100 和 20 ~ 0 是威廉指标的超买超卖区，但这并不意味着当威廉指标曲线进入超买超卖区后，就要卖出和买入。只有当威廉曲线从高位向下突破超买线（80 线），或从低位向上突破超卖线（20 线）时，才能做出买卖决策。

在具体实战中，为了提高分析预测的准确程度，在此引进并深入诠释威廉指标撞顶和撞底的分析原则。

（1）指标撞顶的分析原则。

威廉指标撞顶的分析原则，是指威廉曲线从高位上升到指标的超买区（80 ~ 100）后，经过一段时间的运行，曲线连续几次撞及指标的顶部（100 线）时，会在局部形成多重顶的形态，从而构成一个相当好的中短线卖点，这时投资者应密切注意指标的走势。当曲线完成几次撞顶后开始下跌，并向下突破威廉指标的重要买卖线之一的超买线（80 线）时，预示着期价可能短线下跌，投资者应短线及时卖出期货品种。

（2）指标撞底的分析原则。

威廉指标撞底的分析原则，是指威廉曲线从低位回落到指标的超卖区（20 ~ 0）后，经过一段时间的运行，曲线连续几次撞及指标的底部（0 线）时，会形成局部的多重底形态，从而构成一个比较好的中短线买点，这时投资者应及时注意指标的走势。当曲线完成几次撞底后开始上升，并向上突破威廉指标的重要买卖线之一的超卖线（20 线）时，预示着期价短线可能上涨，投资者应及时买入期货品种。

（四）KDJ 指标

KDJ 指标全名为随机指标（Stochastics），由美国的乔治·莱恩（George Lane）博士创造。该指标综合了动量观念、强弱指标及移动平均线的优点，是欧美证券期货市场常用的一种技术分析工具。

随机指标 KDJ 一般用于期货品种分析体系，根据统计学原理，通过一个特定周期（常为 9 日、9 周等）内出现过的最高价、最低价和最后一个计算周期的收盘价及这三者之间的比例关系，来计算最后一个计算周期的未成熟随机值 RSV，然后根据平滑移动平均线的方法来计算 K 值、D 值与 J 值，绘成曲线图来研判期货品种的走势。

随机指标设计的思路与计算公式源于威廉指标（W%R），但比 W%R 指标更具使用价值。随机指标融合了移动平均线的思想，对买卖信号的判断更加准确。

随机指标 KDJ 最早以 KD 指标的形式出现，KD 指标是在威廉指标的基础上发展起来的。不过，威廉指标只用于判断期货品种的超买超卖现象，KDJ 指标则融合了移动平均线变动速度的概念，从而形成比较准确的买卖信号。

在实践中，K 线与 D 线大都配合 J 线组成 KDJ 指标来使用。由于 KDJ 曲线本质上是一个随机波动的概念，故其对于掌握中短期行情走势比较准确。

1.KDJ 指标计算方法

KDJ 指标的计算比较复杂，首先要计算周期（n 日、n 周等）的 RSV 值，即未成熟随机指标值，然后再计算 K 值、D 值、J 值等。

（1）以日 KDJ 数值的计算为例，其计算公式如下。

$$n\text{日}\ RSV = (Cn - Ln) \div (Hn - Ln) \times 100$$

公式中，Cn 为第 n 日收盘价，Ln 为 n 日内的最低价，Hn 为 n 日内的最高价。RSV 值始终在 1 ~ 100 间波动。

（2）计算K值与D值。

当日K值=2/3×前一日K值+1/3×当日RSV

当日D值=2/3×前一日D值+1/3×当日K值

若无前一日K值与D值，则可分别用50来代替。

（3）计算J值。

当日J值=3×当日K值-2×当日D值

以9日为周期的KDJ线为例，9日RSV=（C-L9）÷（H9-L9）×100。

公式中，C为第9日的收盘价，L9为9日内的最低价，H9为9日内的最高价。

K值=2/3×第8日K值+1/3×第9日RSV

D值=2/3×第8日D值+1/3×第9日K值

J值=3×第9日K值-2×第9日D值

若无前一日K值与D值，则可以分别用50代替。

KDJ随机指标反应比较敏感快速，是一种中短期趋势波段分析研判的较佳技术指标。对做大资金大波段的人来说，一般当月KDJ值在低位时逐步进场吸纳。主力平时运作时，偏重周KDJ所处的位置，据此对中线波段的循环高低点做出研判。出现单边走势时，往往造成日KDJ屡屡钝化的现象。

日KDJ对期价变化方向的反应极为敏感，是日常买卖进出的重要参考。对于做小波段的短线客来说，30分钟和60分钟KDJ是重要的参考指标。对于已制定买卖计划，准备即刻下单的投资者来说，5分钟和15分钟KDJ可以提供最佳的进出时机。

KDJ常用的默认参数是9，短线可以将参数修改为5，这样不但反应更加敏捷、迅速、准确，而且可以减少钝化现象。一般常用的KDJ参数有5、9、19、36、45、73等。实战中，还应将不同的周期综合来分析，这样短期、中期、长期趋势便会一目了然。如出现不同周期共振现象，则说明趋势的可靠度加大。

2. 实战研判

（1）K线是快速确认线——数值在90以上为超买，数值在10以下为超卖。

D线是慢速主干线——数值在80以上为超买，数值在20以下为超卖。

J线又叫方向敏感线。当J值大于90，特别是持续5天以上，期价至少会形成短期头部。反之，J值小于10时，特别是持续数天以上，期价至少会形成短期底部。

（2）当K值由较小逐渐大于D值，在图形上显示K线从下方上穿D线。在图形上，K线向上突破D线时，为买进信号。

实战中，当K线、D线在20以下交叉向上时，此时的短期买入信号较为准确。如果K值在50以下，由下往上接连两次上穿D值，形成右底比左底高的W底形态时，后市期价可能会有相当的涨幅。

（3）当K值由高于逐渐转为低于D值，在图形上显示K线从上方下穿D线，显示趋势是向下的。在图形上，K线向下突破D线时，为卖出信号。

实战中，当K线、D线在80以上交叉向下，此时的短线卖出信号较为准确。如果K值在50以上，由上往下接连两次下穿D值，形成右头比左头低的M头形态时，后市期价可能会有相当的跌幅。

（4）通过KDJ与期价的背离走势判断期价顶底，也是颇为实用的方法。

①期价创新高，而KD值没有创新高，为顶背离，应卖出。

②期价创新低，而KD值没有创新低，为底背离，应买入。

③期价没有创新高，而KD值创新高，为顶背离，应卖出。

④期价没有创新低，而KD值创新低，为底背离，应买入。

需要注意的是，判定KDJ顶底背离的方法，只能和前一波高低点时的KD值相比，不能跳过去比较。

3. 应用经验

在实际操作中，一些做短平快交易的短线客常用分钟指标来判断后市走势，用以决定买卖时机。在T＋0交易中，常用15分钟和30分钟KDJ指标。在T＋1交易中，多用30分钟和60分钟KDJ来指导进出。

有几条经验和规律总结如下。

（1）如果30分钟KDJ在20以下盘整较长时间，60分钟KDJ也是如此，一旦30分钟K值上穿D值并越过20线，可能引发一轮持续2天以上的反弹行情。若日线KDJ指标也在低位发生交叉，则可能是一轮中级反弹行情。需要注意的是，K值与D值金叉后，只有K值大于D值20%以上，这种交叉才有效。

（2）如果30分钟KDJ在80以上向下掉头，K值下穿D值并跌破80，而60分钟KDJ才刚刚越过20线，不到50线，则说明行情会出现回档。30分钟KDJ探底后，行情可能会继续向上。

（3）如果30分钟和60分钟KDJ在80线以上盘整较长时间，之后K值同时向下交叉D值，则表明要开始至少2天的下跌调整行情。

（4）如果30分钟KDJ跌至20线以下之后掉头向上，而60分钟KDJ还在50线以上，则要观察 60 分钟 K 值是否会有效穿过 D 值（K 值大于 D 值 20%）。若有效，则表明将开始一轮新的上攻。若无效，则表明上涨仅是下跌过程中的反弹，反弹过后仍会继续下跌。

（5）如果 30 分钟 KDJ 在 50 线之前止跌，而 60 分钟 KDJ 才刚刚向上交叉，说明行情可能会持续向上，目前的下跌仅属于回档。

（6）30 分钟或 60 分钟 KDJ 出现背离现象，也可作为研判大市顶底的依据，详见前面日线背离的论述。

（7）在超强市场中，30 分钟 KDJ 可以达到 90 线以上，而且在高位屡次发生无效交叉，此时重点看 60 分钟 KDJ。当 60 分钟 KDJ 出现向下交叉时，可能引发短线较深的回档。

（8）在暴跌过程中，30 分钟 KDJ 可以接近 0 值，而大势依然跌势不止，此时也应看 60 分钟 KDJ。当 60 分钟 KDJ 向上发生有效交叉时，会引发极强的反弹。

（9）当行情处在极强极弱的单边市场中，日 KDJ 屡屡出现钝化，应改用 MACD 等中长线指标。当期价短期波动剧烈，日 KDJ 反应滞后，应改用 CCI、ROC 等指标，或是使用 SLOWKD 慢速指标。

（10）KDJ 在周线中参数一般用 5。周 KDJ 指标见底和见顶有明显的提示作用，据此波段操作可以免去许多辛劳，争取利润最大化。需要提示的是，一般周 J 值在超卖区 V 形单底上升，说明只是反弹行情，形成双底才是可靠的中级行情。J 值在超买区出现单顶也会有大幅下跌的可能，所以应该提高警惕，此时应结合其他指标综合研判。但当期市处于牛市时，J 值在超买区盘整一段时间后，期价仍会大幅上升。

4. 介入方法

KDJ 指标有以下缺陷。

（1）对轧空或追杀单边式钝化的盲区。期货品种单边趋势性上涨时，KDJ 指标会不断进入超买区域，这可能会让很多投资者提前卖出，也可能期价小幅回调造成 KDJ 指标高位快速大幅回落，给投资者造成恐慌。反之，在趋势性单边下跌中，KDJ 指标也会不断发出错误信号，给投资者的实际操作造成很大的困难。

（2）KDJ 指标的有效金叉和无效金叉。除了单边趋势性行情，在有些震荡行情中，依据 KDJ 金叉买入期货品种后，期价却不上涨，反而下跌，这就是无效金叉。

应对 KDJ 指标缺陷的方法如下。

（1）寻找辅助指标：可以使用其他指标来弥补该指标的不足，如配合均线、趋势指标等辅助判断。

（2）调整参数：对于不同的期货品种，可以根据不同的行情来调整指标参数。

（3）多周期配合：可以采取周线和日线的 KDJ 指标综合进行判断。

日线 KDJ 是一个敏感指标，变化快，随机性强，经常发出虚假的买卖信号。投资者根据其发出的买卖信号进行买卖时，有时会出现无所适从的局面。

运用周线 KDJ 与日线 KDJ 共同金叉选股法，可以过滤掉日线中的虚假买入信号，找到高质量的成功买入信号。

周线 KDJ 与日线 KDJ 共同金叉选股法的买点选择有如下几种。

（1）提前买入法。

在实际操作时，往往会碰到这样的问题：由于日线 KDJ 的变化速度比周线 KDJ 快，当周线 KDJ 金叉时，日线 KDJ 已提前几天金叉，期价也上升了一段，买入成本已经抬高。激进型的投资者可以打提前量买入，以求降低成本。

（2）周线 KDJ 刚金叉，日线 KDJ 已金叉买入法。

提前量买入法要满足的条件如下。

①K 线收周阳线，周线 K、J 两线勾头上行，将要金叉尚未金叉。

②日线 KDJ 在这一周内发生金叉，金叉日收放量阳线。日线 KDJ 金叉当天，成交量大于 5 日均量更好。

（3）周线 K、D 两线“将死不死”买入法。

此方法要满足的条件如下。

①周线 KDJ 金叉后，期价回档收周阴线，然后重新放量上行。

②周线 K、D 两线将要死叉，但没有真正发生死叉，K 线重新张口上行。

③日线 KDJ 金叉。

用此方法买入期货品种，可以捕捉到快速强劲的上升行情。

5.KDJ 钝化与骗线

KDJ 指标是技术分析人士经常使用的一种指标。该指标的优点在于反应敏捷，能给出非常明显的进货信号和出货信号。如黄金交叉进货，死亡交叉出货，使用者易于掌握，只要看信号进货出货就可以了。

但 KDJ 指标又有非常明显的不足，如它的反应过于敏感，使用者不是进货太早被套牢，就是出货太早被轧空，这就是 KDJ 指标所谓的低位钝化和高位钝化问题。

很多 KDJ 指标的使用者常常抱怨 KDJ 指标的骗线问题，使用起来经常会有上当受骗的感觉，认为KDJ指标是庄家拿来故意骗人的，实际上是因为他们没能处理好钝化问题。

KDJ指标是一种非常好的指标，但是它有一个使用范围。通常期价或股指在一个有一定幅度的箱形之中运动时，KDJ指标能发出非常准确的进货信号和出货信号。在此情况下，按照低位黄金交叉进货，高位死亡交叉出货，准确率非常高，投资者按此方法操作，可以胜多输少。

通过如下方法，可以有效地解决KDJ指标的钝化和骗线问题。

（1）放大法。

因为KDJ指标非常敏感,因此经常给出一些杂音信号。这些信号容易误导投资者，认为指标已发出进货信号或出货信号，导致操作失误。如果客户放大一级来确认这个信号的可靠性，将会有较好的效果。

如在日K线图上KDJ指标出现低位黄金交叉，可以把它放大到周线图上去看。如果周线图上也在低位出现黄金交叉，可以认为这个信号可靠性强，可以大胆去操作。如果周线图上显示的是行情处在下跌途中,那么日线图上的黄金交叉可靠性不强，有可能是庄家骗线，这时候可以采用观望的态度。

（2）形态法。

KDJ指标非常敏感，给出的信号经常超前，客户可以通过KDJ指标的形态来帮助找出正确的买点和卖点,在KDJ指标低位形成W底、三重底和头肩底形态时再进货。在较强的市场里，KDJ指标在高位形成M头和头肩顶时，出货的信号可靠性将加强。

（3）数浪法。

KDJ指标和数浪相结合，是一种非常有效的方法。K线图上，经常可以清晰地分辨上升形态的一浪、三浪和五浪。期价盘底结束开始上升,往往在上升第一子浪时，KDJ指标即发出死亡交叉的出货信号。这时候可以忽略这个卖出信号，因为它很可能是一个错误信号或是一个骗线信号。

当期价运行到第三子浪时，要加大对卖出信号的重视程度。当期价运动到明显的第五子浪时，这时如果KDJ指标发出卖出信号，要坚决出货，这时候KDJ指标给出的信号通常是非常准确的信号。

当期价刚刚结束上升，开始转为下跌时，在下跌的第一子浪，可以忽略KDJ指标的买进信号。当期价下跌到第三子浪或第五子浪时，再考虑KDJ指标的买入信号。尤其是在下跌第五子浪后，KDJ指标给出的买进信号较准确。

（4）趋势线法。

在期价进入一个极强或极弱的市场时，会形成单边上升走势或单边下跌走势。在单边下跌走势中，KDJ 指标会多次发出买入信号或低位钝化，投资者按买入信号操作，将会因过早入场而被套牢。

看似在极低的价位进货，但期价可能继续下跌，也就是低价之后还可以有更低的价格。要有效解决这个问题，可以在 K 线图上加一条下降趋势线，在期价没有突破下跌趋势线前，KDJ 发出的任何一次买入信号都不予考虑。只有当期价突破下降趋势线后，再考虑 KDJ 指标的买入信号。

在单边上升走势中，市场走势极强，KDJ 指标经常会在高位发出卖出信号。按此信号操作，将丢失一大段上涨行情。在这种情况下，也可以在日 K 线图上加一条上升趋势线，在期价未跌破上升趋势线前，不考虑 KDJ 指标给出的卖出信号。当期价跌破上升趋势线，KDJ 再给出卖出信号，则坚决执行，不打折扣。

6. 持仓与持币待涨信号

（1）持仓待涨信号。

当 KDJ 曲线向上突破 80 线以后，如果 KDJ 曲线一直运行在 80 线以上区域，则意味着期价处于强势上涨行情之中，这是 KDJ 指标发出的持仓待涨信号。如果期价也同时依托中短期均线上行，这种持有信号更加明显。此时，投资者应坚决短线持有待涨。

（2）持币观望信号。

当 KDJ 曲线向下突破 20 线以后无法反弹，其后一段时间持续运行在 20 线以下区域，意味着期价处于极度弱势下跌行情之中，这是 KDJ 指标发出的持币观望信号。如果期价受到空头排列的均线压制，这种持币观望信号更加明显。此时，投资者应坚决持币观望。

7. 在期货品种市场中要赚钱，首先要做好选时工作

怎样才能选好时呢？归纳起来有六个方面，即形态、均线、技术指标、成交量、热点及主力成本。

（五）相对强弱指标（RSI）

RSI 是由韦尔斯·王尔德（Wells Wider）于 1978 年 6 月创制的一种通过特定时期内期价的变动情况计算市场买卖力量对比，来判断期货品种价格内部本质强弱、推测价格未来变动方向的技术指标。

强弱指标理论认为，任何市价的大涨或大跌，均在 0 ~ 100 之间变动，根据常态分布，认为 RSI 值多在 30 ~ 70 之间变动。通常达到 80 甚至 90 时，被认为市场已经达到超买状态，至此市场价格自然会回落调整。当价格跌至 30 以下，即被认为是超卖状态，预示市价将出现反弹回升。

其具体的计算方法如下。

RSI（n）= [A/（A + B）] × 100%

其中，A 表示 n 天中期价向上波动的幅度大小，B 表示 n 天中期价向下波动的幅度大小。A + B 表示期价在此期间总的波动幅度大小。

1. 相对强弱指标（RSI）的应用法则

（1）由算式可知，RSI 值的波动空间为 0 ~ 100。RSI 值等于 50 时，为强势市场与弱势市场分界点。通常认为 RSI > 80 为超买区，预示市势回档的机会增加。RSI < 20 为超卖区，预示市势反弹的机会增加。

（2）一般而言，RSI 掉头向下为卖出信号，RSI 掉头向上为买入信号，但应用时宜从整体态势的判断出发。

（3）RSI 的 M 形走势是超买区常见的见顶形态，W 形走势是超卖区常见的见底形态。这时往往可见 RSI 走向与价格走向发生背离，所以背离现象也是一种买卖信号。

（4）RSI 由下往上一个波谷比一个波谷高时，则构成上升支持线。RSI 由上往下一个波顶比一个波顶低，则构成下降压力线。RSI 跌破支持线为卖出信号，升穿压力线为买入信号。

（5）RSI 上穿 50 分界线为买入信号，下破 50 分界线为卖出信号。

（6）n 日 RSI 的 n 值常取 5 ~ 14 日。n 值愈大，表明趋势感愈强，但有反应滞后的倾向，称为慢速线。n 值愈小，对变化愈敏感，但易产生飘忽不定的感觉，称为快速线。可将慢速线与快速线比较观察，若两线同时向上，表明升势较强。若两线同时向下，则表明跌势较强。快速线上穿慢速线为买入信号，快速线下穿慢速线为卖出信号。

（7）由于设计上的原因，RSI 进入超买区或超卖区以后，即使市势有较大的波动，RSI 的变动速率也会渐趋缓慢，波幅愈来愈微，这时即出现所谓的钝化问题。尤其是在持续大涨或大跌时，容易发生买卖“操之过急”的遗憾。解决这个问题的办法，仅就 RSI 指标本身而言，是调整超买区或超卖区的界定值，如定为 90 以上或 10 以下。另外一个方法是加大 n 的取值。

2. 相对强弱指标（RSI）的特殊用法

（1）RSI 曲线的形态。当 RSI 指标在高位盘整或低位横盘时，出现的各种形态也是判断行情走势，决定买卖行动的一种分析方法。

①当 RSI 曲线在高位（50 以上）形成 M 头或三重顶等高位反转形态时，意味着期价的上升动能已经衰竭，有可能出现长期反转行情，投资者应及时卖出期货品种。如果期价走势曲线也先后出现同样的形态，则更可确认。期价下跌的幅度和过程，可以参照 M 头或三重顶等顶部反转形态研判。

②当 RSI 曲线在低位（50 以下）形成 W 底或三重底等低位反转形态时，意味着期价的下跌动能已经减弱，期价有可能构筑中长期底部，投资者可逢低分批建仓。如果期价走势曲线也先后出现同样的形态，则更可确认。期价的上涨幅度及过程可参照 W 底或三重底等底部反转形态进行研判。RSI 曲线顶部反转形态对行情判断的准确性要高于底部形态。

（2）RSI 曲线的背离。RSI 指标的背离，是指 RSI 指标曲线的走势正好和期价 K 线图上的走势方向相反。RSI 指标的背离分为顶背离和底背离两种。RSI 高于 70 或低于 30 时，产生的背离信号是一种极为重要的警告。

①顶背离。当 RSI 处于高位，在创出 RSI 近期新高后，形成一峰比一峰低的走势。此时 K 线图上的期价却再次创出新高，形成一峰比一峰高的走势，这就是顶背离。顶背离现象一般是期价在高位即将反转的信号，表明期价短期内即将下跌，是卖出信号。

在实际走势中，RSI 指标出现顶背离，是指期价在进入拉升过程中先创出一个高点，RSI 指标也相应地在 80 以上创出新的高点。之后，期价出现一定幅度的回落调整，RSI 也随着期价的回落走势出现调整。但是，期价再度向上并超越前期高点，创出新的高点时，RSI 也随着期价上扬反身向上，但没有冲过前期高点就开始回落，这就形成 RSI 指标的顶背离。RSI 出现顶背离后，期价见顶回落的可能性较大，是比较强烈的卖出信号。

②底背离。RSI 的底背离一般出现在 20 以下的低位区。K 线图上期价一路下跌，形成一波比一波低的走势。RSI 线却在低位率先止跌企稳，并形成一底比一底高的走势，这就是底背离。底背离现象一般预示着期价短期内可能将反弹，是短期买入的信号。

与 MACD、KDJ 等指标的背离现象研判一样，在 RSI 的背离中，顶背离的研判准确性要高于底背离。当期价在高位，RSI 在 80 以上出现顶背离时，可以认为期价即将反转向下，投资者应及时卖出期货品种。期价在低位，RSI 也在低位出现底背离时，一般要反复出现几次底背离才能确认，并且投资者只能做战略建仓或做短期投资。

（六）乖离率（BIAS）

乖离率（BIAS）简称 Y 值，也叫偏离率，是反映一定时期内期价与其移动平均线偏离程度的指标。移动平均线一般可视为某一时期内买卖双方都能接受的均衡价格，当期价距离移动平均线太远时，会重新向平均线靠拢。乖离率指标就是通过测算期价在波动过程中与移动平均线出现的偏离程度，从而得出期价在剧烈波动时因偏离移动平均趋势可能形成的回档或反弹。

乖离率的计算方法相当简单，计算公式如下。

乖离率=（当日收盘价－ n 日平均价）/n 日平均价 ×100%

其中 n 一般取值为 5、6、10、12、24、30 和 72。在实际运用中，短线使用 6 日乖离率较为有效，中线则放大为 10 日或 12 日。

1. 乖离率的应用法则

（1）BIAS 指标表示收盘价与移动平均线之间的差距。当期价的正乖离扩大到一定极限时，表示短期获利很大，市场出现获利回吐的可能性很高。当期价的负乖离扩大到一定极限时，则空头回补的可能性很高。

（2）乖离率可分为正乖离率与负乖离率。若期价大于平均线，则为正乖离。期价小于平均线，则为负乖离。当期价与平均线相等时，则乖离率为零。正的乖离率越大，表示短期超买越大，则越有可能见到阶段性顶部。负的乖离率越大，表示短期超卖越大，则越有可能见到阶段性底部。

（3）期价与 6 日平均线乖离率达到 +5% 以上为超买，是卖出时机。当其达到 –5% 以下时为超卖，是买入时机。

（4）期价与 12 日平均线乖离率达到 +7% 以上为超买，是卖出时机。当其达到 –7% 以下时为超卖，是买入时机。

（5）期价与 24 日平均线乖离率达到 +11% 以上为超买，是卖出时机。当其达到 –11% 以下为超卖，是买入时机。

（6）期价因受重大突发事件的影响，会出现瞬间暴涨和暴跌走势，期价与各种平均线的乖离率有时会出奇地高或低，但发生概率极小，仅能视为特例，不能作为日常研判标准。

（7）每当期价与平均线之间的乖离率达到最大百分比时，就会向0值靠拢，这是葛兰碧八大买卖法则中第四条和第五条法则所揭示的期价运行规律。

（8）在趋势上升阶段，如果期价出现负乖离，是逢低买入的有利时机。

（9）在趋势下降阶段，如果期价出现正乖离，是逢反弹出货的最佳时机。

BIAS 指标的缺陷是买卖信号过于频繁，因此要与随机指标（KDJ）、布林线指标（BOLL）搭配使用。

2. 应用乖离率时应区别看待

（1）对于风险不同的期货品种应区别对待。有业绩保证且估值水平合理的品种，在下跌时，乖离率通常较低就开始反弹。反之，对绩差品种而言，其乖离率通常跌至绝对值较大时才开始反弹。

（2）要考虑流通市值的影响。持仓量较大的期货品种不容易被操纵，走势符合一般的市场规律，适宜用乖离率进行分析。而持仓量较小的期货品种，由于容易被控盘，因此使用该指标时应谨慎。

（3）要注意期货品种所处价格区域。在期价的低位密集成交区，由于筹码分散，运用乖离率指导操作时成功率较高。期价经过大幅攀升后，在机构的操纵下容易暴涨暴跌，此时成功率则相对较低。

（4）要注意均线系统的发展趋势，均线（短线可取30日均线）明确向下时，不应盲目持有。

（七）顺势指标（CCI）

顺势指标 CCI，其英文全称为“Commodity Channel Index”，是由美国证券分析家唐纳德·蓝伯特（Donald Lambert）创造的，是一种重点研判期价偏离度的市场分析工具。

与大多数单一利用期货品种收盘价、开盘价、最高价或最低价发明出的各种技术分析指标不同，CCI 指标根据统计学原理，引进价格与固定期间的价格平均区间的偏离程度概念，强调价格平均绝对偏差在证券技术分析中的重要性，是一种比较独特的技术分析指标。

CCI 指标专门衡量期价是否超出常态分布范围，属于超买超卖类指标的一种，但它与其他超买超卖型指标相比，又有自己的独特之处。如 KDJ、W%R 等大多数超买超卖型指标，都有 0 ~ 100 的上下界限，因此它们对一般常态行情的研判比较适用，而对于那些短期内暴涨暴跌的期货品种的价格走势，就可能发生指标钝化的现象。

CCI 指标波动于正无穷大到负无穷大之间，因此不会出现指标钝化现象，这样就有利于投资者更好地研判行情，特别是那些短期内暴涨暴跌的非常态行情。但是，该指标也有一个相对的技术参照区域：+100 和 -100。

按照指标分析的常用思路，CCI 指标的运行区间也分为三类：+100 以上为超买区，-100 以下为超卖区，+100 到 -100 之间为震荡区。但是，该指标在这三个区域中的运行所包含的技术含义，与其他技术指标的超买与超卖现象是不同的。

首先，在 +100 到 -100 之间的震荡区，该指标基本上没有意义，不能对市场及个股的操作提供多少明确的建议，因此它在正常情况下是无效的。这也反映了该指标的特点——专门针对极端情况设计。也就是说，在一般常态行情下，CCI 指标不会发生作用。

1.CCI 指标的计算方法

以日 CCI 计算为例，其计算方法有两种。第一种计算过程如下。

CCI（n 日）=（TP － MA）÷ MD ÷ 0.015

其中，TP =（最高价＋最低价＋收盘价）÷ 3，MA = n 日收盘价的累计之和 ÷ n，MD = n 日（MA －收盘价）的绝对值累计之和 ÷ n，0.015 为计算系数，n 为计算周期。

第二种计算方法表述为中价与中价的 n 日内移动平均的差除以 n 日内中价的平均绝对偏差。其中中价等于最高价、最低价和收盘价之和除以 3。

2. 基本买卖原则

（1）当 CCI 曲线向上突破 +100 线进入非常态区间时，表明期价开始进入强势状态，投资者应及时买入期货品种。

（2）当 CCI 曲线向上突破 +100 线进入非常态区间后，只要 CCI 曲线一直向上运行，就表明期价强势依旧，投资者可以一路持有待涨。

（3）当 CCI 曲线在 +100 线以上的非常态区间，从远离 +100 线的地方开始掉头向下，表明期价的强势状态将难以维持，是比较强的转势信号。如果前期的短期涨幅过高，更可确认趋势出现反转。此时，投资者应及时逢高卖出期货品种。

（4）当 CCI 曲线在 +100 线以上的非常态区间，在远离 +100 线的地方一路下跌时，表明期价的强势状态已经结束，投资者应以逢高卖出期货品种为主。

（5）当 CCI 曲线向下突破 -100 线进入另一个非常态区间时，表明期价的弱势状态已经形成，投资者应以持币观望为主。

（6）当 CCI 曲线向下突破 -100 线进入另一个非常态区间后，只要 CCI 曲线一路向下运行，就表明期价弱势依旧，投资者可以一路观望。

（7）当 CCI 曲线向下突破 -100 线进入另一个非常态区间，如果 CCI 曲线在超卖区运行了相当长的一段时间后开始掉头向上，表明期价的短期底部初步找到，投资者可以少量建仓。CCI 曲线在超卖区运行的时间越长，越可确认短期的底部。

（8）当 CCI 指标在 +100 线至 -100 线的常态区间运行时，投资者可以用 KDJ、W%R 等其他超买超卖型指标进行研判。

3. 形态研判

CCI 曲线出现的各种形态，也是判断行情走势、决定买卖时机的一种分析方法。

当 CCI 曲线在远离 +100 线上方的高位时，如果 CCI 曲线的走势形成 M 头或三重顶等顶部反转形态，可能预示着期价由强势转为弱势，期价即将大跌，应及时卖出期货品种。如果期价 K 线也出现同样的形态，则更可确认。其跌幅可以用 M 头或三重顶等形态理论来研判。

当 CCI 曲线在远离 -100 线下方的低位时，如果 CCI 曲线的走势出现 W 底或三重底等底部反转形态，可能预示着期价由弱势转为强势，期价即将反弹向上，可以逢低少量吸纳期货品种。如果期价 K 线也出现同样的形态，则更可确认。其涨幅可以用 W 底或三重底形态理论来研判。

CCI 曲线形态中，M 头和三重顶形态的准确性要大于 W 底和三重底。

4. 背离研判

CCI 指标的背离是指 CCI 指标曲线的走势，正好和期价 K 线图的走势方向相反。CCI 指标的背离分为顶背离和底背离两种。

（1）顶背离。

CCI 曲线处于远离 +100 线的高位，当它创出新高后，CCI 曲线形成一峰比一峰低的走势，此时 K 线图上的期价却再次创出新高，形成一峰比一峰高的走势，这就是顶背离。顶背离现象一般是期价在高位即将反转的信号,表明短期内期价即将下跌，是卖出信号。

在实际走势中，CCI 指标出现顶背离，是指在进入拉升过程中，期价先创出一个高点，CCI 指标也相应地在 +100 线以上创出新的高点。之后期价出现一定幅度的回落调整，CCI 曲线也随着期价回落走势出现调整。

如果期价再度向上并超越前期高点创出新的高点，而 CCI 曲线随着期价上扬也反身向上，但没有冲过前期高点就开始回落，这就形成 CCI 指标的顶背离。CCI 指标出现顶背离后，预判期价见顶回落的可能性较大，是比较强烈的卖出信号。

（2）底背离。

CCI 的底背离一般出现在远离 -100 线以下的低位区。当 K 线图上的期价一路下跌，形成一波比一波低的走势，而 CCI 曲线在低位却率先止跌企稳，并形成一底比一底高的走势，这就是底背离。底背离现象一般预示着期价短期内可能将反弹，是短期买入的信号。

与 MACD、KDJ 等指标的背离现象研判一样，CCI 背离中，顶背离的研判准确性要高于底背离。当期价在高位，CCI 在远离 +100 线以上的位置出现顶背离时，可以认为期价即将反转向下，投资者应及时卖出期货品种。期价在低位，CCI 也在远离 -100 线以下的低位区出现底背离时，一般要反复出现几次底背离才能确认，并且投资者只能做战略建仓或做短期投资。

（八）价格变动速率（ROC）

ROC 指标又叫价格变动速率指标，它以当日的收盘价和 n 天前的收盘价比较，通过计算期价某一段时间内收盘价变动的比例，应用价格的移动比较来测量价位动量，事先探测期价买卖供需力量的强弱，进而分析期价趋势及其是否有转势的意愿，属于反趋向的指标之一。n 的参数一般采用 12 天及 25 天作为间隔周期，计算 ROC 的 m 日移动平均线 ROCMA 时，m 的参数一般采用 6 天。

ROC 指标计算公式如下。

ROC =（今天的收盘价— n 日前的收盘价）/n 日前的收盘价 ×100

ROCMA = ROC 的 m 日移动平均价= ROC 的 m 日累加 /m

ROC 指标可以同时监视常态性和极端性两种行情，等于综合了 RSI、W%R、KDJ、CCI 四种指标的特性。

ROC 中只包含一个参数，那就是究竟同多少天之前的期价进行比较，这个天数 n 就是参数。参数的含义其实反映了相比较的期价离现在为止时间上的远近。n 越大，距离越远。n 选得太大，离得太远，对于期价的预测可能没有什么指导意义。n 选得太小，离得太近，对预测也可能没有什么指导意义。参数 n 应该选多少，这与个人的习惯有关，不能一概而论。市场上流行的是 n = 5 和 n = 10 等几种。

1.ROC 指标使用方法

ROC 波动于常态范围内，当上升至第一条超买线时，应卖出期货品种。

ROC 波动于常态范围内，当下降至第一条超卖线时，应买进期货品种。

ROC 向上突破第一条超买线后，指标继续朝第二条超买线涨升的可能性很大，指标碰触第二条超买线时，涨势多半将结束。

ROC 向下跌破第一条超卖线后，指标继续朝第二条超卖线下跌的可能性很大，指标碰触第二条超卖线时，跌势多半将停止。

ROC 向上穿越第三条超买线时，属于疯狂的多头行情，期价涨个不停，回档之后还要上涨，应尽量不轻易卖出持仓。

ROC 向下穿越第三条超卖线时，属于崩溃性空头行情，期价跌个不休，反弹之后还要下跌，应克制不轻易买进期货品种。

2.ROC 的特性

（1）ROC 表示期价上升或下降的速率大小。

如果是上升趋势，并且 ROC 为正值，另外 ROC 步步上扬，意味着上升趋势正在加速。若 ROC 开始走平，意味着期价的涨幅与数天前的期价涨幅相近，尽管还处于上升趋势，但速度已经放慢。若 ROC 开始回落，虽然期价还在上升，但上升的力量已经衰落。若 ROC 开始延伸到 0 线之下，表明下降趋势已经开始露头。ROC 进一步向下，则下降动力正在加强。

ROC 是显示一定时间间隔两头期价的相对差价。ROC 上升，则期价比数天前的期价有所上升。ROC 走平，则当前期价涨幅同数天前一样。ROC 向下，则期价已经比数天前的涨幅小了。ROC 就是这样显示当前期价趋势的加速和减速状态的。

对于下降趋势和 ROC 下降且为负值的情况，可以类似地叙述。

（2）ROC 的变化超前于期货品种价格的变化。

因为 ROC 的构造特点，ROC 的变化总是领先于期价的变化，比价格提前几天上升或下降。期价还在上升时，ROC 可能已经走平。期价走平时，ROC 可能已经下降。这一点也是背离思想的基本依据。

（3）ROC 的变化有一定的范围。

ROC 可正可负，可大可小，但是 ROC 的变化基本上是有一个范围的。换句话说，可以找到一个正数和一个负数，使得 ROC 曲线绝大部分落在这两个数构成的范围内，即比这个正数小，比那个负数大。这样，就好像给 ROC 加上了上下边界一样。这两条边界对于预测今后期价的上升高度和下降深度很有帮助，可以利用这两条边界，通过反向运算的方法，计算出未来的上升高度和下降高度。

3.ROC 的应用法则

根据 ROC 的特性，可以按以下法则正确应用 ROC。为了更好地应用 ROC，这里还引入了另一个技术指标——ROCAVG（ROC 的移动平均）。

（1）从 ROC 的取值方面。

ROC 自上而下跌破 0 线，是卖出信号。反之，ROC 自下而上穿过 0 线，是买进信号。这是由 ROC 描述期价变动速度的特性决定的。

（2）从 ROC 与 ROCAVG 的相对取值方面。

后者是前者的移动平均，这两个指标的关系就如期价与 MA 的关系一样。正是由于这个原因，ROC 上穿 ROCAVG 并且 ROC 为正值时，是买入信号。同理，ROC 下穿 ROCAVG 并且 ROC 为负值时，是卖出信号。

（3）从 ROC 与期价的背离方面。

ROC 有领先于期价的特性，所以有如下的法则：如果从高向低 ROC 曲线出现两个依次下降的峰，此时期价却出现新的高峰，这属于顶背离，是卖出信号。同理，ROC 从低向高形成依次上升的两个谷，而此时期价却出现了新的低谷，这是买入信号。

三、人气型指标

（一）心理线指标（PSY）

心理线（PSY）指标是研究投资者对期市涨跌产生心理波动的情绪指标，对期市短期走势研判具有一定的参考意义。

研究人员发现：一方面，人们的心理预期与市势的高低成正比，即市势升，心理预期也升，市势跌，心理预期也跌。另一方面，当人们的心理预期接近或达到极端的时候，逆反心理开始起作用，并可能最终导致心理预期方向逆转。

心理线（PSY）指标计算公式如下。

PSY ＝ n 日内的上涨天数 /n × 100

n 一般设定为 12 日，最大不超过 24，周线最长不超过 26。

1.PSY 指标的应用

PSY 指标的取值始终处于 0 ～ 100 之间。0 值是 PSY 指标的下限极值，100 是 PSY 指标的上限极值，50 为多空双方的分界线。

PSY 值大于 50，为 PSY 指标的多方区域，说明 n 日内上涨的天数多于下跌的天数，多方占主导地位，投资者可以持仓待涨。

PSY 值小于 50,为 PSY 指标的空方区域,说明 n 日内上涨的天数少于下跌的天数,空方占主导地位，投资者宜持币观望。

PSY 在 50 左右徘徊，反映期货品种指数或期价上涨的天数与下跌的天数基本相等，多空力量维持平衡，投资者应以观望为主。

2.PSY 值的超买超卖

一般情况下，PSY 值的变化都在 25 ~ 75 之间，反映期价处在正常的波动状态，投资者可以按照原有的思路买卖期货品种。

在盘整局面中，PSY 指标的值应该在以 50 为中心的附近区域，上下限一般定为 25 和 75（有的定为 30 和 70），这说明多空双方基本处于平衡状态。如果 PSY 超出了这个平衡状态，就是 PSY 指标的超买超卖。

当 PSY 达到或超过 75 时，说明在 n 天内，上涨的天数远大于下跌的天数，多方力量很强大而且持久。但从另外一个方面来看，由于上涨天数多，期货品种累积的获利盘也多，市场显示出超买的迹象。特别是在涨幅较大的情况下，期价上升的压力会很大，期价可能很快回落调整，投资者应多加注意。

当 PSY 达到或低于 25 时，说明在 n 天内，下跌的天数远大于上涨的天数，空方力量比较强大，市场上悲观气氛比较浓，期价一路下跌。但从另一方面看，由于下跌的天数较多，市场上显示出超卖的迹象。特别是在跌幅较大的情况下，市场抛盘稀少，抛压较轻，期价可能会反弹向上。

如果 PSY 值出现大于 90 或小于 10 这种极端超买超卖情况,投资者更要多加注意。

在多头市场和空头市场开始初期，可以将超买、超卖线调整至 85 和 15。行情发展中后期再调回至 75 和 25，这样更有利于行情走势的研判。

3.PSY 曲线的趋势性

在期市分析软件上，还能通过 PSY 指标的趋势性情况来判断期市的趋势走向。PSY 指标体现的趋势性，主要表现在无趋势、向上趋势及向下趋势等三个方面。

（1）无趋势。

PSY 指标的无趋势性，是指 PSY 值在 40 ~ 60 之间上下振荡，表明多空力量旗鼓相当，期价涨跌基本平衡。反映到 PSY 的曲线图上，就是 PSY 曲线在 40 ~ 60 线区间里小幅上下运动或呈一条横线运动。此时投资者宜采取观望态度，等趋势形成后再做买入和卖出的决策。

（2）向上趋势。

PSY 指标的向上趋势性有两种情况。一种是指 PSY 值大部分时间处在 50 线上，即使偶尔下滑至 50 线以下，也会很快回升至 50 线以上并向上爬升。另一种是指 PSY 值从 50 线以下向上一举冲过 50 线并缓慢向上攀升，表明多头力量强于空头力量，期价一路上涨。

这两种情况反映到 PSY 曲线图上，就是 PSY 曲线在 50 线以上缓慢向上运动或从 50 线以下向上一路攀升的向上倾斜曲线。当 PSY 向上趋势形成后，投资者应积极买入期货品种或持有待涨，直至向上趋势改变。

（3）向下趋势。

PSY 指标的向下趋势性也有两种情况。一种是指 PSY 值大部分时间处在 50 以下，另一种是 PSY 值从 50 以上向下回落，跌破 50 线并继续向下滑落。这两种情况都表明空方力量过于强大，期价一路下跌。

（二）能量潮指标（OBV）

OBV 的英文全称是 On Balance Volume，是由美国投资分析家葛兰碧（Joseph E.Granville）所创。该指标通过统计成交量变动的趋势来推测期价趋势。OBV 以“N”字型为波动单位，并且由许许多多“N”型波构成了 OBV 的曲线图。对一浪高于一浪的“N”型波，称其为“上升潮”（UP TIDE），至于上升潮中的下跌回落，则称为“下跌潮”（DOWN FIELD）。

能量潮是将成交量数量化，制成趋势线，配合期价趋势线，从价格的变动及成交量的增减关系推测市场多空气氛。其主要理论基础是市场价格的变化必须有成交量的配合，期价的波动与成交量的扩大或萎缩有密切的关联。

通常期价上升所需的成交量总是较大。下跌时，成交量可能放大，也可能减小。价格升降而成交量不相应升降，则市场价格的变动难以为继。

1.OBV 的计算公式

假设已经知道了上一个交易日的 OBV，则：

今日 OBV ＝昨日 OBV ＋ sgn × 今天的成交量

其中，sgn 是符号函数，其数值由下式决定。

sgn ＝ +1（今日收盘价≥昨日收盘价）

sgn ＝ −1（今日收盘价＜昨日收盘价）

这里的成交量指的是成交期货品种的手数，不是成交金额。sgn = +1 时，其成交量计入多方能量。sgn = -1 时，其成交量计入空方能量。

计算 OBV 时的初始值可自行确定，一般用第一日的成交量代替。

2.OBV 的应用法则和注意事项

（1）OBV 不能单独使用，必须与期价曲线结合使用才能发挥作用。

（2）OBV 曲线的变化对当前期价变化趋势的确认。

当期价上升（下降），OBV 也相应地上升（下降），则可确认当前的上升（下降）趋势。

当期价上升（下降），但 OBV 并未相应地上升（下降），出现背离现象，则对目前上升（下降）趋势的认定要大打折扣。OBV 可以提前预警趋势的后劲不足，有反转的可能。

（3）形态学和切线理论的内容也同样适用于 OBV 曲线。

（4）在期价进入盘整区后，OBV 曲线会率先显露出脱离盘整的信号，向上或向下突破，且成功率较大。

OBV 曲线是预测市场短期波动的重要研判指标，能帮助投资者确定市场突破盘局后的发展方向。OBV 的走势可以局部显示出市场内部主要资金的流向，有利于提示投资者市场内的多空倾向。

第四节　期货持仓分析

期货市场中，价格、成交量与持仓量是投资者需要关注的三个基本因素。在基本面一定的情况下，除了常用的技术分析指标外，对期货市场价格走势的研判，持仓量与持仓结构更能反映市场参与各方的态度趋向。

对持仓量的研究，一般涉及两个方向，一个是从价格、成交量与持仓量三者之间的关系进行研究，这是传统的研究方法，也是常用的最基本的研究方法，有助于投资者从总体上判断市场多空力量对比。另一个是从各会员的持仓变化来研究多空意向，这是从市场本身来研究，也就是通过各会员的买卖持仓状况来分析。

一般而言，主力机构的持仓方向往往对价格的走势起重要的影响作用，这在国内市场表现得更明显。期货市场基本面在一段时间内一般比较稳定，在基本面比较确定的情况下，主力机构特别是大的套保机构的持仓结构，对期货价格的走势影响较大，对期货投资者的交易指导意义更强，因为大的套保机构对基本面的分析比一般投资者更具备实力与优势，对基本面的理解更全面透彻。

有一点需要注意，主力机构的资金经常进行分仓或者转移交易席位，使得通过持仓结构把握主力动向的方法有时变得不怎么可靠，因此这种方法得出的结论，只能作为入市策略的参考。

一、国内交易所持仓情况分析

（一）交易所持仓信息披露

各个国家监管当局或者交易所对于持仓信息的公布规定有所不同，但都会在一定时间，在官方网站上公布各会员单位的持仓信息，各权威财经媒体一般也会公布各会员的持仓结构，投资者比较容易查询。

我国期货交易所在风险管理上均规定了限仓制度与大户持仓报告制度。根据不同期货品种的具体情况，分别制定了每一期货品种各个月份的限仓数额，采用限制会员持仓与限制投资者持仓相结合的办法控制市场风险。

目前，中国四大期货交易所在每个交易日收盘后，都会将各品种主力合约的当日交易量排名前20的会员以及持仓量予以公布，同时多空持仓量排名前20的会员以及持仓数量也予以公布。

中国公布持仓的规则有两个特点，一个是每日公布，频率高；一个是以会员为公布对象。会员中的客户有套保的、有套利的、有投机的，所以仅仅从会员持仓数据难以看清整个期货品种的持仓结构。

（二）持仓分析方法

国内期货市场，投资者分析持仓的方法有以下三种。

一是比较多空持仓量的大小。主要是比较排名靠前的会员单位的客户多空持仓量的多少，如果多单多于空单，说明市场看多，期货价格容易上涨。反之，如果空单多于多单，说明市场看淡，期货价格容易看跌。

二是观察某一品种的多单或者空单是否集中在某一会员或某几个会员的手中。也就是所谓的“区域”或者“派系”持仓分析，结合价格走向，寻找市场主力多空方向。

三是跟踪某一主要席位的交易状况、持仓增减，从而确定主力进出场的动向。

1. 排名前20会员持仓分析

由于资金多空动向体现在持仓上，而且主要体现在前20名席位上，所以投资者一般使用前20名会员客户持仓的多空单合计数之差，也就是用净持仓来对多空实力进行分析。

净持仓的变化能较大程度地表现出主力资金的多空态度，因此研究净持仓的变化，对预判价格将来的变化有非常大的帮助。这里研究的是价格的波段变化，而非短期波动。

判断净持仓的变化与价格关系，一般有如下规律。

（1）背离信号。

这里的背离分两种，一个是价格运行方向与净持仓的背离，一个是波段性的价格创新高或者新低，而净持仓峰值未创出新低或者新高。

这里需要注意，在出现背离信号的时候，应当以价格的技术信号为基准，也就是当K线组合出现转折迹象时，此时背离信号的作用更加显现。

①一段时间内价格的运行方向与净持仓的变化方向相反，且较为激烈时，预示后市价格很快将出现较大的反向运行。

②某个波段性走势运行时，价格较前一波段的高点更高，而净持仓峰值较前一波段的峰值低。反之，价格较前一波段的低点更低，而净持仓峰值较前一波段的峰值高。出现背离，表明目前价格可能会出现反向变化。

（2）顺势信号。

净持仓变化与价格变化产生同方向变化，此时对价格趋势的判断为顺势，也就是仓价同增同减。决定价格走势的核心不是持仓结构，而是基本的供求关系，但是持仓结构的变化能反映基本面的变化。

在不同的市场阶段，持仓变化的市场意义也会不同，要具体情况具体分析。从长期看，持仓分析对交易指导很有帮助，效果明显。一般来说，市场比较成熟，各方参与度比较好的品种，持仓分析尤为重要。对于那些交易不活跃，靠做市商保持流动性的品种，持仓分析并无太大意义。

2. “派系”或“区域”会员持仓分析

在期货市场发展的一些特殊时期，持仓资金具有地区属性。比如，某些经济发达地区的资金活跃程度非常高，资金量也很大，在持仓排行榜上经常出现。这种“派系”或“区域”的分析法，在特定背景下一般比较有效。

比如，有的资金大部分来自民间游资，具有较强的投机性，有的则具有很强的现货背景。股指期货出现后，就自然而然地出现了“券商系”资金，这些资金主要集中在具有券商背景的期货公司。通过分析某时期、某个特定品种的“派系”或“区域”会员持仓情况，可以更好地了解该品种目前的多空倾向。

3. 成交活跃席位多空持仓分析

成交量越大，表示该席位越活跃，该席位在该合约上的影响力就越大。因此，分析成交活跃席位的多空持仓状况，能掌握这部分资金的多空倾向。

这里值得注意的是，尽管一些席位成交活跃，但因为是做市商，或是专门做日内短线交易，分析这部分资金持仓情况，对实际交易指导意义较差。

（三）持仓分析中需要注意的问题

持仓分析需要注意的问题较多，往往失之毫厘，谬以千里。

投资者一般会对具有现货背景的会员席位上的多空持仓做出错误的判断。打个比方讲，铜生产厂家往往进行铜的卖出套保，但这并不意味着铜价已经到了高点，要发生趋势转变了。同样，电缆厂往往是进行买入套保，其多仓的建立也不意味着铜价将要上涨。所以，对具有现货背景的会员席位上的持仓进行分析，应该考虑到套保因素，区别对待套期保值者的建仓目的。

一般来说，期货市场上，空头一般比较分散，多头比较集中。这是因为现货资源是有限的，而资金是无限的。一个没有现货背景的机构，一般来说不敢建立大规模的空头头寸。因为一旦建立了大规模的空头仓位，又没有现货来源，就可能面临被逼空的危险。所以，当空头仓位比较分散，多头仓位比较集中时，并不一定是多头行情，反之亦然。

对于多头来说，不会遇到类似的逼空危险，仓位可以放重些，最后有交割作保障，还可以做空远期合约。

综上所述，无论是经典的持仓量、成交量与价格之间的关系分析，还是主力持仓分析方法，都没有固定的模式，也没有绝对的结论，一切都需要投资者结合市场现状和行情的趋势进行综合研判。

二、美国 CFTC 持仓报告分析

（一）CFTC 持仓报告披露

美国商品交易委员会（CFTC）是监管期货和期权交易，促进市场免于虚假价格的权力部门。为防止某个交易商的头寸大到足以导致市场价格扭曲，歪曲反映市场供需状况，CFTC 制定了大户报告制度。

按照该制度，期货交易所的结算会员、期货经纪商和境外经纪商，必须每天向 CFTC 提交持仓报告。报告的主要内容是期货或者期权的持仓量等于或者超过 CFTC 规定水平的交易者的持仓情况。在每个交易日收盘之后，如果投资者任何月份的期货合约或者期权合约的持仓超过 CFTC 的持仓限额，该报告单位必须向 CFTC 报告它在期货或者期权上的全部持仓状况。CFTC 负责收集所有期货合约持仓构成数据，这个数据库的一部分会在 CFTC 的 COT 持仓报告（Commitments of Traders Report）中公布给公众。

第一份 COT 报告是由美国农业部（USDA）在 1962 年公布的，当时报告涉及 13 个农产品期货品种，每月公布一次。1976 年，新成立的 CFTC 接替美国农业部，负责 COT 报告的编制。以后，随着时间的推移，COT 报告披露的频率、时间、内容和信息的可获得性有不断的改进。

在披露频率上，从 1986 年开始，COT 每月月中和月末披露两次，1992 年 10 月变为每周披露一次。从披露时间上看，1990 年披露时间为报告日之后的第 6 个工作日，1992 年已经缩短到报告日之后的第 3 个工作日公布。

从披露信息看，20 世纪 70 年代初，报告内容增加了每一类交易者的数量以及每个种植年度的净余额和集中度。1995 年又增加了对期权头寸的披露。

从披露信息的可获得性上看，1993 年是根据信息定制者清单发送报告，并且报告是需要付费的。1995 年，投资者能够在 CFTC 网站上查阅到 COT 报告。

COT 报告每周五在美国东部时间下午 3:30 公布，报告的持仓数量截止到当周周二收盘时，持仓数据时间跨度为一周，即从上周三到本周二这一时间段的持仓数据。COT 报告提供了每周二持仓量的明细项目，对达到 CFTC 持仓报告水平的 20 个或更多交易者的持仓进行公布。

COT 报告披露有两种，一种是期货持仓报告（Futures Only Commitments of Traders），另一种是期货和期权持仓报告（Futures and Options Combined Commitments of Traders)。这两种报告分交易所披露的方式有两种，一种是长格式（Long Form），一种是短格式（Short Form）。

短格式中的持仓报告由报告（Reportable）和非报告（Nonreportable）交易商组成。持仓头寸超过CFTC规定水平的是报告交易商持仓，分成商业持仓和非商业持仓。商业交易商指的是从事与现货有关的业务，被普遍认为是套期保值者。非商业持仓是指交易商不涉及现货业务，一般被归为投机商。达到报告水平的投机商一般来自期货或者商品基金，因此也被称为基金持仓。

基金持仓又分为多单、空单和套利三种，多单与空单都是指净持仓数量。举例说，某基金同时持有3万手多单和2万手空单，则这个基金持仓中的1万手净多头头寸归入“多单”，2万手双向持仓归入“套利”。也就是说，“多单”和“空单”就是指基金持仓中多单数量与空单数量的差额，“净多”或者“净空”的变化对期货价格影响较大，是分析价格走势的关键因素。

非商业持仓主要指的是基金持仓，是CFTC持仓报告中最核心的内容，这是影响市场行情的重要因素。非报告持仓一般指小交易商持仓，在期货价格研判中不是非常重要。

长格式除了以上披露的信息外，还包括作物年度数据、最大4家和8家交易商所持有头寸的集中度数据。

（二）CFTC持仓报告分析

通过分析持仓报告，投资者能确定各类市场参与者，如大型对冲机构、大型投机者和小型交易者的“预测”表现。但是这里面有个事先认为正确的假定，那就是大型的和经验老到的交易者对市场有更好的洞察力，对价格运动的预测更准确。

长期跟踪显示，大型对冲机构与大型投机商能够较好地预测价格，而小型交易者最差。出人意料的是，大型对冲机构的预测一般好于大型投机商的预测。另外，大型投机商的预测结果在不同市场差异也较大。

去掉特殊因素影响，比如季节性因素，持仓报告分析可按如下步骤进行。首先，计算大型对冲机构、大型投机商和小型交易者每月末的一般净头寸水平，并将这些一定年份的月末统计数据进行平均，然后找出任何给定年份一年里他们正常头寸所处的水平，最后将当前各市场参与者的头寸与这个平均水平或者说正常水平进行比较，只要他们的头寸水平与这个平均水平有偏离，就说明了这些参与者对当下市场的牛熊态度，从而指导我们的交易。

CFTC持仓有两种市场格局尤其值得注意。

一个是大型对冲机构净持仓为多头，且持仓数量远远超过了季节性正常值。大型投机商明显持有净多头头寸，而小型投资者的净头寸为空头且其数量也远远超过季节正常值，这种情况代表了一个极端。

另一个是与以上相反，大型对冲机构净持仓为空头，且持仓数量远远超过了季节性正常值，大型投机商明显持有净空头头寸，而小型投资者的净头寸为多头且其数量也远远超过季节正常值，这种情况代表了另一个极端。

在分析正常偏离时，要特别注意净持仓偏离长期平均值达到40%以上的情形，同时也不要忽略偏离程度小于5%的情形。

从表面上看，CFTC持仓报告反映了不同交易商的交易动机，但真实的背后动机难以简单地靠表面的持仓去准确把握。

首先，没有说明非报告交易商的动机，只知道这部分交易商没有超过持仓限制，他们可能是套期保值商，也可能是投机商。

其次，将报告交易商分为商业和非商业两类容易造成误导，因为商业交易商并不总是套期保值商。由于对非商业持仓投机头寸有限制，这样会刺激交易商将自身确认为商业交易商，以掩藏其真实交易头寸的属性。也就是说，这部分商业持仓头寸只有一部分有保值目的，另一部分则含有投机头寸。总体而言，商业持仓背后可能存在不同的交易动机，并不是简单的保值。

此外，市场不存在明显的刺激因素将自身归为投机商，所以报告中非商业持仓中交易商的动机比较简单，相对纯粹，相对准确，能有效反映交易商的真实动机。

在关注CFTC持仓报告的时候，有如下几个方面需要关注。

第一，对商业头寸而言，更应关注净头寸的变化，而不是持有多头还是空头。因为对商业机构而言，他们大多是空头，这往往是由他们的商业角色决定的。他们通常不会改变交易的多空方向，只会根据价格对持有头寸做相应的调整。

第二，注意季节性因素的变化，尤其是农产品。有时候，商业交易者做的只是季节性套期保值盘。

第三，持仓分析是从资金面的角度看市场方向，对短期交易效果明显。对于长期走势，还需要结合基本面等其他方法进行分析。尽管如此，持仓报告仍为投资者提供了一个大概的市场轮廓，有其利用价值。

第五节　期货投资个性指标

期货投资中，一些特色指标是交易者在反复实践中提炼出来的，对指导交易具有重要的参考意义。熟练应用这些指标，配合其他大众化指标，形成自己独特的交易系统，往往能获得较好的实战效果。

一、预测各品种期价变化表

以下是一个预测各品种期价变化的表格，从周易演绎变化而来，有一定的实战意义。投资者在研判期价走势的时候，可借鉴参考。

通过价格全息表分析研判价格走势，其基本方法和步骤如下。

（1）首先，找出期货品种的期货阶段最低点或者最高点作为基准点，然后依据期货品种的期货此时价格，根据全息数码表，由表 2–1 可见，把这个基准点扩大或者减少 10 倍。

（2）上涨价格看右侧平行位置的数字，平行的右边数字是目标位。下跌价格看左侧平行位置的数字，平行的左边数字为目标位。

（3）全息表中，每个价位都是期货品种的期货价格支撑位与阻力位的结合体，上涨或者下跌过程中，核心价位是期货品种的期货价格在全息表中经过的顶底处数字。

（4）结合费氏线与回归线通道，日线看快线和慢线交叉风向，参考筹码位置。超过倒 V 字的两个平衡价位，向 N 字右侧的平衡价位目标靠近。

二、预测各品种期价变化的指标

下面是笔者编写的一个预测各品种期价变化的指标，有未来函数，实战中具有一定的指导意义。投资者在研判期价走势的时候，可借鉴参考。

该指标为期货副图指标，文华财经软件专用，程序源码可到中国宇航出版社官方网站（http://down.caphbook.com）下载，供大家免费使用。

表 2-1 价格全息数字表

96		192		384		768		1 536		3 072	
88	98	188	196	376	392	752	784	1 504	1 568	3 008	3 136
80	100	184	200	368	400	736	800	1 472	1 600	2 944	3 200
72	102	180	204	360	408	720	816	1 440	1 632	2 880	3 264
64	104	176	208	352	416	704	832	1 408	1 664	2 816	3 328
56	106	172	212	344	424	688	848	1 376	1 696	2 752	3 392
48	108	168	216	336	432	672	864	1 344	1 728	2 688	3 456
40	110	164	220	328	440	656	880	1 312	1 760	2 624	3 520
32	112	160	224	320	448	640	896	1 280	1 792	2 560	3 584
24	114	156	228	312	456	624	912	1 248	1 824	2 496	3 648
20	116	152	232	304	464	608	928	1 216	1 856	2 432	3 712
16	118	148	236	296	472	592	944	1 184	1 888	2 368	3 776
12	120	144	240	288	480	576	960	1 152	1 920	2 304	3 840
8	122	140	244	280	488	560	976	1 120	1 952	2 240	3 904
4	124	136	248	272	496	544	992	1 088	1 984	2 176	3 968
2	126	132	252	264	504	528	1 008	1 056	2 016	2 112	4 032
0	128		256		512		1 024		2 048		4 096

漫步阶梯（MBJT）：

```
HH1:=IF(H<REF(H,2)&&REF(H,1)<REF(H,2),REF(H,2),0);
LL1:=IF(L>REF(L,2)&&REF(L,1)>REF(L,2),REF(L,2),0);
HH2:=VALUEWHEN(HH1>0,HH1);
LL2:=VALUEWHEN(LL1>0,LL1);
K1:=IF(CLOSE>HH2,-3,IF(CLOSE<LL2,1,0));
K2:=VALUEWHEN(K1<>0,K1);
G:=IF(K2=1,HH2,LL2);
G1:=VALUEWHEN(ISLASTBAR,G);
DRAWNUMBER(L>0,G1,G1,0,COLORCYAN);
W1:=K2;
```

```
W2:=OPEN-CLOSE;
HT:=IF(OPEN>CLOSE,OPEN,CLOSE);
LT:=IF(OPEN<CLOSE,OPEN,CLOSE);
DRAWLINE(W1=1,HIGH,W1=1,HT,COLORCYAN);
DRAWLINE(W1=1,LOW,W1=1,LT,COLORCYAN);
DRAWLINE(W1=-3,HIGH,W1=-3,HT,COLORRED);
DRAWLINE(W1=-3,LOW,W1=-3,LT,COLORRED);
STICKLINE(W1>0,OPEN,CLOSE,COLORCYAN,1);
STICKLINE(W1<=0,OPEN,CLOSE,COLORRED,1);
STICKLINE(W2>0&&W1<=0,OPEN,CLOSE,COLORRED,0);
STICKLINE(W2>0&&W1>0,OPEN,CLOSE,COLORCYAN,0);
DRAWLINE(W1=1&&REF(W1,1)=1,G,W1=1&&REF(W1,1)=1,REF(G,1),COLORGREEN);
DRAWLINE(W1=-3&&REF(W1,1)=-3,G,W1=-3&&REF(W1,1)=-3,REF(G,1),COLORYELLOW);
DRAWSL(K2=1,G,0,1,0,COLORGREEN);
DRAWSL(K2=-3,G,0,1,0,COLORYELLOW);
```

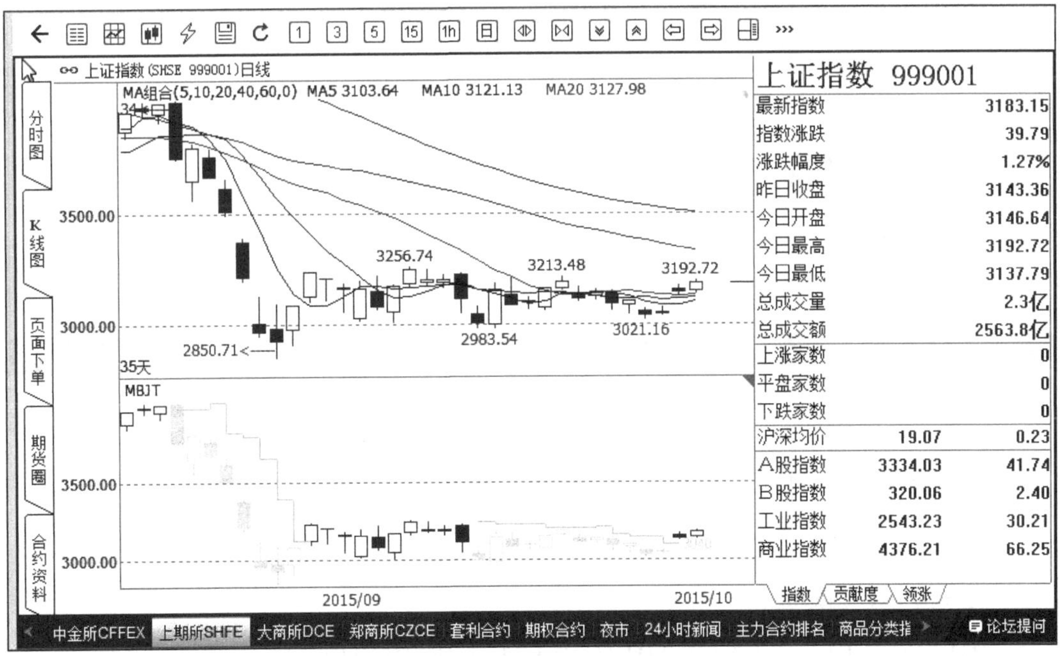

图 2-10　漫步阶梯指标示意图

缠绕葡萄（CRPT）：

```
DIFF:=EMA(CLOSE,12)-EMA(CLOSE,26);
DEA:=EMA(DIFF,9);
MA(CLOSE,5),COLORWHITE;
MA(CLOSE,15),COLORYELLOW;
STICKLINE(DIFF>DEA,CLOSE,OPEN,COLORRED,0);
STICKLINE(DIFF>DEA,HIGH,LOW,COLORRED,0);
STICKLINE(DIFF<=DEA,CLOSE,OPEN,COLORGREEN,0);
STICKLINE(DIFF<=DEA,HIGH,LOW,COLORGREEN ,0);
DRAWTEXT(CROSS(DIFF,DEA),LOW-0.2,' 买入 '),COLORWHITE;
DRAWTEXT(CROSS(DEA,DIFF),HIGH+0.2,' 卖出 '),COLORGREEN;
```

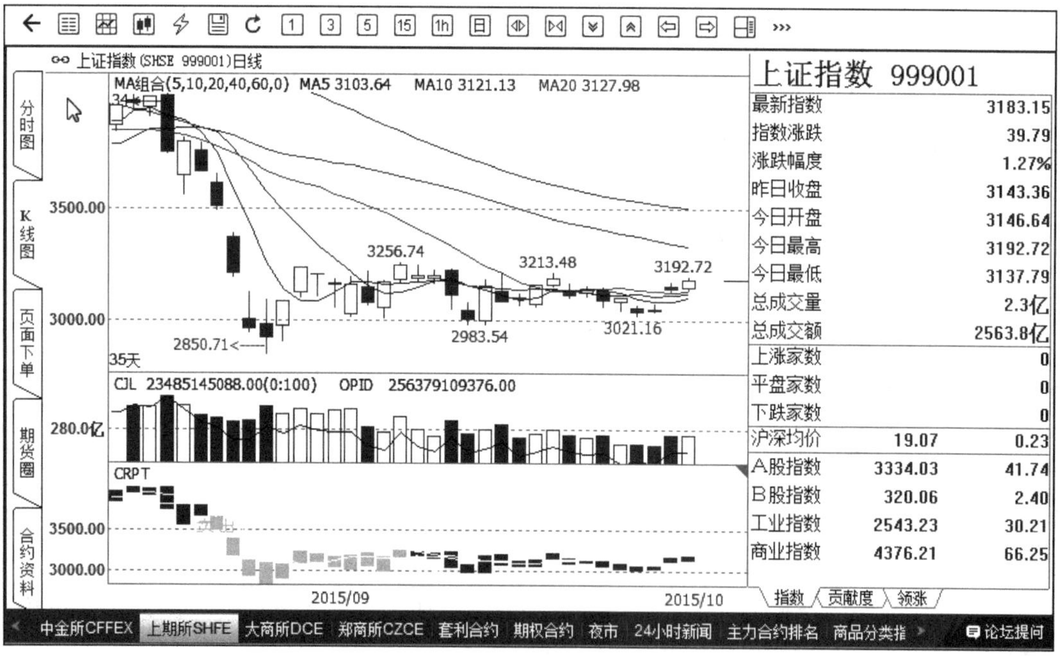

图 2-11　缠绕葡萄指标示例图

虚位以待（XWYD）：

```
KG1:=VOL>REF(HHV(VOL,4),1);
W2:=OPEN-CLOSE;
HH1:=IF(H<REF(H,2)&&REF(H,1)<REF(H,2),REF(H,2),0);
```

```
LL1:=IF(L>REF(L,2)&&REF(L,1)>REF(L,2),REF(L,2),0);
HH2:=VALUEWHEN(HH1>0,HH1);
LL2:=VALUEWHEN(LL1>0,LL1);
KA1:=IF(CLOSE>HH2,-3,IF(CLOSE<LL2,1,0));
KA2:=VALUEWHEN(KA1<>0,KA1);
GA:=IF(KA2=1,HH2,LL2);
GA1:=VALUEWHEN(ISLASTBAR,GA);
DRAWNUMBER(L>0,GA1,GA1,0,COLORCYAN);
W1:=KA2;
U1:=(HIGH+LOW+CLOSE)/3;
HT:=IF(OPEN>CLOSE,OPEN,CLOSE);
LT:=IF(OPEN<CLOSE,OPEN,CLOSE);
DRAWLINE(W1=1,HIGH,W1=1,HT,COLORCYAN);
DRAWLINE(W1=1,LOW,W1=1,LT,COLORCYAN);
DRAWLINE(W1=-3,HIGH,W1=-3,HT,COLORRED);
DRAWLINE(W1=-3,LOW,W1=-3,LT,COLORRED);

STICKLINE(W1>0,OPEN,CLOSE,COLORCYAN,1);
STICKLINE(W1<=0,OPEN,CLOSE,COLORRED,1);
P1:=MA(U1,5)+(REF(MA(CLOSE,5),2)-REF(MA(CLOSE,5),4));
P:=(P1+MA(CLOSE,4))/2;
A1:=REF(HIGH,2)>REF(HIGH,1)||REF(LOW,2)>REF(LOW,1);
A3:=HIGH>REF(HIGH,1)|| HIGH>REF(HIGH,2)||(HIGH-LOW)*0.3+LOW>P;
A31:=CLOSE>P&&REF(LOW,1)<P&&CLOSE>REF((HIGH+LOW)/2,1);
A4:=REF(MA(CLOSE,5),2)>REF(MA(CLOSE,5),1);
A5:=VALUEWHEN(A1&&A3&&A4&&A31,REF((HIGH+LOW)/2 ,1));
DRAWSL(A1&&A3&&A4&&A31,A5,0,4,0,COLORRED);
RSV:=(CLOSE-LLV(LOW,12))/(HHV(HIGH,12)-LLV(LOW,12))*100;
M:=SMA(RSV,3,1);
A:=EMA(M,3);
```

```
B:=EMA(A,3);
A6:=REF(LOW,2)<REF(LOW,1)||REF(HIGH,2)<REF(HIGH,1);
A7:=LOW<REF(LOW,1)|| LOW<REF(LOW,2)||(HIGH-LOW)*0.7+LOW<P;
A71:=CLOSE<P&&REF(HIGH,1)>P&&CLOSE<REF((HIGH+LOW)/2,1);
A8:=REF(MA(CLOSE,5),2)<REF(MA(CLOSE,5),1);
A9:=VALUEWHEN(A6&&A7&&A8&&A71,REF((HIGH+LOW)/2 ,1));
DRAWSL(A6&&A7&&A8&&A71,A9,0,4,0,COLORGREEN);
D:= VALUEWHEN(KG1, (HIGH+LOW)/2);
STICKLINE(W2>0&&W1<=0,OPEN,CLOSE,COLORRED,0);
STICKLINE(W2>0&&W1>0,OPEN,CLOSE,COLORCYAN,0);
```

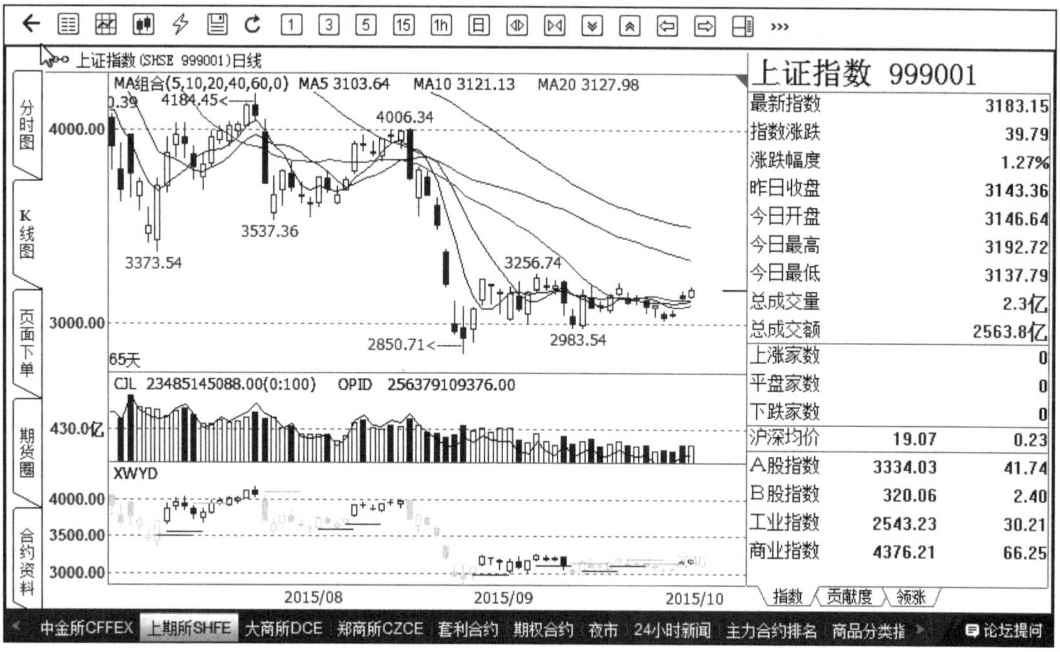

图 2-12 虚位以待指标示例图

黑马出现（HMCX）：

```
A1:=EMA(C,12)-EMA(C,25);
A2:=EMA(A1,6);
HLHT:(A2>=0)*A2,COLORYELLOW;
DHM:(A2<0)*A2,COLORYELLOW;
```

```
MCCB:(A1<0)*A1,COLORYELLOW;
MRCG:(A1>=0)*A1,COLORRED;
STICKLINE(A2>=0,A2,0,5,0),COLORWHITE;
STICKLINE(A2<0,A2,0,5,0),COLORYELLOW;
STICKLINE(A1<0,A1,0,5,0),COLORRED;
STICKLINE(A1>=0,A1,0,5,0),COLORRED;
VARF:=TROUGHBARS(MA(C,2),3,1,1)<4;
DK:EMA((CLOSE-MA((2*CLOSE+HIGH+LOW)/4,30))/MA((2*CLOSE+HIGH+LOW)/4,30)*100,3),COLORWHITE;
0,COLORRED;
STICKLINE(FILTER(VARF=1,5) AND DK<-10,50,0,15,0),COLORYELLOW;
STICKLINE(FILTER(VARF=1,5),50,0,8,0),COLORYELLOW;
DRAWTEXT(FILTER(VARF=1,3),25,'HMCX'),COLORRED;
STICKLINE(DK<-10,0,DK,0.85,0),COLORYELLOW;
STICKLINE(DK>10,0,DK,0.95,0),COLORRED;
```

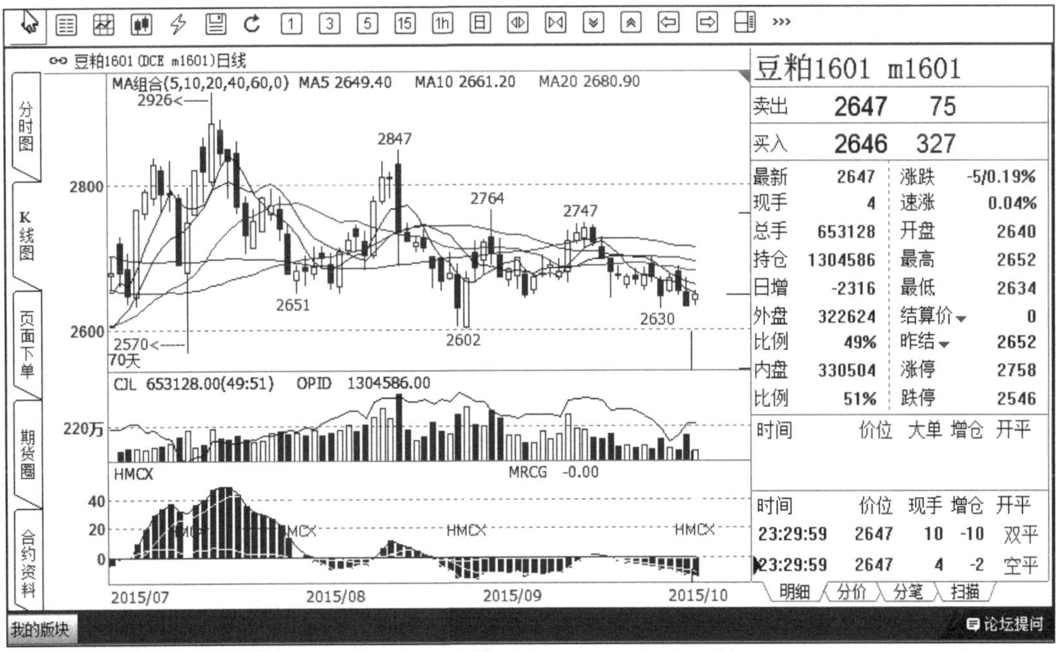

图 2-13 黑马出现指标示例图

主力散户（ZLSH）：

```
VAR1:=LLV(LOW,13);
VAR2:=HHV(HIGH,13);
VAR3:=SMA((CLOSE-VAR1)/(VAR2-VAR1)*100,5,1);
VAR4:=SMA((VAR2-CLOSE)/(VAR2-VAR1)*100,5,1);
//{DRAWBAND(VAR3,RGB(155,50,50),50,RGB(0,100,50));}
STICKLINE(VAR3>50,50,VAR3,COLORRED,1);
STICKLINE(VAR3<50 OR VAR3 = 50,50,VAR3,COLORGREEN,1);
ZHULI:VAR3,COLORRED;
SANHU:VAR4,COLORGREEN;
VAR5:=SMA(MAX(CLOSE-REF(CLOSE,1),0),5,1)/SMA(ABS(CLOSE-REF(CLOSE,1)),5,1)*100;
CAOZUO:EMA(VAR5,3),COLORYELLOW;
STICKLINE(C,90,90,COLORRED,0);
STICKLINE(C,50,50,COLORYELLOW,0);
```

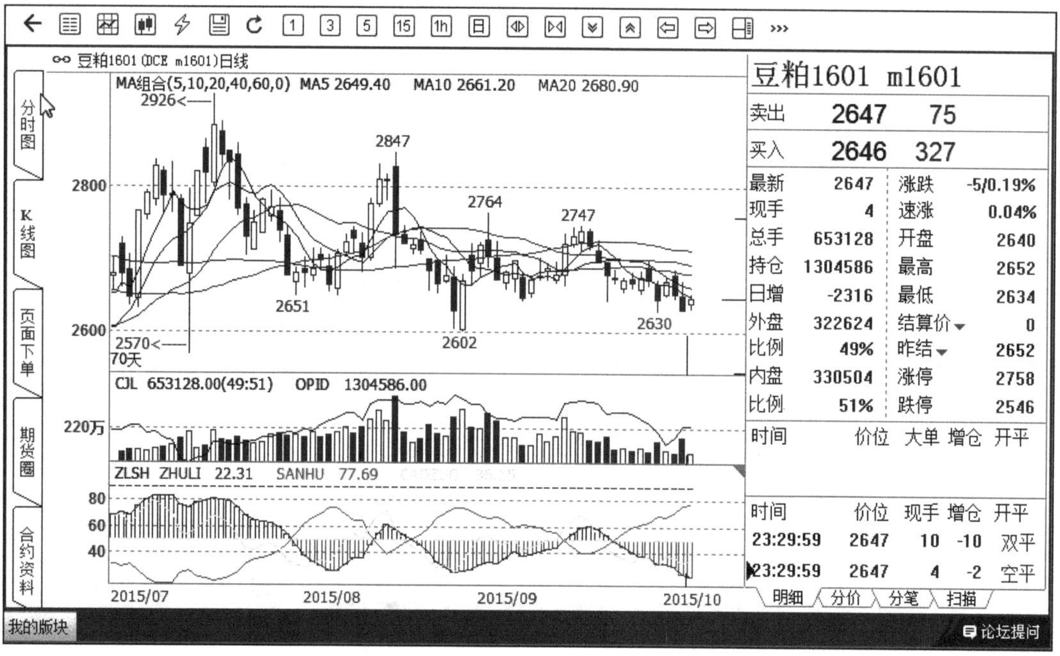

图 2-14 主力散户指标示例图

第三章　铁矿石期货

第一节　铁矿石简介

铁矿石由含铁矿物与脉石矿物组成，是钢铁生产企业的重要原料，天然矿石（铁矿石）经过破碎、磨碎、磁选、浮选、重选等程序逐渐选出铁。铁矿石主要用于钢铁工业冶炼含碳量不同的生铁（含碳量一般在 2% 以上）和钢（含碳量一般在 2% 以下）。铁是世界上发现最早、利用最广、用量最多的一种金属，其消耗量约占金属总消耗量的 95% 左右。

在自然界中，金属状态的铁极为少见，一般都和其他元素结合成化合物存在。目前已发现的铁矿物和含铁矿物约 300 余种，其中常见的有 170 余种。在当前技术条件下，具有工业利用价值的主要是磁铁矿、赤铁矿、磁赤铁矿、钛铁矿、褐铁矿和菱铁矿等。

赤铁矿主要成分为 Fe_2O_3，呈暗红色，比重约为 5.26，含铁元素 70%，氧元素 30%，是最主要的铁矿石。根据其本身结构不同，又可分成多种类别，如赤色赤铁矿、镜铁矿、云母铁矿、粘土质赤铁矿等。勘测时通常用重力异常法，选矿时用强化磁选法。赤铁矿是自然界中分布很广的铁矿物之一，可形成于各种地质作用，但以热液作用、沉积作用和区域变质作用为主。

磁铁矿主要成份为 Fe_3O_4，是 Fe_2O_3 和 FeO 的复合物，呈黑灰色，比重在 5.15 左右，含铁元素 72.4%，氧元素 27.6%，有磁性。选矿时可用磁选法，处理方便。由于结构细密，还原性较差，磁铁矿经长期风化作用后即变为赤铁矿。磁铁矿是岩浆成因铁矿床、沉积变质铁矿床以及一系列与火山作用有关的铁矿床中铁矿石的主要矿物，此外也常见于砂矿床中。

菱铁矿是含有碳酸亚铁的铁矿石，主要成份为 $FeCO_3$，呈青灰色，比重在 3.8 左右。

这种矿石多含有相当数量的钙盐和镁盐。

褐铁矿为含有氢氧化铁的矿石。褐铁矿是针铁矿（$HFeO_2$）和磷铁矿 [FeO（OH）] 两种不同结构矿石的统称，其主要成分的化学式可记为 $mFe_2O_3.nH_2O$，呈现土黄或棕色，含铁元素约 62%，氧元素 27%，水 11%，比重约为 3.6 ~ 4.0，多附存在其他铁矿石中。

生铁通常按用途不同分为炼钢生铁、铸造生铁和合金生铁。钢按组成元素不同分为碳素钢、合金钢。合金钢是在碳素钢的基础上，为改善或获得某些性能有意加入适量的一种或多种元素的钢。加入钢中的元素种类很多，主要有铬、锰、钒、钛、镍、钼、硅等。此外，铁矿石还用于合成氨的催化剂（纯磁铁矿）、天然矿物颜料（赤铁矿、镜铁矿、褐铁矿）、饲料添加剂（磁铁矿、赤铁矿、褐铁矿）和名贵药石（磁石）等，但用量很少。

第二节　铁矿石分布

全球铁矿石资源相当丰富，估计地质储量在 8 000 亿吨以上，探明储量为 4 000 多亿吨。按现有生产水平，可供应 400 年。铁矿资源主要集中于 10 多个国家和地区，探明储量的 90% 分布在这些国家和地区。

主要的铁矿石资源大国包括巴西、澳大利亚、中国、俄罗斯、哈萨克斯坦、乌克兰、美国、印度、瑞典、委内瑞拉等，这些国家是世界铁矿资源大国。

高品位矿在巴西、澳大利亚、印度等国分布较广，且大都具备露天开采条件，开采成本低，品位相对较高，这些国家也是全球主要的铁矿石供应国。我国虽然铁矿资源量大，但是品位比较低，国内主要以贫矿为主，富矿资源较少。

世界上大型的铁矿区主要分布在南美东部、澳大利亚西部、北美东部、东欧等地区，其中高品位矿区所在的巴西、澳大利亚和印度，也是铁矿石出口量最大的三个国家。

中国铁矿分布主要集中在辽宁、四川、河北、北京、山西、内蒙古、山东、河南、湖北、云南、安徽、福建、江西、海南、贵州、陕西、甘肃、青海和新疆等省（区、市）。

第三节 铁矿石进口

目前，中国是世界铁矿石市场最大的买主。自 2000 年以来，随着经济高速发展，中国对铁矿石的需求大幅增加，国内产量无法满足需求，钢铁企业需要大量进口铁矿石，因此中国进口铁矿石的数量连年递增，进口量占需求量的比重亦逐步提高。1999 年，中国进口铁矿石占总需求量的 28% 左右。2008 年，中国进口铁矿石达 44 414 万吨，同比增长 15.8%，占总需求量的 58.9%，已成为世界上最大的铁矿石进口国。2008—2018 年，中国铁矿石进口量统计数据见表 3–1。

中国采购的铁矿石来自 18 个国家，其中 80% 以上来自澳大利亚、印度和巴西。由于中国铁矿石对外依存度非常高，导致国外铁矿石巨头利用资源垄断提高价格，使中国进口铁矿石价格大幅上扬。

全球铁矿石需求的增长，导致铁矿石出口海运量大幅增长，从而带动海运费持续攀升。2000—2002 年间，从巴西图巴朗港到中国北仑港的运输费基本在 5 ~ 15 美元 / 吨之间。2003 年开始缓慢上扬，2007 年经历了一个疯狂的上涨期，从年初的 35 美元 / 吨左右一路上扬至年底的 80 美元 / 吨左右，最高曾至 98 美元 / 吨。2008 年 5 月，铁矿石价格达到了 107 美元 / 吨的历史高位，比 2008 年年初上涨了 35%。2007—2018 年，中国国际海运铁矿石运价（巴西图巴朗—中国青岛）统计数据见表 3–2。

随着中国铁矿石进口量逐渐上升，进口铁矿石的均价也在不断上扬。2003 年前，中国进口铁矿石均价基本维持在 30 美元 / 吨左右。此后，随着需求的快速增长，价格也急速上升，2004 年中国铁矿石进口均价达到了 60 美元 / 吨，同比翻了一倍。随着 2005 年铁矿石长期协议价上涨 71.5%，2006 年、2007 年度上涨幅度有所减少，分别达到 19% 和 9.5%。2007 年中国进口铁矿石均价约为 88 美元 / 吨。2008 年度铁矿石谈判价格大幅上涨 65%，当年 8 月份中国进口铁矿石平均到岸价曾达到最高的 154 美元 / 吨。2008—2018 年，中国进口铁矿石平均价统计数据见表 3–3。

表 3–1　2008—2018 年中国铁矿石进口量统计数据表

单位：万吨

年 / 进口量 / 月	2008	2009	2010	2011	2012	2013	2014	2015	2016	2017	2018
1	3 680.79	3 265.43	4 662.2	6 897.01	5 931.98	6 553.55	8 683.46	7 857.06	8 219.21	9 182.86	10 034.3
2	3 820.11	4 682.38	4 938.41	4 880.54	6 497.55	5 641.69	6 124.41	6 794.22	7 361.16	8 332.14	
3	3 568.22	5 208.02	5 901.34	5 948.49	6 287.25	6 455.17	7 396.19	8 050.85	8 577.17	9 529.59	
4	4 284.58	5 700.45	5 532.72	5 287.92	5 768.71	6 715.42	8 338.67	8 021.34	8 391.79	8 194.52	
5	3 890.94	5 345.78	5 189.69	5 330.32	6 384.35	6 856.18	7 738.17	7 086.53	8 675.23	9 128.37	
6	3 778.75	5 531.85	4 717.34	5 109.19	5 830.86	6 229.58	7 456.57	7 495.93	8 163	9 447.66	
7	3 963.03	5 808.1	5 127.84	5 454.86	5 787.1	7 314.3	8 251.82	8 609.82	8 839.88	8 624.89	
8	3 740.32	4 967.71	4 460.78	5 909.29	6 245.27	6 900.81	7 488.14	7 412.24	8 772.37	8 865.54	
9	3 920.26	6 454.57	5 259.81	6 056.76	6 500.57	7 458.35	8 469.49	8 612.4	9 298.8	10 283.26	
10	3 061.47	4 547.22	4 571.51	4 993.7	5 642.61	6 783.43	7 939.06	7 551.78	8 079.92	7 949.38	
11	3 252.04	5 106.76	5 738.17	6 419.91	6 578.13	7 784.39	6 739.9	8 213.05	9 197.77	9 453.93	
12	3 452.69	6 216.43	5 808.4	6 411.36	7 094.19	7 337.77	8 685.13	9 626.95	8 894.64	8 414.02	
合计	44 413.2	62 834.7	61 908.2	68 699.4	74 548.6	82 030.6	93 311	95 332.2	102 471	107 406	

表 3-2 2007—2018 年中国国际海运铁矿石运价统计数据表

单位：美元 / 吨

月＼运价＼年	2007	2008	2009	2010	2011	2012	2013	2014	2015	2016	2017	2018
1	36.505	59.37	14.08	31.833	18.323	20.061	17.462	20.168	10.615	5.536	12.892	15.5
2	38.686	63.97	21.442	25.818	18.346	19.651	18.175	18.9	10.325	5.686	9.854	16.341
3	42.977	68	17.963	30.146	19.962	20.196	17.496	26.327	10.187	5.689	15.963	
4	45.718	73.39	16.738	24.481	19.054	21.339	17.442	18.7	9.84	8.532	14.961	
5	56.158	104.13	25.438	32.123	18.492	20.382	17.558	19.432	12.45	8.085	14.363	
6	40.5	84.29	42.646	25.604	19.65	17.196	17.862	20.464	10.29	9.255	12.633	
7	53.563	88.26	38.667	15.6	20.088	17.914	20.473	19.114	13.005	9.332	12.021	
8	62.11	76.1	33.021	26.465	20.218	17.3	20.559	23.263	14.033	9.482	15.87	
9	68.4	48.45	26.892	28.519	28.158	18.161	29.783	22.535	10.98	11.235	17.205	
10	88.29	14.89	26.875	30.965	28.865	22.321	26.675	17.14	11.25	12.159	17.587	
11	95.88	8.87	44.646	27.073	26.462	22.285	21.1	20.435	8.605	12.542	18.25	
12	88	9.48	34.654	21.163	29.504	17.031	28.595	13.84	8.46	10.425	19.409	
均值	59.732 3	58.266 7	28.588 5	26.649 2	22.260 2	19.486 4	21.098 3	20.026 5	10.836 7	8.996 5	15.084	

注：截取月中数据，个别数据并不是 15 日的，但最多相差 1 ~ 2 天。

表 3-3　2008—2018 年中国进口铁矿石平均价统计数据表

单位：美元 / 吨

月 \ 平均价 \ 年	2008	2009	2010	2011	2012	2013	2014	2015	2016	2017	2018
1	127.35	80.86	89.89	151.41	136.47	119.91	130.74	—	45.7	75.73	68.89
2	129.51	80.2	95.94	158.4	136.37	130.05	129.13	70.66	42.81	78.46	
3	125.97	80.63	101.49	160.85	138.22	139.28	123.94	67.03	45.28	81.73	
4	133.83	77.25	111.26	160.45	138.83	139.04	114.35	60.99	52.57	83.38	
5	136.45	73.37	128.52	167.15	141.16	132.91	110.19	56.14	57.75	73.39	
6	140.79	68.13	139.85	167.76	139.07	126.8	102.49	58.3	57.93	60.63	
7	148.41	73.85	141.38	173.22	134.8	118.47	92.28	62.61	55.59	56.99	
8	154.46	81.28	139.65	173.4	129.83	118.8	90.85	59.59	55.76	63.91	
9	147.83	86.35	143	175.92	115.85	126.18	88.53	58.01	59.7	70.3	
10	139.02	85.34	147.78	175.54	104.9	128.6	82.73	58.58	60.63	72.06	
11	122.67	84.58	145.3	162.14	109.97	128.33	79.67	57.31	60.09	—	
12	89.73	86.61	146.12	141.24	114	127.68	75.61	51.28	68.14	64.94	
均值	133.002	79.870 8	127.515	163.957	128.289	128.004	101.709 2	60.045 5	55.162 5	71.047 3	

第四节 铁矿石价格指数

中国铁矿石现货价格指数主要包括综合粉矿价格指数、国产粉矿价格指数、进口粉矿价格指数、进口块矿价格指数和进口球团价格指数。其中，综合粉矿价格指数根据进口粉矿价格和国产粉矿价格计算得出。

进口铁矿价格指数均是采集中国沿海 10 大港口（大连港、京唐港、曹妃甸港、天津港、青岛港、日照港、连云港港、宁波港、湛江港和防城港）的现货成交价格，综合计算得出 58 品位进口粉矿、62 品位进口粉矿、66 品位进口精粉、62 品位进口块矿和 65 品位进口球团的价格指数。

由于铁矿石现货市场几乎只有中国才有，中国有 50% ~ 60% 的铁矿石都是现货交易，因此目前国际主流铁矿石指数，都是在中国铁矿石现货市场的基础上，综合海运价格设计出来的。目前，国际上比较有影响力的铁矿石指数有 3 种。

一、普氏铁矿石指数

2008 年 4 月，来自荷兰的普氏能源资讯推出了铁矿石普氏指数，并开始在全球范围内推广，在此之前，铁矿石指数并未引起市场关注。目前，普式铁矿石指数包括对 62% 铁含量和 63.5%/63% 铁含量品位、高品位 65% 和低品位 58% 铁含量的统一价格评估，以及每日对铁矿石（60% ~ 63.5% 铁含量）每 1% 铁含量差价的报告。

普式采集的价格为中国主要港口的铁矿石 CFR① 现货价格，并将这些价格经过相关处理，标准化为至中国青岛港口固定品位的参考价格（由于涉及到 4 个品种的规格参数，本文对此不做详述）。此外，普式还根据至 5 个基本原产地流动性最强的路线发布了每日货运净价。

二、TSI 铁矿石参考价格

TSI 是环球钢讯（SBB）发布的一种钢铁指数，该指数基于实际交易，发布全球各地每周主要钢材、废钢参考价格和每日铁矿石参考价格。环球钢讯（SBB）在

① CFR 是 Cost and Freight 的简称，中文意思是成本加运费，指在装运港船上交货，卖方需支付将货物运至指定目的地港所需的费用，但货物的风险是在装运港船上交货时转移。CFR 计算公式是：CFR 价＝CIF 价 ×（1 －投保加成 × 保险费率）。

2008 年 5 月推出了铁矿石价格指数，主要发布两种铁矿石现货参考价格，分别为含铁 62% 和 58% 的铁精粉中国港口 CFR 进口价。

SBB 通过相关产品公司采集铁矿石现货的实际成交价格，将这些交易价格按一定要求换算成参考价格制定的产品规范标准，并剔除不符合规范的信息，最后对这些标准化数据加权平均得到最终的参考价格。

三、MBIO 指数

MBIO（Metal Bulletin Iron Ore）指数是金属导报（Metal Bulletin）发布的一种铁矿石指数。该指数的制作与PlattsIOI、TSI 指数相似，它采集了钢厂、铁矿石供应商和贸易企业三方面的价格和成交数据，排除异常数据，对不同产地、不同品位、不同港口的成交数据进行计算而成。

该指数以中国青岛港口 62% 品位的铁精粉价格为基准，将 58% ~ 66% 品位的铁矿石价格换算为 62% 品位的价格，再按照交易量加权平均，最后得出该铁矿石指数。

第五节　铁矿石期货知识

2010 年，延宕 40 年的长协定价机制被打破，铁矿石金融化速度逐年加快。中国钢铁工业对铁矿石进口的依赖，使得铁矿石价格一直成为业内的心头之痛，中国也一直在为争取铁矿石定价权而努力。

2011 年 1 月 29 日，世界第三大铁矿石供应国印度正式推出全球第一个铁矿石期货品种，即印度商品交易所（ICEX）和印度多种商品交易所（MCX）联合推出的，以铁矿石指数 TSI 为结算价格的铁矿石期货（IOF）。

2011 年 8 月，新加坡商业交易所（SMX）推出全球第二个铁矿石期货合约，以现金结算，合约基于数据提供商金属导报（MB）的 MBIO 铁矿石价格指数。2013 年 4 月 12 日，新加坡交易所（SGX）推出首个以中国天津港 62% 品位的铁矿石价格为参照指数的期货合约，同时规定合约以现金形式支付。

多家境外金融机构正积极地在中国推广铁矿石掉期等业务，参与其中的国内企业日益增多，这也倒逼中国尽快推出铁矿石期货，否则可能在矿石金融化过程中丢掉主动权。

我国建立铁矿石期货市场的条件良好。中国每年进口矿石量为世界铁矿石海运贸易量的一半。2011 年进口的 6.86 亿吨铁矿石中，有一半以上为现货市场的贸易矿。中国国内从事铁矿石交易的钢铁企业及贸易商众多，这为未来期货市场交易的活跃度提供了保障。2000—2016 年，世界铁矿石进出口量与中国进口量统计数据对比见表 3–4。

表 3–4　2000—2016 年世界铁矿石进出口量与中国进口量统计数据对比表

单位：千吨

年份	世界出口量	世界进口量	中国进口量
2016	1 582 826.00	1 525 200.00	1 024 709.00
2015	1 512 248.00	1 465 071.00	953 370.00
2014	1 488 349.00	1 435 340.00	933 108.00
2013	1 340 904.00	1 276 195.00	820 175.00
2012	1 214 018.00	1 206 334.00	745 434.00
2011	1 148 320.00	1 140 385.00	686 747.00
2010	1 123 632.00	1 071 802.00	618 915.00
2009	963 015.00	978 139.00	628 175.00
2008	921 544.00	933 401.00	444 028.00
2007	857 232.00	861 786.00	383 618.00
2006	788 133.00	804 204.00	326 197.00
2005	753 206.00	754 061.00	275 214.00
2004	674 881.00	672 172.00	207 978.00
2003	590 016.00	583 021.00	148 128.00
2002	541 083.00	531 296.00	111 423.00
2001	493 280.00	506 715.00	92 393.00
2000	499 034.00	510 783.00	69 971.00

大连商品交易所（DCE）铁矿石期货于2012年10月由证监会立项，铁矿石合约规则制定完善后，于2013年10月18日推出铁矿石期货。大连商品交易所铁矿石期货合约见表3-5。

表3-5　大连商品交易所铁矿石期货合约

交易品种	铁矿石
交易单位	100吨/手
报价单位	元（人民币）/吨
最小变动价位	0.5元/吨
涨跌停板幅度	上一交易日结算价的±6%
合约月份	1—12月
交易时间	每周一至周五上午9:00—11:30，下午13:30—15:00；连续交易时间为前一自然日21:00—23:30（周一夜盘交易时段为上周五的21:00—23:30）
最后交易日	合约月份第10个交易日
最后交割日	最后交易日后第3个交易日
交割等级	大连商品交易所铁矿石交割质量标准
交割地点	大连商品交易所铁矿石指定交割仓库及指定交割地点
最低交易保证金	合约价值的7%
交割方式	实物交割
交易代码	I
上市日期	2013年10月18日

第四章　螺纹钢期货

第一节　螺纹钢简介

螺纹钢是热轧带肋钢筋的俗称，属于小型型钢钢材，主要用于钢筋混凝土建筑构件的骨架。使用中要求有一定的机械强度、弯曲变形性能及工艺焊接性能。生产螺纹钢的原料钢坯为经镇静熔炼处理的碳素结构钢或低合金结构钢。

螺纹钢牌号由 HRB 和牌号的屈服点最小值构成。H、R、B 分别为热轧(Hotrolled)、带肋（ Ribbed)、钢筋（ Bars ）三个词的英文首位字母。热轧带肋钢筋分为 HRB335（老牌号为 20MnSi)、HRB400（老牌号为 20MnSiV、20MnSiNb、20Mnti)、HRB500 三个牌号。

螺纹钢广泛用于房屋、桥梁、道路等土建工程建设，大到高速公路、铁路、桥梁、涵洞、隧道、防洪、水坝等公用设施，小到房屋建筑的基础、梁、柱、墙、板，螺纹钢都是不可或缺的结构材料。

螺纹钢常用的分类方法有以下两种。

一是以几何形状分类，根据横肋的截面形状及肋的间距不同进行分类或分型，如英国标准（ BS4449 ）中，将螺纹钢分为 Ⅰ 型、Ⅱ 型。这种分类方式主要反映螺纹钢的握紧性能。

二是以性能分类（级），例如我国标准（ GB1499 ）中，按强度级别（屈服点 / 抗拉强度）将螺纹钢分为三个等级。

日本工业标准（ JISG3112 ）中，按综合性能将螺纹钢分为五个种类。英国标准（ BS4461 ）中，也规定了螺纹钢性能试验的若干等级。

此外，还可按用途对螺纹钢进行分类，如分为钢筋混凝土用普通钢筋以及钢筋混凝土用热处理钢筋等。在中国，螺纹钢分为 HRB335（二级）和 HRB400（三级）两种。

规格：螺纹钢的规格要求一般应包括标准的牌号（种类代号）、钢筋的公称直径、公称重量（质量）、规定长度及上述指标的允差值等各项。我国标准推荐公称直径为6mm、8mm、10mm、12mm、16mm、20mm、25mm、32mm、40mm、50mm的螺纹钢系列。供货长度分定尺和倍尺两种。我国出口螺纹钢定尺选择范围为6～12m，日本产螺纹钢定尺选择范围为3.5～10m。国产内销螺纹钢合同中若无注明要求时，通常定尺为9m、12m两个长度。

成分指标：考核螺纹钢成分含量的指标主要有C、Mn、P、S、Si等项。牌号不同，含量各有差别，大致范围为C（0.10%～0.40%）、Mn＜1.80%、P＜0.050%、S＜0.050%、Si（0.60%～1.00%）。

螺纹钢筋的成品质量随冶金熔炼炉次和热轧批次的工艺情况而有所变化，炉号和批号是抽样检验的基础。收用货部门和仓储部门要注意保留货物上的标记，出口企业和外贸部门也要按标准要求分清批次、炉号，并提供质量证明书。螺纹钢一般是裸装捆扎交货，存放时需注意防潮，锈蚀对螺纹钢的性能会产生不良影响。

钢材价格周期性波动是钢铁行业市场周期的综合反映，是价格—效益—投资—产能—供求关系连锁作用的结果。总体来看，影响钢材价格变化的因素主要有以下几个：一是生产成本，这是钢材价格变动的基础；二是供求关系，这是影响钢材价格变化的关键因素；三是市场体系，有缺陷的市场体系可能会放大供求关系的失衡，造成价格大起大落。

华东地区是我国螺纹钢的最大产区，其次为华北地区，再次为中南地区，西南、东北、西北螺纹钢产量所占比重较小。2008—2017年，中国螺纹钢产量统计数据见表4-1。

第二节　螺纹钢生产成本

一、成本要素构成

（一）原材料成本

铁矿石是钢铁生产最重要的原材料。不同钢铁企业采购的进口矿、国产矿价格和数量不同，且各自高炉的技术经济指标不同，因此各个钢铁企业的原材料成本相差较大。

表 4-1　2008—2017 年中国螺纹钢产量统计数据表

单位：万吨

月 \ 产量 \ 年	2008	2009	2010	2011	2012	2013	2014	2015	2016	2017
1	749.19	844.32	1 015.9	1 084.1	1 188.2	1 474.9	1 722.86	1 614.3	1 443.1	1 472.5
2	663.35	854.29	934.1	1 046.7	1 239.2	1 345	1 556.14	1 458	1 350	1 330
3	834.27	963.96	1 073.5	1 233.8	1 497.1	1 647.3	1 757.5	1 710	1 771.9	1 672.4
4	816.17	968.64	1 133.4	1 190.2	1 461.6	1 648.6	1 760.16	1 725.6	1 739.6	1 779.2
5	851.24	1 002.27	1 166.2	1 285.3	1 471.6	1 683.5	1 838	1 764.7	1 768.3	1 824.1
6	814.88	1 095.27	1 102.1	1 309.5	1 517.3	1 705.2	1 903.95	1 742.4	1 795	1 885
7	779.67	1 043	1 069.1	1 321.3	1 502.4	1 768.2	1 802.89	1 651.5	1 747.4	1 865.3
8	763.29	1 092.29	1 127.9	1 350.8	1 504.1	1 800.57	1 809.8	1 752.1	1 745.8	1 859.4
9	775.95	1 081.66	1 119.3	1 380.2	1 582.3	1 830.4	1 857.5	1 782.4	1 717	1 826.5
10	760.52	1 158.52	1 104.3	1 311.2	1 609.2	1 801.5	1 815.6	1 776.4	1 798.9	1 792
11	847.07	1 113.42	1 088.5	1 270.2	1 578.2	1 780	1 775.4	1 727.2	1 723	1 686.1
12	963.2	1 088.46	1 181.3	1 346.6	1 492.2	1 786.9	1 784.78	1 755.5	1 647.8	1 734.6
合计	9 618.8	12 306.1	13 115.6	15 129.9	17 643.4	20 272.1	21 384.6	20 460.1	20 247.8	20 727.1

（二）能源成本

焦炭是钢铁生产必需的还原剂、燃料和料柱骨架。同时，钢铁生产还要大量消耗炼焦煤、水、电、风、气、油等公用介质。不同的钢铁企业采购这些公用介质的价格、数量不同，且各自的技术经济指标不同，因此各个钢铁企业的能源和公用介质成本相差较大。

（三）人工成本

人工成本是钢铁行业的重要成本。尽管我国的实物劳动生产率与发达国家存在很大的差距，但单位工时成本（主要是人均收入水平）差距更大。我国钢铁吨发货量中的人力成本约为发达国家的1/3，国外平均数的1/2。总体上看，我国钢铁企业间人工成本的差距不太明显。

（四）折旧与利息

设备投入大是钢铁行业的重要特征。从全球范围看，除日本采用快速折旧外，美国、欧洲、韩国和我国的钢铁企业一般采用正常折旧，俄罗斯钢铁企业的折旧速度最慢。由于钢铁行业是资金密集型产业，我国钢铁企业的资产负债率普遍在50%以上，因此国家货币政策的变化，会严重影响钢铁企业的财务费用。

对于钢企来说，螺纹钢成本计算是非常重要的，可以说是重中之重。在日常生活中，要计算任何成本问题，都需要计算公式，螺纹钢的成本计算也是一样的。整个过程为：原材料→生铁→钢锭→螺纹、线材。

二、生铁成本构成

生铁成本的构成主要是原材料（球团、铁矿石等）+辅助材料（石灰石、硅石、耐火材料等）+燃料及动力（焦炭、煤粉、煤气、氧气、水、电等）+直接工资、福利以及制造费用–成本扣除（煤气回收、水渣回收、焦炭筛下物回收等）。

1吨生铁成本=1.55吨铁矿石价格+0.34吨焦炭价格+0.13吨喷吹煤粉价格+0.065吨烧结矿煤焦价格+加工费

三、粗钢成本构成

炼铁工艺中，影响总成本的主要因素是原料（铁矿石、焦炭）成本，其他包括辅料、燃料、人工费在内的费用。炼铁时其他费用+人工等费用约100元左右。

炼钢工艺中的其他费用大约400元左右。

1 吨粗钢成本＝ 0.96 吨生铁价格＋ 0.14 吨废钢价格＋加工费

四、螺纹价格构成

0.45 吨焦炭价格≈ 0.34 吨焦炭价格＋ 0.065 吨烧结矿煤焦价格

生铁吨制造成本＝ 1.55 吨铁矿石价格＋ 0.45 吨焦炭价格＋ 0.13 吨喷吹煤粉价格＋ 100 元的其他费用及人工费用

粗钢吨制造成本＝ 0.96 吨生铁价格＋ 0.15 吨废钢价格＋ 400 元其他费用

螺纹、线材成本＝（1.03 吨粗钢价格＋压制费）×1.17

增值税：17%。

螺纹钢轧制费：约 150 元。

五、生铁制造成本简算

生铁吨制造成本＝（1.6 吨铁矿石价格＋ 0.45 吨焦炭价格）/0.9

根据高炉冶炼原理，生产 1 吨生铁需要 1.5 ~ 2.0 吨铁矿石、0.4 ~ 0.6 吨焦炭以及 0.2 ~ 0.4 吨熔剂。包括辅料、燃料、人工费用在内的其他费用与副产品回收进行冲抵后，仅占总成本的 10% 左右。

六、粗钢制造成本简算

粗钢吨制造成本＝（0.96 吨生铁价格＋ 0.15 吨废钢价格）/0.82

中国钢铁行业的平均铁钢比（0.96）和废钢单耗（0.15 吨）作为测算依据，炼钢工艺中因为耗电量的增加、合金的加入以及维检费用的上升，使得除主要原料外的其他费用占到炼钢总成本的 18% 左右。

总之，生铁吨制造成本＝（1.6×570 ＋ 0.45×920）/0.9 ＝ 1 473（元 / 吨），粗钢吨制造成本＝（0.96×1 473 ＋ 0.15×1 600）/0.82 ＝ 2 017（元 / 吨），螺纹钢制造成本＝ 2 017 ＋ 150 ＝ 2 167（元 / 吨）（螺纹钢轧制成本约 150 元）。

七、成本研究需要注意的地方

（一）高利润成品利空，低利润成品利多

利润高时，生产企业有增加供应的可能，对成品价格利空。利润低甚至亏损时，生产企业有减少供应的可能，对成品价格利多。

（二）高利润原料利多，低利润原料利空

利润高时，生产企业有采购原料扩大生产的可能，对原料利多。利润低甚至亏

损时，生产企业有去原料库存减产的可能，对原料价格利空。

（三）利润大小受到供求关系的影响

一般来讲，供不应求的缺口越大利润越多，供过于求的缺口越大利润越少。

（四）成本计算是相对的，不是绝对的

不同企业的生产成本不同，不同版本的公式计算结果也不一样，不可能有一致的成本。研究期货行情时，计算成本只需要保持公式与数据口径始终不变即可，不必计较绝对数值的精准与否。不必将人工、水电等基本固定且权重不大的杂费细算，估算即可，重点是要关注利润值的相对变化（是处于低位还是高位）。不同的取值、不同的公式计算出来的数值可以是不一样的，但是对于行情走势说明的问题是相同的。

（五）利润研究不可以点带面

利润因素只是影响价格诸多因素中的一个，不可理解为高利润时价格就一定会滞涨或下跌，亏损时价格就一定会止跌或上涨。对于价格的研究，还需结合其他因素综合判断。

八、螺纹钢成本公式

1 吨二级螺纹钢成本＝ 1.7 ×（内矿价格 × 内矿配比＋外矿价格 × 外矿配比）＋0.5 吨焦炭价格＋ 1 050 元（加工费、杂费）

1 吨三级螺纹钢成本＝ 1 吨二级钢成本＋ 130 元

1 吨热卷成本＝ 1 吨二级钢成本＋ 200 元

注意：此成本数值应与过磅价对比，即华东、东北地区的螺纹钢为理论重量报价，应转化为过磅价后计算利润。

九、螺纹钢与钢坯的价格关系

1 吨 Q235 钢坯（普碳钢坯）价格＋ 120 元＝ 1 吨 20MnSi 钢坯价格

1 吨 20MnSi 钢坯价格＋ 150 元＝ 1 吨二级钢价格

1 吨二级钢价格＋ 130 元＝ 1 吨三级钢价格，即 1 吨 Q235 钢坯价格＋ 400 元＝1 吨三级钢价格。

以上均为实重价格（过磅价格）。

十、取值注意事项

（一）矿石的价格应为干基价格

内矿报价一般为干基报价，外矿报价一般为湿基报价，干基报价＝ 1.1× 湿基报价。内矿建议使用唐山铁精粉价格，外矿价格建议使用日照港澳矿价格（澳矿在外矿供应中占比最高）。

美元价转化为人民币计价时,（美元价＋海运费）× 汇率 ×1.17（增值税）＋ 80（港杂费）＝人民币湿基价。

人民币湿基价 ×1.1 ＝人民币干基价

（二）焦炭价格建议使用唐山二级冶金焦

2013 年 1 月 15 日，各现货价格如下。

上海三级螺纹钢 3 820 元，转为过磅价为 3 940 元（理论重量价格＋ 120 元＝过磅价格）。

唐山铁精粉 1 145 元（干基价）。

日照港澳矿 1 155 元（湿基价）。

唐山二级冶金焦 1 700 元，此时内外矿配比约为 2:8。

1 吨二级钢成本＝ 1.7×（1 145×0.2 ＋ 1 155×1.1×0.8）＋ 0.5×1 700 ＋ 1 050 ＝ 4 017（元）。

1 吨三级钢成本＝ 4 017 ＋ 130 ＝ 4 147（元）。

三级钢利润率＝（3 940 － 4 147）/4 147 ＝ –5%。

第三节　螺纹钢期货知识

我国是全球最大的钢铁生产和贸易国，螺纹钢期货的推出，对国内钢铁行业意义非凡。分析人士指出，推出线材、螺纹钢期货品种，对于发展钢铁业，提升钢铁产业结构具有重要意义，既可以为钢铁生产和流通企业提供套期保值、管理风险的工具，又可以为钢铁企业提供价格信息，使企业合理安排生产，调整销售或采购策略，保障生产经营活动的有序进行，减少价格频繁波动对企业平稳运行的冲击。

国内现有钢铁贸易商数十万家，钢铁企业 1 000 多家，产业链上如基建等企业就更多了，他们的参与对国内期货市场的发展意义重大。

目前，中国钢材的 50% 为钢铁企业直销，另有 50% 为贸易商代理。在没有螺纹钢期货的情况下，钢材紧俏，价格上涨时，这些贸易商却拿不到货。需求萎缩，价格下跌甚至亏本时，这些贸易商为维护与钢铁企业的关系还要进货。推出螺纹钢期货，对于这些贸易商来说，有了一个很好的对冲风险的工具，不管钢材价格上涨或下跌，都能保证经营稳定。见表 4–2。

表 4–2　上海期货交易所螺纹钢期货合约

交易品种	螺纹钢
交易单位	10 吨 / 手
报价单位	元（人民币）/ 吨
最小变动价位	1 元 / 吨
每日价格最大波动限制	不超过上一交易日结算价 ±5%
合约交割月份	1—12 月
交易时间	每周一至周五上午 9:00—10:15、10:30—11:30，下午 13:30—15:00；连续交易时间为 21:00 至次日 1:00
最后交易日	合约交割月份的 15 日（遇法定假日顺延）
交割日期	最后交易日后连续 5 个工作日
交割品级	标准品：符合国标 GB1499.2-2007《钢筋混凝土用钢第 2 部分：热轧带肋钢筋》HRB400 或 HRBF400 牌号的 ϕ16mm、ϕ18mm、ϕ20mm、ϕ22mm、ϕ25mm 螺纹钢。 替代品：符合国标 GB1499.2-2007《钢筋混凝土用钢第 2 部分：热轧带肋钢筋》HRB335 或 HRBF335 牌号的 ϕ16mm、ϕ18mm、ϕ20mm、ϕ22mm、ϕ25mm 螺纹钢。
交割地点	交易所指定交割仓库
最低交易保证金	合约价值的 6%

续表

交割方式	实物交割
交易代码	RB
上市日期	2009 年 3 月 27 日

一、LME 钢坯期货

LME 对钢材标的的探索和研究经历了从具体钢材品种到钢材指数再到具体钢材品种的过程，并最终决定首先尝试钢坯期货。LME 于 2008 年 2 月 25 日在 LME Select 电子交易平台和办公室间电话交易市场开始钢坯期货交易，并于当年 4 月 28 日正式在场内进行钢坯期货交易。

钢坯是炼钢炉炼成的钢水经过铸造后得到的半成品，是建筑用长材的上游产品。LME 称，之所以推出钢坯期货，是基于以下几点考虑。

首先，与板材相比，钢坯的贸易更为自由，而且同钢铁终端产品相比，钢坯的储存更为便捷和便宜。

其次，虽然钢坯跨国流通量较少，但其年均 3 000 万吨的国际市场流通规模，足以与有色金属争高低。

再次，钢坯价格与螺纹钢等钢铁品种具有良好的相关性，钢坯期货可用于整个钢铁产业的价格风险管理。

LME 钢坯期货合约文本显示，上市交易的合约从现货月合约到 15 个月的远期合约，一张合约的规模为 65 吨钢坯。与以往一种金属只有单一的期货合约不同，LME 上市的钢坯期货合约是两个地区性的合约（远东和地中海合约）。在远东地区的交割地确定为马来西亚和韩国，地中海地区的交割地分别在土耳其和迪拜。LME 之所以选择这些交割地，是考虑到钢坯主要进出口地区的分布和航运费用，此外两个合约也反映了上述市场不同的基本面和定价机制。

目前全球主要的钢坯出口国包括乌克兰、俄罗斯、中国、巴西和法国等，主要的进口国是意大利、越南、土耳其和韩国等。鉴于多数钢坯贸易在国内和地区范围内进行，LME 指出，推出钢坯期货针对的就是地区性贸易的需要。

在 LME 确定的 11 个可供交割的钢坯品牌中，还没有中国产品的身影。11 个钢坯品牌来自白俄罗斯、希腊、马来西亚、俄罗斯、土耳其和乌克兰 6 个国家的 10 家钢铁厂。

二、DGCX 螺纹钢期货

DGCX 是迪拜黄金和商品交易所的简称。由于迪拜自然资源缺乏，其建筑钢材消费一直大量依赖进口。

DGCX 推出钢材期货，主要源于两个方面的考虑。

一方面是中东经济发展迅速，对钢材的需求日益强烈。中东是除中国之外钢材生产和消费有同样增幅的地区。最近 10 年，该地区钢材产量增长至原来的 3 倍，其中 2/3 以上是螺纹钢，并且中东地区每年还进口大量钢材。

另一方面则是阿联酋的钢价对周边地区乃至北京—黑海的钢铁交易都具有重要的战略意义。由于螺纹钢占据当地市场近 98% 的份额，使 DGCX 最终选择上市螺纹钢期货而不是钢坯期货。在交割方面，因为钢材运输以海运为主，所以 DGCX 采取单一交割地的方式，将交割仓库设在迪拜当地最大的港口。

第五章　热卷、硅铁、锰铁、线材期货

第一节　热卷期货知识

一、热卷简介

热卷（Hot rolled coils），即热轧卷板，它是以板坯（主要为连铸坯）为原料，经加热后由粗轧机组及精轧机组制成带钢。

从精轧最后一架轧机出来的热钢带，通过层流冷却至设定温度，由卷取机卷成钢带卷。冷却后的钢带卷，根据用户的不同需求，经过不同的精整作业线（平整、矫直、横切或纵切、检验、称重、包装及标志等）加工成为钢板、平整卷及纵切钢带产品。

热卷可以分为直发卷和精整卷（分卷、平整卷及纵切卷）。按材质、性能不同，可分为普通碳素结构钢、低合金钢、合金钢。按用途不同可分为冷成型用钢、结构钢、汽车结构钢、耐腐蚀结构用钢、机械结构用钢、焊接气瓶及压力容器用钢、管线用钢等。

由于热连轧钢板产品具有强度高、韧性好、易于加工成型及良好的可焊接性等优良性能，因而被广泛应用于船舶、汽车、桥梁、建筑、机械、压力容器等制造行业。随着热轧尺寸精度、板形、表面质量控制等新技术的日益成熟以及新产品不断问世，热连轧钢板、带产品得到了越来越广泛的应用，在市场上具有越来越强的竞争力。

热轧卷板一般包括中厚宽钢带、热轧薄宽钢带和热轧薄板。中厚宽钢带是其中最具代表性的品种，产量占比约为热轧卷板总产量的 2/3。中厚宽钢带是指厚度≥3mm 且＜20mm，宽度≥600mm，用连续式宽带钢热轧机或炉卷轧机等设备生产、卷状交货的钢带。

热轧薄宽钢带是指厚度＜3mm，宽度≥600mm，用连续式宽带钢热轧机或炉卷轧机或薄板坯连轧等设备生产、卷状交货的钢带。热轧薄板是指厚度＜3mm 的单张钢板。热轧薄板通常用连续式宽带钢轧机、薄板坯连铸连轧等设备生产、板状交货的钢带。

华北地区是我国最大的热轧卷板生产地区，其次是华东地区、东北地区，再次是中南、西南和西北地区。2008—2017 年，中国热轧薄宽钢带产量统计数据见表 5-1。

（一）热轧卷板市场需求情况

热轧卷板深加工，主要应用于冷轧卷板基板、热轧酸洗板及热轧镀锌板等，其应用主要是厚度≤ 3.0mm 的热轧薄卷板。冷轧卷板基板是热轧卷板主要用途之一，热轧卷板经冷轧加工后，用途主要包括冷轧商品卷以及镀层板、彩涂板、电工钢等深加工产品。2008—2017 年，中国冷轧薄宽钢带产量统计数据见表 5-2。

热轧酸洗卷需求主要集中在汽车行业、压缩机行业、机械制造行业、零配加工行业、风机行业、摩托车行业、钢家具、五金配件、电柜货架及各种形状的冲压件等。热轧镀锌板的基板是热轧卷板，由于省掉了冷轧工序，与热镀锌板相比有明显的成本优势，具有较强的市场竞争力，可以部分替代厚规格的热镀锌板的需求。

从消费区域看，华东是我国最大的热轧卷板消费地区，其次是华北地区。

（二）影响热轧卷板价格变化的主要因素

1. 钢材市场供求关系决定价格趋势

供求关系是决定长期价格趋势的最主要因素。2008 年以前，国内热轧卷板需求旺盛，同时热轧卷板对生产工艺的要求较高，当时只有少数大型钢厂有能力生产，生产线数量也较少，市场供应能力十分有限，热轧卷板市场价格普遍高于螺纹钢、线材等建筑钢材的价格。

随着国内热轧卷板的产量快速增长，供需矛盾缓解，市场价格与其他品种的价差逐渐缩小。尤其是 2008 年金融危机后，我国的大规模投资拉动了螺纹钢、线材需求的增长，螺纹钢市场价格开始高于热轧卷板平均价格。

2. 上下游成本约束价格的高点和低点

供求关系决定价格趋势，成本决定钢材价格上下限。下游行业的成本决定了钢材价格的上限。当下游行业成本已经不能承受钢材价格上涨，普遍出现亏损的时候，市场价格往往由上涨转为下跌。钢铁行业平均生产成本决定了钢材价格的下限，当钢厂普遍出现亏损的时候，钢材价格继续下跌的空间就已经不大了。

表 5-1 2008—2017 年中国热轧薄宽钢带产量统计数据表

单位：万吨

月＼产量＼年	2008	2009	2010	2011	2012	2013	2014	2015	2016	2017
1	163.2	148.4	241.26	303.05	361.53	465.6	—	—	—	—
2	152.1	153.7	236.7	318.7	387.1	452.9	—	—	—	—
3	138.6	143.7	307.5	407.7	400.5	487.13	432.55	471.23	—	—
4	138.7	146	301.9	380.8	414.9	463.87	443.78	447.19	—	469.21
5	167.4	199.3	356.3	374.1	430.2	509.05	405.15	434.92	512.13	438.86
6	189	268.7	298.5	392	437.4	462.64	435.41	449.2	471.73	454.44
7	175.6	256.8	341.6	364.5	425.4	488.93	448.94	469.23	462.52	512.15
8	180.9	294.6	347.4	380.3	388.5	480.43	443.37	454.85	481.63	478.85
9	177.5	299.7	305.44	359.1	389.2	454.14	446.37	453.25	489.2	449.47
10	134.7	283.6	278.4	353.8	415.8	441.08	455.13	440.44	458.58	418.98
11	121.1	283.1	268.8	317.6	423.62	433.58	441.96	412.9	—	—
12	137.4	306.5	271.4	342.1	511.68	479.77	525.28	468.7	—	—
合计	1 876.2	2 784.1	3 555.2	4 293.75	4 985.83	5 619.12	4 477.94	4 501.91	2 875.79	3 221.96

表 5-2　2008—2017 年中国冷轧薄宽钢带产量统计数据表

单位：万吨

月 \ 产量 \ 年	2008	2009	2010	2011	2012	2013	2014	2015	2016	2017
1	150.2	138.3	238.09	272.19	291.76	333.8	—	—	—	—
2	158.6	173.1	210	250.6	291.3	305.9	—	—	—	—
3	173.9	155.5	260.3	288.3	314.1	337.19	356.81	414.38	—	—
4	161.3	162.4	247.7	274.3	305.2	318.39	336.16	372.72	—	443.87
5	159.1	172.4	252.3	275.9	315.9	337.5	361.95	396.31	447.55	482.21
6	153.6	184.4	250.4	259.6	290.9	321.99	351.26	379.53	431.55	479.85
7	156.1	194.1	245.5	257.5	291	330.39	354.69	381.15	433.02	475.13
8	172	200.2	245.3	269.6	301.8	338.23	357.05	357.18	468.41	496.42
9	147	198	242.99	278.6	286.98	343.68	354.05	361.68	442.87	471.09
10	133.6	198.8	249.7	272.4	319.69	347.08	358.5	367.93	448.64	459.48
11	112.9	199.7	248.3	273.6	312.46	337.32	350.3	380.4	—	—
12	124.4	230.1	248.8	278.3	324.01	346.54	370.88	384.1	—	—
合计	1 802.7	2 207	2 939.38	3 250.89	3 645.1	3 998.01	3 551.65	3 795.38	2 672.04	3 308.05

3. 国内市场资金供应影响钢材价格水平

当市场资金相对比较充足的时候，往往对应高价格。当资金比较紧张的时候，往往对应低价格。以2011—2012年为例，由于银行对“两高一资”行业（高耗能、高污染和资源性行业）贷款趋于谨慎，钢铁行业资金普遍紧张，成为钢材价格低位运行的主要影响因素。

4. 大型钢厂调整出厂价格对市场的影响

热轧卷板销售半径相对比较大，且产品集中度高于建筑钢材，市场各方除关心当地主导钢厂价格政策外，同时还关注大型钢厂出厂价格的政策调整。例如沙钢、日照钢铁销售区域主要在华东地区，是区域内主导钢厂，但当地钢贸商同样会关心宝钢、鞍钢、武钢、河北钢铁的出厂价格政策调整，尤其是宝钢的价格政策调整对其他钢厂及市场的引导作用十分明显。

5. 市场预期对价格涨跌起到助推作用

市场预期的变化通过改变供求及市场资金助推价格涨跌。如果市场对未来价格走势预期上涨，贸易商和下游企业往往会比较积极地订货和增加库存，刺激市场价格进一步上涨，反之亦然。

6. 金融市场对钢材价格的影响

自螺纹钢和线材期货上市后，我国钢铁产品的金融属性初步显现，期货市场与现货市场的联系日趋紧密，价格相互影响。换言之，现货市场反映当前市场形势的变化，期货市场反映未来的预期，并与现货市场构成了相互制约的平衡，期货价格也成了钢厂定价考量的一个重要因素。从螺纹钢期货与现货市场价格走势看，期货价格与现货价格有着较强的相关性。

二、热卷期货

“十一五”期间，我国大中型钢铁生产企业纷纷上马附加值较高的冷轧产品，因为生产工序原因，多数企业普遍采取先建设热轧机组、后建设冷轧机组的模式，使得热轧卷板在钢材生产总量中的比重越来越大。

从2005年开始，前期投资的新增热连轧机组产能逐渐释放。随着项目陆续投产，热轧卷板产量占钢材总产量的比重呈逐年上升态势。2008年，我国热轧卷板产量占钢材产量的比重达17.1%，首次超过螺纹钢的比重，成为产量最大的钢材品种。随后几年，该比重一直维持在17% ~ 18.5%。不过，随着投产高峰期过去，产量基数不断扩大，热轧卷板产量同比增速呈逐年下滑趋势。2011 年，热轧卷板产量结束了两位数增长，同比增速仅为 7.1%。

从贸易量来看，热轧卷板主要有 5 种销售渠道，分别为直供、分销、零售、分支机构和出口。企业销售热轧卷板主要以直供、分销和分支机构为主，这 3 种销售渠道的销量占总销售量的 80% ~ 90%。随着时间的推移，直供和分销的比例越来越大，两者所占比重占销售总量的 80% 左右，可见热卷销售主要通过贸易商和下游企业直接采购。

推出热卷期货，有利于更多涉钢企业参与期市。热连轧钢板产品具有强度高、韧性好、易于加工成型及良好的可焊接性等优良性能，从一般的工程结构到汽车、桥梁、船舶、锅炉压力容器制造等行业，都在广泛、大量地使用。

从下游需求来看，相对于螺纹钢主要应用于房地产和基建行业，热轧卷板明显涉及到更多的下游用钢行业。基于在生产流程中的特殊位置，热轧卷板的需求体现为直接需求和间接需求两方面。直接需求包括机械、造船、汽车、集装箱等行业。间接需求则主要包括汽车、家电及建筑等大量使用冷轧及涂镀板卷的行业。

热卷期货上市，以热轧卷板为材料的机械、造船等行业，直接利用热轧卷板期货套期保值，效果会更好。间接使用热轧卷板的汽车、家电等行业，则可以根据市场价格变化情况，对螺纹钢和热卷进行相关性分析，选择更适合企业也更能为企业服务的期货合约来进行套期保值。

从原材料成本角度分析，一方面，钢材价格主要受到上游原料如铁矿石、焦炭价格的影响，这决定了不同产品的价格有着良好的联动性；另一方面，下游用途虽然不尽相同，但由于受整体宏观政策及钢铁产业政策的影响，也使得不同品种钢材价格之间具有密切联系。见表 5-3。

表 5-3　不同钢材品种之间相关系数表

	冷轧（1.0 mm）	普板（20 mm）	合金板（20 mm）	彩涂（0.476 mm）	镀锌（0.5 mm）
热轧（1.0 mm）	0.888	0.975	0.964	0.869	0.893
螺纹（20 mm）	0.815	0.886	0.875	0.741	0.765

从表 5-3 可以发现，热轧卷板与冷轧、中板、涂镀品种的相关性，明显高于螺纹钢与这些品种的相关性，显示这些钢材品种的价格走势和热轧卷板更相似。出现这种情况，原因有以下两个。

第一，从生产工艺来看，冷轧是用热轧卷板为原料，经过酸洗去氧化皮后进行冷连轧而成，彩涂、镀锌则以冷轧卷板为基板，螺纹钢和板材在生产工艺、工序上则无任何联系。

第二，虽然热轧卷板和中板不具有上下游的关系，但两者都是以板坯为原料，螺纹钢则以方坯为原料，坯料不同也决定了价格走势上会出现一定的差异。

根据相关性原理，利用热轧卷板期货进行套期保值，效果要好于利用螺纹钢期货进行套保。

热轧卷板是国内钢材市场重要品种，热卷期货上市对于完善现有钢材期货品种系列，更好发挥价格发现、套期保值功能，服务钢材产业链实体企业具有深远意义。上市热轧卷板期货，既是我国钢铁行业发展的客观需要，又是服务钢铁企业规避价格风险的有力举措，同时，对完善我国黑色金属期货序列、强化钢材价格国际影响力也具有重要的现实意义。

热轧卷板、螺纹钢和铁矿石期货分属钢铁行业的产成品和原材料。热轧卷板和螺纹钢同属钢材，但下游的消费产业存在较大差异。铁矿石是热轧卷板和螺纹钢最主要的生产原料，在钢铁生产成本中占比接近 40%，从中长期趋势看，三者的价格走势必然存在一定的相关性。但从短期看，由于三者自身供求关系的相对变化，价格走势经常出现强弱分化，甚至出现背离。

具体地说，热轧卷板和螺纹钢分处两个不同的细分市场。螺纹钢主要用于建筑工程，反映的是我国基础设施建设和城镇化发展的需要。热轧卷板则广泛使用于一般工程结构、汽车、桥梁、船舶等制造业，反映的是我国工业化发展的需要。下游消费产业不同，使得两者的供求关系和市场价格经常出现背离。

铁矿石是主要的炼钢原料，近年来全球产能增长迅速，市场供求关系已由前期的供不应求逐步发展为供大于求。同时，铁矿石的定价模式也由长期协议为主逐步转变为现货市场为主。供求关系的变化和市场化程度的提高，使其定价越来越取决于下游钢铁行业的真实市场需求。

热轧卷板期货上市后，钢铁产业链上下游的主要期货品种均已上市，黑色金属类期货品种系列初步形成。可以预期，市场透明度的提高将促使期货价格更好地反映市场的供需关系及未来变化趋势，期货市场价格发现功能将日益显现。

我国是全球最大的热轧卷板生产国、消费国和出口国，热轧卷板的市场化程度高，市场主体多样，价格波动显著，企业避险需求强烈。近年来，我国钢铁行业面临“产能过剩，利润下滑”的严峻形势，许多钢铁企业呼吁尽早上市热轧卷板期货，为以板材为主的钢铁生产、贸易和消费企业提供迫切需要的价格风险管理工具。

热轧卷板期货合约及规则的设计原则是，遵循相关市场及期货市场的发展规律，在有效控制风险的前提下，力争充分发挥期货市场功能，更好地服务钢铁行业，服务国民经济。在设计过程中，上海期货交易所根据热轧卷板品种特性，从市场需求出发，兼顾了产业客户套期保值与投资者投机获利的需求。

热轧卷板与螺纹钢期货合约及规则存在一定的相似性，这一方面是由于两者同属钢材，产品特性相近，另一方面也是为了方便客户对钢材期货规则体系的学习和认知。但热轧卷板与螺纹钢的合约及规则也存在一定的不同，比如仓单有效期不同。热轧卷板易于长期存放，其仓单有效期为标准仓单生产日期起的 360 天，而螺纹钢期货仅为 90 天。较长的仓单有效期，使得买入交割企业既可以将交割商品用于深加工或现货贸易，也可以方便地在后续期货合约上进行卖出交割。相对螺纹钢而言，热轧卷板期货的交割成本较低，产业客户进行套期保值更为便利。参见表 5–4。

表 5–4　上海期货交易所热轧卷板期货合约

交易品种	热轧卷板
交易单位	10 吨 / 手
报价单位	元（人民币）/ 吨
最小变动价位	1 元 / 吨
合约交割月份	1—12 月
每日价格最大波动限制	不超过上一交易日结算价 ±5%
交易时间	每周一至周五上午 9:00—10:15、10:30—11:30，下午 13:30—15:00；连续交易时间为 21:00 至次日 1:00
最后交易日	合约交割月份的 15 日（遇法定假日顺延）

续表

交割日期	最后交易日后连续 5 个工作日
交割品级	标准品：符合国标 GB/T3274–2007《碳素结构钢和低合金结构钢热标准品：轧厚钢板和钢带》的 Q235B 或符合 JISG3101–2010《一般结构用轧制钢材》的 SS400，厚度 5.75mm、宽度 1 500mm 热轧卷板 替代品:《轧厚钢板和钢带》的 Q235B 或符合 JISG3101–2010《一般结构用轧制钢材》的 SS400，厚度 9.7mm
交割地点	交易所指定交割仓库
最低交易保证金	合约价值的 6%
交割方式	实物交割
交易代码	HC
上市日期	2014 年 3 月 21 日

第二节　硅铁期货知识

硅铁是铁和硅组成的铁合金，是冶炼行业重要的合金品种，炼钢时常用作脱氧剂。由于硅铁生成 SiO_2 时放出大量的热，在炼钢脱氧时，对提高钢水温度也是有利的。同时，硅铁还可以作为合金元素加入剂，广泛应用于低合金结构钢、弹簧钢、轴承钢、耐热钢及电工硅钢中。硅铁在铁合金生产及化学工业中，常用作还原剂。

铁和硅组成的铁合金（以硅石、钢、焦碳为原料，经过 1 500 ~ 1 800℃高温还原的硅熔于铁液中，形成硅铁合金），是冶炼行业重要的合金品种。硅铁按硅及其杂质含量分为 21 个牌号。

硅铁是以焦炭、钢屑、石英（或硅石）为原料，用电炉冶炼制成的。传统炼制硅铁时，是将硅从含有 SiO_2 的硅石中还原出来。冶炼硅铁大多使用冶金焦作还原剂，钢屑是硅铁的调节剂。

生产1吨硅铁，原料及电能消耗为：硅石1.78 ~ 1.85吨，焦炭0.89 ~ 0.93吨，钢屑0.22 ~ 0.23吨，电极糊0.045 ~ 0.055吨，电耗8 400 ~ 9 000千瓦时/吨。

一、硅铁的用途

（一）炼钢中用作脱氧剂和合金剂

为了获得化学成分合格的钢，保证钢的质量，在炼钢的最后阶段必须进行脱氧。硅和氧之间的化学亲和力很大，因而硅铁是炼钢较强的脱氧剂，用于沉淀和扩散脱氧。

在钢中添加一定数量的硅，能显著提高钢的强度、硬度和弹性。在冶炼结构钢（含硅0.4% ~ 1.75%）、工具钢（含硅0.3% ~ 1.8%）、弹簧钢（含硅0.4% ~ 2.8%）和变压器用硅钢（含硅2.81% ~ 4.8%）时，也把硅铁作为合金剂使用。实践证明，硅铁不仅能满足炼钢脱氧的要求，还具有脱硫性能且具有比重大、穿透力强等优点。

在炼钢工业中，利用硅铁粉在高温下烯烧能放出大量热量这一特点，常作为钢锭帽发热剂使用，以提高钢锭的质量和回收率。

（二）铸铁工业中用作孕育剂和球化剂

铸铁是现代工业中一种重要的金属材料，它比钢便宜，容易熔化冶炼，具有优良的铸造性能和比钢好得多的抗震能力。特别是球墨铸铁，其机械性能达到或接近钢的机械性能。

在铸铁中加入一定量的硅铁，能阻止铁中形成碳化物，促进石墨的析出和球化。在球墨铸铁生产中，硅铁是一种重要的孕育剂（帮助析出石墨）和球化剂。

（三）铁合金生产中用作还原剂

硅与氧之间化学亲和力很大，而且高硅硅铁的含碳量很低，因此高硅硅铁（或硅质合金）是铁合金工业中生产低碳铁合金时较常用的一种还原剂。

（四）置换镁

在金属镁高温冶炼过程中，75# 硅铁能将CaO.MgO中的镁置换出来。每生产1吨金属镁，就要消耗1.2吨左右的硅铁，因此对金属镁的生产起到很大的作用。

（五）其他方面的用途

磨细或雾化处理过的硅铁粉，在选矿工业中可作为悬浮相。在焊条制造业中，也可作为焊条的涂料。高硅硅铁在化学工业中可用于制造硅酮等产品。

炼钢工业、铸造工业和铁合金工业是硅铁的最大用户，它们共消耗约 90% 以上的硅铁。在各种不同牌号的硅铁中，目前应用最广的是 75% 硅铁。在炼钢工业中，每生产 1 吨钢，大约消耗 0.003 ～ 0.005 吨 75% 硅铁。

二、硅铁期货合约

表 5–5　郑州商品交易所硅铁期货合约

交易品种	硅铁
交易单位	5 吨 / 手
报价单位	元（人民币）/ 吨
最小变动价位	2 元 / 吨
每日价格波动限制	上一交易日结算价 ±4% 及《郑州商品交易所期货交易风险控制管理办法》相关规定
合约交割月份	1—12 月
交易时间	每周一至周五（北京时间法定节假日除外）上午 9:00—11:30，下午 1:30—3:00；最后交易日上午 9:00—11:30；以及交易所规定的其他时间
最后交易日	合约交割月份的第 10 个交易日
最后交割日	合约交割月份的第 12 个交易日
交割品级	见《郑州商品交易所期货交割细则》
交割地点	交易所指定交割地点
最低交易保证金	合约价值的 5%
交割方式	实物交割
交易代码	SF
上市时间	2014 年 8 月 8 日

第三节　锰铁期货知识

锰铁是锰和铁组成的铁合金，主要有高碳锰铁（含碳为 7%）、中碳锰铁（含碳 1.0% ~ 1.5%）、低碳锰铁（含碳 0.5%）、金属锰、镜铁、硅锰合金。

在炼钢中，锰铁用作脱氧剂和合金添加剂，是用量最多的铁合金。冶炼锰铁用的锰矿一般要求含锰 30% ~ 40%，锰铁比大于 7，磷锰比小于 0.003。冶炼前，碳酸锰矿要先经焙烧，粉矿需经烧结造块。含铁含磷高的矿石一般只能搭配使用，或通过选择性还原炼得低铁低磷的富锰渣。冶炼时用焦炭作还原剂，某些厂也配用瘦煤或无烟煤。辅助原料主要为石灰，冶炼锰硅合金时一般要配加硅石。

碳素锰铁国际上一般标准为含锰 75% ~ 80%，中国为适应锰矿品位低的原料条件，规定了含锰较低的牌号（电炉锰铁含锰 65% 以上，高炉锰铁含锰 50% 以上）。冶炼碳素锰铁过去主要用高炉，随着电力工业的发展，电炉逐渐增多。西欧和中国用高炉为主，挪威、日本都用电炉，俄罗斯、澳大利亚、巴西等国新建锰铁工厂也采用电炉。

加蓬锰矿资源丰富，锰矿储量和储量基础分别为 4 500 万吨和 15 000 万吨，分别占世界总量的 6.6% 和 3%，年产量均在 90 万吨左右，占世界总量的 12% 左右。

世界锰矿资源丰富。富锰矿资源主要分布在南非、加蓬、巴西、澳大利亚等国，低品位锰矿则分布于乌克兰、印度、格鲁吉亚、缅甸等国。

巴西是世界上重要的矿业国之一，其锰矿资源及产量在世界上占有重要地位。巴西已探明的锰储量达 2 100 万吨，占世界总量的 3.1%，储量基础 5 600 万吨，占世界的 1.12%，主要分布在阿马帕地区、米纳斯吉州和马拉州。卡拉加斯的阿祖尔锰矿床品位很高，且有高品级的电池锰矿石，可以提供大量的锰矿石。地处西部的乌鲁昆锰矿储量也很大，现已开采。

一、我国锰矿类型、资源分布、地质特征及技术经济条件

（一）锰矿资源分布不平衡

虽然我国有 21 个省（市、区）探明有锰矿，但大多分布在南方地区，尤以广西

和湖南两省区最多，占全国锰矿储量的56%，因而锰矿资源开采形成了以广西和湖南为主的格局。

（二）矿床规模多为中小型

我国213处锰矿区中，大型矿区只有7处，其余均为中小型矿床，这样难以充分利用现代化工业技术进行开采。历年来，80%以上锰矿产量来自地方中小矿山及民采矿山。

（三）矿石质量较差，且以贫矿为主

我国锰矿储量中，富锰矿（氧化锰矿含锰大于30%，碳酸锰矿含锰大于25%）储量只占6.4%，而且有部分富锰矿石在利用时仍需要工业加工。贫锰矿储量占全国总储量的93.6%，由于锰矿石品位低，含杂质高，粒度细，技术加工性能不理想。

（四）矿石物质组分复杂

高磷、高铁锰矿石以及含有伴（共）生金属和其他杂质的锰矿石，在我国锰矿储量中占有很大的比例。如南方震旦纪“湘潭式”锰矿，约有1亿吨以上的储量属于高磷难用锰矿。

（五）矿石结构复杂，粒度细

对我国锰矿主要产区湖南、广西、贵州、福建、云南的一些锰矿进行工艺矿物学研究，结果表明，绝大多数锰矿床属细粒或微细粒嵌布，从而增加了选别难度。

（六）矿床开采条件复杂

我国近80%的锰矿属于沉积或沉积变质型，这类矿床分布面广，矿体呈多层薄层状，缓倾斜，埋藏深，需要进行地下开采，开采技术条件差。适合露天开采的储量，只占全国总储量的6%。

二、锰铁生产方式

（一）高炉冶炼

一般采用1 000m^{3}以下的高炉，设备和生产工艺大体与炼铁高炉相同。锰矿石从炉顶下降的过程中，高价的氧化锰（MnO_2，Mn_2O_3，Mn_3O_4）随温度升高，被CO逐步还原为MnO。MnO只能在高温下通过碳直接还原成金属，所以冶炼锰铁需要较高的炉缸温度，因此炼锰铁的高炉采用较高的焦比（1 600公斤/吨左右）和风温（1 000℃以上）。为降低锰损耗，炉渣应保持较高的碱度（CaO/SiO_2大于1.3）。

由于焦比高，间接还原率低，炼锰铁高炉的煤气产率和CO含量比炼铁高炉高，炉顶温度也较高（350℃以上）。富氧鼓风可以提高炉缸温度，降低焦比，增加产量。另外，减少煤气量可以降低炉顶温度，对锰铁冶炼有显著的改进作用。

（二）电炉冶炼

锰铁的还原冶炼有熔剂法（又称低锰渣法）和无熔剂法（高锰渣法）两种。熔剂法原理与高炉冶炼相同，只是以电能代替加热用的焦炭。通过配加石灰形成高碱度炉渣（CaO/SiO_2为1.3 ~ 1.6），可以减少锰的损失。

无熔剂法冶炼不加石灰，形成碱度较低（CaO/SiO_2小于1.0）、含锰较高的低铁低磷富锰渣。此法渣量少，可降低电耗，且因渣温较低，可减轻锰的蒸发损失，同时副产品富锰渣（含锰25% ~ 40%）可作冶炼锰硅合金的原料，取得较高的锰综合回收率（90%以上）。

现代工业生产大多采用无熔剂法冶炼碳素锰铁，并与锰硅合金和中低碳锰铁冶炼组成联合生产。

（三）电炉精炼

中低碳锰铁一般用1 500 ~ 6 000千伏安电炉进行脱硅精炼，以锰硅、富锰矿和石灰为原料，其反应式为：$MnSi+2MnO+2CaO \rightarrow 3Mn+2CaO \cdot SiO_2$。

采用高碱度渣，可降低炉渣含锰量，减少由弃渣造成的锰损失。联合生产中采用较低的渣碱度（CaO/SiO_2小于1.3）操作，所得含锰较高（20% ~ 30%）的渣用于冶炼锰硅合金。炉料预热或装入液态锰硅合金，有助于缩短冶炼时间，降低电耗。精炼电耗一般在1 000千瓦时左右。

中低碳锰铁也用热兑法，通过液态锰硅合金和锰矿石、石灰熔体相互热兑进行生产。

（四）吹氧精炼

用纯氧吹炼液态碳素锰铁或锰硅合金，可以炼得中低碳锰铁。此法经过多年试验研究，于1976年进入工业化规模生产。

现代大型锰铁还原电炉容量达40 000 ~ 75 000千伏安，一般为固定封闭式。熔剂法的冶炼电耗一般为2 500 ~ 3 500千瓦时 / 吨，无熔剂法的电耗为2 000 ~ 3 000千瓦时 / 吨。

锰硅合金用封闭或半封闭还原电炉冶炼，一般采用含SiO_2高、含磷低的锰矿或另外配加硅石为原料。富锰渣含磷低，含 SiO_2 高，是冶炼锰硅合金的好原料。冶炼电耗一般约 3 500 ~ 5 000 千瓦时 / 吨。入炉原料先作预处理，包括整粒、预热、预还原和粉料烧结等，对电炉操作和技术经济指标起显著改善作用。

三、硅铁期货合约

表 5-6 郑州商品交易所锰铁期货合约

交易品种	锰硅
交易单位	5 吨 / 手
报价单位	元（人民币）/ 吨
最小变动价位	2 元 / 吨
每日价格波动限制	上一交易日结算价 ±4% 及《郑州商品交易所期货交易风险控制管理办法》相关规定
合约交割月份	1—12 月
交易时间	每周一至周五（北京时间法定节假日除外）上午 9:00—11:30，下午 13:30—15:00；最后交易日上午 9:00—11:30；以及交易所规定的其他时间
最后交易日	合约交割月份的第 10 个交易日
最后交割日	合约交割月份的第 12 个交易日
交割品级	见《郑州商品交易所期货交割细则》
交割地点	交易所指定交割地点
最低交易保证金	合约价值的 5%
交割方式	实物交割
交易代码	SM
上市时间	2014 年 8 月 8 日

第四节　线材期货知识

一、线材简介

线材是指直径为 5 ~ 22mm 的热轧圆钢或者相当于此断面的异形钢，因以盘条形式交货，故又通称为盘条。根据轧机的不同，可以分为高速线材（高线）和普通线材（普线）两种。

线材的钢种非常广泛，有碳素结构钢、弹簧钢、碳素工具钢、合金结构钢、轴承钢、合金工具钢、不锈钢、电热合金钢等。凡是需要加工成丝的钢种，大都经过热轧线材轧机生产成盘条，再拉拔成丝。

（一）线材分类

因为钢种、钢号繁多，所以在线材生产中，通常将线材分为以下四大类。

（1）软线：指普通低碳钢热轧圆盘条，牌号主要是碳素结构钢标准中规定的 Q195、Q215、HPB235 和优质碳素结构钢中所规定的 10、15、20 号钢。

（2）硬线：指优质碳素结构钢类的盘条，如制绳钢丝用盘条、轮胎钢丝等专用盘条。硬线一般含碳量偏高，泛指 45 号以上的优质碳素结构钢、40Mn ~ 70Mn 优质碳素结构钢等。

（3）焊线：指焊条用盘条。

（4）合金钢线材：指各种合金钢和合金含量高的专用盘条。

线材用途十分广泛，除直接用于建筑外，还可加工成各类专用钢丝，如弹簧用钢丝、焊丝、镀锌丝、通讯线、钢帘线、钢绞线等。还可加工成其他金属制品，如铆钉、螺钉、铁钉等。我国目前处在经济发展时期，除基础建设和解决居民居住条件仍需要大量的建筑用线材外，国外对金属制品的需求增加，用于深加工线材的数量也不断增长。

（二）常见线材

线材一般用普通碳素钢和优质碳素钢制成。按照钢材分配目录和用途不同，线材包括普通低碳钢热轧圆盘条、优质碳素钢盘条、碳素焊条盘条、调质螺纹盘条、制钢丝绳用盘条、琴钢丝用盘条以及不锈钢盘条等。

1. 普通低碳钢热轧圆盘条（GB701–65）

普通低碳钢热轧圆盘条由低碳普通碳素结构钢或屈服点较低的碳素结构钢轧制而成，是线材品种中用量最大、使用最广泛的盘条，又称为软线。

主要用途：普线主要用于建筑钢筋混凝土结构作配筋用，也可冷拔拉制成钢丝，作捆扎等用。

2. 普通低碳钢无扭控冷、热轧盘条（ZBH4403–88）

无扭控冷、热轧盘条由无扭高速线材轧机轧制后采取控制冷却处理，材质与普线相同，但无扭控冷、热轧盘条具有尺寸精度高、表面质量好、有较高的力学性能等优点。

主要用途：无扭控冷、热轧盘条尺寸精度分 A、B、C 三级。A、B、C 级精度适用于拉丝、建筑、包装和焊条等用途，B、C 级精度适用于加工成螺栓、螺丝和螺母等。

3. 优质碳素钢盘条（GB4354–84）

优质碳素钢盘条是用优质碳素结构钢轧制而成的，是线材品种中用量较大的品种之一。

主要用途：优质碳素钢盘条主要用于加工制造碳素弹簧钢丝、油淬火回火碳素弹簧钢丝、预应力钢丝、高强度优质碳素结构钢丝、镀锌钢丝、镀锌绞线钢丝绳等。

4. 优质碳素钢无扭控冷、热轧盘条（ZBH44002–88）

优质碳素钢无扭控冷、热轧盘条由无扭高速线材轧机轧制而成，轧制后采取控制冷却处理。与优质碳素钢盘条相比，具有尺寸精度高、表面质量好、有较高的力学性能等优点。

主要用途：用途与优质碳素钢盘条相同，常用于制造碳素弹簧钢丝、油淬火回火碳弹簧钢丝、预应力钢丝、优质碳素结构钢丝、镀锌钢丝等。

5. 制绳钢丝用盘条（YB349–64）

制绳钢丝用盘条是优质碳素结构钢热轧圆盘条之一。

主要用途：制绳钢丝用盘条可用 35、40、45、55、60、65、70、75、80 和 85 号钢的优质碳素结构钢制造，化学成分符合 GB699（优质碳素结构钢技术条件）的规定。

6. 制绳钢丝用无扭控冷、热轧盘条（ZBH44004–88）

制绳钢丝用无扭控冷、热轧盘和优质碳素结构钢在无扭线材轧机上轧制，轧制后控制冷却处理。这样轧成的盘条尺寸精度高、表面质量好、力学性能优良。

主要用途：主要用于拉制制绳钢丝和钢绞线钢丝。

7. 碳素焊条钢盘条（GB3429−82）

碳素焊条钢盘条由低碳优质碳素结构钢热轧制成。

主要用途：主要用于制造手工电弧焊焊芯。

8. 碳素焊条钢无扭控冷、热轧盘条（ZBH44005−88）

碳素焊条钢无扭控冷、热轧盘条是在无扭线材轧机上轧制，并进行轧后控制冷却处理。其尺寸精度高、表面质量好、性能优越，是一种高质量的焊条钢盘条。

主要用途：主要用于制造具有药皮的电焊条钢芯的碳素钢热轧圆盘条。

9. 合金结构钢热轧盘条（GB3077−82）

合金结构钢热轧盘条由合金结构钢作材质轧制而成。合金结构钢共有 26 个钢组、78 个钢牌号，各生产厂依据需方要求及不同用途选用各牌号进行生产。

主要用途：合金结构热轧盘条主要用于拉制钢丝、金属制品和结构件。

10. 碳素工具钢热轧盘条（GB1298−86）

碳素工具钢由优质或高级优质高碳钢轧制而成，加工性能与耐磨性能好，价格便宜。

主要用途：主要用于拉制钢丝与制造工具等。

11. 合金工具钢热轧盘条（GB1299−77）

合金工具钢是在碳素工具钢的基质上加入铬、钨、钼、钒、硅、锰、镍和钴等合金元素炼成的钢种。与碳素工具钢相比，它具有淬透性好、热处理开裂倾向小、耐磨性与耐热性高的特点。合金工具钢热轧盘条由 5 个钢组 33 个钢号的合金工具钢作材质轧制而成，分别由大连钢厂、本溪钢厂和陕西钢厂等单位生产。

主要用途：适用于量具、刃具和冷热作模具、耐冲击工具等的制作。

12. 弹簧钢热轧盘条（GB1222−84）

弹簧钢是用于制造弹簧或其他弹性元件的钢种。弹簧和弹性元件主要利用其弹性变形吸收与储存能量，达到缓和震动、冲击或使机件完成某些动作的目的。由于它是在冲击、震动或长期均匀的周期交变应力条件下工作，因此要求弹簧钢具有较高的屈服强度，尤其要有较高的屈强比（屈服强度与抗拉强度之比）和弹性较高的疲劳强度、较好的耐高温和耐腐蚀等性能。弹簧钢还应有良好的表面质量。

弹簧钢有碳素弹簧钢和合金弹簧钢两类共 17 个牌号。

主要用途：弹簧钢热轧盘条主要用于生产各种用途的螺旋弹簧。

13. 滚珠轴承钢热轧盘条（YB9–68）

滚珠轴承钢简称轴承钢，是用来制造各类滚动轴承的套圈（轴套）和滚动体（滚珠）的钢种。由于其用途的特殊性，要求轴承钢具有高而均匀的硬度和耐磨性、高弹性和耐疲劳强度，足够的韧性和淬透性，同时在大气环境或润滑剂中具有一定的耐蚀能力。一些特殊用途的滚动轴承还要求具有耐高温、抗腐蚀、无磁性、超低温、高精度、长寿命等性能。对轴承钢的选择和钢材质量，要求比一般钢材严格。

轴承钢通常是指高碳铬钢，此外还有渗碳轴承钢、高碳铬不锈轴承钢。用于轧制滚珠轴承钢热轧盘条的钢号一般有 5 个。

主要用途：滚珠轴承钢热轧盘条主要用于制造轴承的钢珠等。

14. 不锈钢盘条（GB4356–84）

不锈钢盘条是由多种牌号不同的不锈钢材质热轧而成。

主要用途：不锈钢盘条主要用于制造不锈钢丝、不锈弹簧钢丝、不锈顶锻钢丝和不锈钢丝绳用钢丝。

根据工业上的主要用途来区分，不锈钢盘条有不锈钢和不锈耐酸钢盘条之分。

15. 焊接用不锈钢盘条（GB4241–84）

焊接用不锈钢盘条与一般不锈钢盘条在化学成分上有所不同。为了保证其优良的焊接性能，提高焊缝质量，焊接用不锈钢盘条在成分上的一个显著特点是含碳量低，磷、硫等有毒杂质少，镍、铬含量较高。

主要用途：主要用于制造电焊条钢芯和焊丝。

16. 圆钢、棒材、线材、盘条的区别

圆钢（Rounds）：横截面直径大于 8mm 的棒材。

棒材（Bar）：横截面形状为圆形、六角形、方形或其他异形的直条钢材。在不锈钢中，一般棒材绝大多数指的是圆钢。

线材（Wirerods）：盘状的横截面为圆形的盘条，直径为 5.5 ~ 30mm。如果仅仅说 Wire，指的是钢丝，是由盘条再加工后的钢制品。

盘条（Rod）：热轧后卷成盘状交货的成品，包括圆形、方形、矩形、六角形等。由于绝大部分是圆形，所以一般说的盘条是指圆形线材盘条。

二、线材期货合约

2009 年 3 月 27 日，线材期货、螺纹钢期货同时上市。然而，同年“出生”的“孪生兄弟”如今却落得命运迥异，线材期货已沦落为“僵尸品种”，几乎无人参与。

线材期货在经历了初期的短暂“闪光”，首个合约交割完成后，成交量逐渐萎缩、衰落，月成交量低时仅为 10 手左右，日“0 成交”的情况并不鲜见。然而，与之形成鲜明对比的是，螺纹钢的交易量、成交额和持仓量一直表现突出。

线材期货被边缘化的原因早在业内人士中形成共识，主要原因在于，随着我国经济的发展，经济结构的调整，钢材的使用量由线材一家独大逐步转变到以螺纹钢为主，再转变到以板材为主。上市交易的线材品种为高线，但在生产和贸易流通中普线较为普遍。螺纹钢期货的市场活跃度远远大于线材期货，投机资金自然选择前者。

线材期货合约参见表 5-7。

表 5-7　上海期货交易所线材期货合约

交易品种	线材
交易单位	10 吨 / 手
报价单位	元（人民币）/ 吨
最小变动价位	1 元 / 吨
每日价格最大波动限制	不超过上一交易日结算价 ±5%
合约交割月份	1—12 月
交易时间	上午 9:00—11:30，下午 13:30—15:00
最后交易日	合约交割月份的 15 日（遇法定假日顺延）
交割日期	最后交易日后连续 5 个工作日
交割品级	标准品：符合国标 GB1499.1-2008《钢筋混凝土用钢第 1 部分：热轧光圆钢筋》HPB235 牌号的 φ8mm 线材 替代品：符合国标 GB1499.1-2008《钢筋混凝土用钢第 1 部分：热轧光圆钢筋》HPB235 牌号的 φ6.5mm 线材
交割地点	交易所指定交割仓库
最低交易保证金	合约价值的 20%

续表

交割方式	实物交割
交易代码	RB
上市日期	2009年3月27日

第六章　铜　期　货

第一节　铜　简　介

铜是人类最早使用的金属，早在史前时代，人们就开始采掘露天铜矿。铜的使用对早期人类文明的发展影响深远。铜是一种存在于地壳和海洋中的金属，铜在地壳中的含量约为 0.01%，在个别铜矿床中，铜的含量可以达到 3% ~ 5%。

自然界中的铜，多数以化合物存在。铜矿物与其他矿物聚合成铜矿石，开采出来的铜矿石经过选矿，成为含铜品位较高的铜精矿。铜存在于各种矿石（例如黄铜矿、辉铜矿、斑铜矿、赤铜矿和孔雀石）中。

世界铜资源主要集中在智利、美国、赞比亚、俄罗斯和秘鲁等国。其中智利是世界上铜资源最丰富的国家，铜金属储量约占世界总储量的 1/3。在产量方面，智利是全球最大铜产国，2006 年，其产量约占全球产量的 37%。在消费方面，2000 年前，在铜消费市场唱主角的是西方欧美国家，2000 年后，铜消费市场的主角换成了中国、俄罗斯、印度和巴西。

美国资源调查局 2015 年数据显示，全球铜储量共约 7 亿吨。其中，智利 2.09 亿吨，澳大利亚 0.93 亿吨，秘鲁 0.68 亿吨，美国 0.35 亿吨，墨西哥 0.38 亿吨，中国 0.3 亿吨，俄罗斯 0.3 亿吨，印度尼西亚 0.25 亿吨，波兰 0.26 亿吨，赞比亚 0.2 亿吨，刚果（金沙萨）0.2 亿吨，加拿大 0.11 亿吨，哈萨克斯坦 0.06 亿吨，其他国家 0.9 亿吨。

一、铜的特性

铜的物理热导率和电导率都很高，仅次于银，大大高于其他金属。该特性使铜成为电子电气工业中举足轻重的材料。

铜的化学稳定性强，具有抗腐蚀性，可用于制造接触腐蚀性介质的各种容器，因此广泛应用于能源及石化工业、轻工业中。

铜的抗张强度大，易熔接，还具有较好的可塑性和延展性。纯铜可拉成很细的铜丝，制成很薄的铜箔，能与锌、锡、铅、锰、钴、镍、铝、铁等金属形成合金，用于机械冶金工业中的各种传动和固定件。

二、铜的生产

铜的生产方法主要有两种，即火法冶炼和湿法冶炼。

（一）火法冶炼

火法冶炼占铜产量的 80%，这种方法主要是将矿石经过浮选等程序后，生成铜含量 30% 的精铜矿。然后将精铜矿进行高温加工即冶炼过程，这也是火法冶炼名称的由来。冶炼的产物是阳极铜，铜含量在 98.5% ~ 99.5% 之间，然后通过电解生成精铜，铜含量达到 99.99%。

火法冶炼一般适于高品位的硫化铜矿。除了铜精矿之外，废铜也是精炼铜的主要原料之一，包括旧废铜和新废铜。旧废铜来自旧设备和旧机器，如废弃的楼房和地下管道用铜。新废铜来自加工厂弃掉的铜屑（铜材的产出比为 50% 左右）。一般废铜供应较稳定。废铜可以分为：裸杂铜，品位在 90% 以上；黄杂铜（电线），含铜物料（旧马达、电路板）。由废铜和其他类似材料生产出的铜，也称为再生铜。

（二）湿法冶炼

湿法冶炼占铜产量的 20% 左右，主要是通过溶剂浸泡铜矿石或精矿，之后从浸出液中提取铜。湿法炼铜就是电解饱和硫酸铜溶液。在电解池中，用铁作阳极，铜作阴极，饱和硫酸铜溶液作电解液。通电以后，阳极上的铁由于失去电子，形成亚铁离子，铜离子在阴极上得到电子而变成铜原子，这样能够得到比较纯净的铜单质。

湿法冶炼一般适用于低品位的氧化铜，生产出的精铜称为电积铜。湿法冶炼生产成本较低，一般在 40 美分左右。湿法冶炼还在进一步向硫化矿扩展。

三、铜的消费

铜金属下游需求集中于电力、电子、汽车、装备制造和建筑等领域。按照全球范围口径统计，电力和电子占全球铜下游需求接近 20%，建筑占比约 30%，装备制造约占 50%。铜终端需求地域分布较为集中，中国、欧洲、美国、日本合计占比超过 90%，其中中国需求占比接近 50%。

在不同发展阶段的国家，铜的消费结构是不一样的。在发达国家，铜的主要消费用于建筑，因为其有杀菌、防腐、华丽的特点。可用作水管、水龙头和阀门。甚至是建筑物的外观、罩蓬和门窗框。发达国家中，以美国为例，建筑用铜量占到50%左右，电子为20%，运输为10%，工业设备为9%，其他为11%。但在发展中国家，以中国为例，根据统计，中国国内铜终端消费领域包括电力（44%）、机械制造（10%）、家电（16%）、交通运输（6%）、电子通讯（14%）、建筑（4%）等。

可见，在发达国家，铜主要用在建筑业，而在发展中国家，铜的主要消费用于电力电子，这主要是因为铜的导电性很好，其电阻率是0.017，只有铝的60%、铁的17%，是最好的非贵金属导体。铜经常用来制作电缆，包括高压设备、中压设备和低压设备。用作电线，因为其特别的强度、延展性和防腐性。另外，发电机、电动机、变压器都用了大量的铜。

从全球主要国家和地区的铜消费比重来看，1998年，美国占比为21.5%，欧洲为28%，日本为9.3%，中国为10.56%。但到2010年，中国已经成为全球铜消费最大的国家，占比达到39%，而美国降为8%，欧洲和日本分别为15%和5%。中国铜消费增长对全球铜消费增长的贡献已经超过一半。

通过铜价与全球GDP增长率的对比，可以发现铜价涨跌是以全球经济增长与否为依托的。经济好坏直接决定了铜价的涨跌，这跟铜的消费与经济密切相关有很大的关系。

供需决定价格，这对铜来说也是不变的真理。在铜供应过剩或短缺持续时间过长时，供需平衡的量差对价格的影响将会扩大。

美国商品期货委员会（U.S. Commodity Futures Trading Commission，简称CFTC）每周五会公布截至本周二的期货市场基金和专业机构持仓情况。从长期来看，在趋势明朗时，基金对铜价的把握能力更好，是铜价波动的主动力。

四、铜市场

（一）国际市场

1. 铜资源主要分布

从国家分布看，世界铜资源主要集中在智利、美国、赞比亚、俄罗斯和秘鲁等国。世界铜原料行业属于寡头垄断，而铜生产加工行业则相对分散：澳大利亚的必和必拓公司、美国的自由港迈克墨伦铜金矿公司（Freeport-McMoRan Copper & Gold）、英美资源公司（Anglo American）、美国铜矿巨头菲尔普斯道奇公司（Phelps Dodge）、澳大利亚芒特艾萨矿业公司（MIM）、智利国有铜业公司（Codelco）和力拓（Rio Tinto）等公司的总产量占全球产量70%左右。

2. 铜的产量

铜产量在20世纪50年代至70年代得到快速增长。1950年，全世界精铜产量只有315万吨，到1974年达到770万吨。但两次石油危机导致了铜消费萎缩，从而使铜产量大幅下降。

20世纪90年代，铜产量再次迅速增加，其中以智利最为突出。智利于1999年超过美国，成为全球最大的精铜生产国，宣告美国在铜生产方面遥遥领先的时代结束。

2008—2017年，世界铜产量统计数据见表6-1。

表6-1 2008—2017年世界铜产量统计数据表

单位：万吨

年份	2008	2009	2010	2011	2012
产量	1 843.82	1 854.99	1 921.51	1 981.48	2 018.52
年份	2013	2014	2015	2016	2017
产量	2 097.47	2 242.57	2 296.77	2 352.73	—

3. 铜的消费

铜消费相对集中在发达国家和地区。西欧是世界上铜消费量最大的地区，中国从2002年起超过美国成为第二大铜消费市场，并且是最大的铜消费国。

2000年后，发展中国家铜消费增长率远高于发达国家。西欧、美国铜消费量占全球铜消费量的比例呈递减趋势，而以中国为代表的亚洲（除日本以外）国家和地区的铜消费量，则成为铜消费的主要增长点。

目前，全球铜消费主要分布于中国、欧美、日韩等国家或地区。经综合测算，2008—2017年铜需求增速在3.5% ~ 5%之间。海外铜需求中，建筑和电力同样构成需求主力。发达国家铜终端需求总体类似，建筑需求占比约44%，电气电子需求占比约18%，交通设备需求约占19%，工业机械需求约占7%。除中国外，美国是铜消费的主力。2008—2017年，世界铜消费量统计数据见表6-2。

表 6-2　2008—2017 年世界铜消费量统计数据表

单位：万吨

年份	2008	2009	2010	2011	2012
消费量	1 812.33	1 813.04	1 933.13	1 956.56	2 029.06
年份	2013	2014	2015	2016	2017
消费量	2 115.44	2 270.14	2 282.98	2 333.012	—

4. 铜进出口

铜精矿主要出口国：智利、美国、印度尼西亚、葡萄牙、加拿大、澳大利亚等。

铜精矿主要进口国：日本、中国、德国、韩国、印度等。

精铜主要出口国:智利、俄罗斯、日本、哈萨克斯坦、赞比亚、秘鲁、澳大利亚、加拿大等。

精铜主要进口国家和地区：中国、美国、日本、欧共体、韩国、中国台湾等。

（二）国内市场

中国铜资源人均储量，相当于世界人均水平的 18%。据国家发改委预测，到 2020 年，我国铜资源可供储量的保障程度为 27.4%。总体来看，我国是铜资源严重缺乏的国家。

我国铜资源有以下特点。

首先，矿床规模小。大型矿床仅占 2.7%，中型矿床占 8.9%。储量在 500 万吨以上的矿床有江西德兴铜矿（524 万吨）和西藏玉龙铜矿（650 万吨）。

其次，矿石品位低。我国铜矿储量的平均品位为 0.87%。储量 200 万吨以上的矿床，品位大都在 1% 以下。斑岩铜矿床的平均品位为 0.55%，低于智利、秘鲁等地的 1.0% ~ 1.6%；砂页岩型铜矿床的平均品位为 0.5% ~ 1%，低于刚果、赞比亚、波兰等地的 2% ~ 5%。

再次，共伴生矿多。我国共伴生铜矿区达 187 处，占所有铜矿区的比例为 13.11%。

最后，矿体复杂，开采成本高。探明的矿体中有相当一部分是“呆矿”，可利用的铜矿山 354 处，以目前国内产能计算，铜资源储量静态保证年限不足 5 年。

1. 铜资源主要分布

国土资源部发布的《中国矿产资源报告（2017）》显示，截至2016年底，铜矿约有10 111万吨，且主要分布在西南三江、长江中下游、东南沿海、秦祁昆成矿带以及辽吉黑东部、西冈底斯成矿带。

其中，江西、西藏和云南3省的储量最多，占全国铜矿储量的50%左右，此外，铜储量较多的还有甘肃、安徽、内蒙古、山西、湖北、黑龙江等6省区，这6省区的储量合计占全国铜矿储量的32.3%。根据目前的数据统计结果，以上9省区的储量合计占全国铜矿总储量的80%。2008—2017年，中国铜精矿产量统计数据见表6-3。

表6-3　2008—2017年中国铜精矿产量统计数据表

单位：万吨

年份	2008	2009	2010	2011	2012
产量	95.00	99.50	119.00	131.00	163.00
年份	2013	2014	2015	2016	2017
产量	160.00	176.00	171.00	190.00	186.00

2. 铜的生产

我国已经形成长江三角洲、环渤海、珠江三角洲3个重点废铜拆解、加工、消费地区，这些地区精铜产量不足铜总产量的40%，但它们的再生铜产量却占全国再生铜产量的75.55%。全国79.43%的铜加工企业分布在这3个地区，全国82.95%的铜在这3个地区消费（即被加工），特别是江、浙、沪3省市所占分额尤其突出。

统计显示，截至2015年中国电解铜的产能约为1 000万吨，2015年电解铜产量为796万吨，江西铜业、铜陵有色、金川集团三足鼎立，其电解铜总产量超300万吨，且各自都拥有从矿山开采到铜产品深加工的完整产业链。2008—2017年，中国精炼铜产量统计数据见表6-4。

3. 铜的消费

自20世纪90年代以来，我国的铜消费进入一个迅速发展的时期，这与我国的经济建设和改革开放有很大的关系。我国经济高速发展和大规模基础建设，是促进铜消费快速增长的主要原因。发达国家制造业向中国等发展中国家转移，也是我国铜消费快速增长的重要因素。

表 6-4 2008—2017 年中国精炼铜产量统计数据表

单位：万吨

月＼产量＼年	2008	2009	2010	2011	2012	2013	2014	2015	2016	2017
1	26	28.6	34.34	40.91	43.44	49.2	—	—	—	—
2	25.8	32	35.8	38.6	43.7	48.3	—	—	—	—
3	30.6	31.9	35.8	47	51	56.05	59.41	63.64	70.4	76.4
4	32.9	33.8	38	45.4	49.1	55.73	58.43	60.35	69.37	72.4
5	32.4	33.2	39.8	43.9	48.4	56.79	61.53	65.24	68.05	72.7
6	33.1	33.5	42.2	47.7	51.8	56.82	62.34	69.51	68.59	76.8
7	33	33.6	39.8	47.8	48.3	53.46	63.35	66.35	72.15	73.3
8	32	36.5	39.7	51.8	51.1	56.05	68.01	66.5	74.32	74.9
9	31.7	39.5	40.5	47.9	51.29	62.01	71.35	68.02	72.49	77.4
10	29.4	39.9	40	46.9	51.98	63.8	73.27	69.32	73.67	78.1
11	33	42.06	44.3	44.8	53.19	65.48	75.55	74	72.05	78.6
12	30.4	41.72	44.4	45.7	57.96	61.6	83.26	77.15	75.56	86.5
合计	370.3	426.28	474.64	548.41	601.26	685.29	676.5	680.08	716.65	767.1

1990 年之后，中国的电铜消费占世界消费量的比例出现大幅增长，该比例从 1990 年的 7% 上升到 1995 年的 11%，到 2004 年已经达到 20.8%。1990 ~ 2004 年间，中国的铜消费量增长了 372%。2005—2016 年，中国铜消费量统计数据见表 6-5。

表 6-5 2005—2016 年中国铜消费量统计数据表

单位：万吨

年份	2005	2006	2007	2008	2009	2010
消费量	365.61	361.38	486.34	514.89	708.58	738.54
年份	2011	2012	2013	2014	2015	2016
消费量	788.08	889.56	983.01	1 130.27	1 135.31	1 164.22

近年来，我国铜消费一直稳居全球之首，几乎占据全球铜消费总量的半壁江山。过去 10 年来，因受宏观经济高速发展的带动，我国铜消费始终保持 10% 以上的增长，无论是增速抑或是增量均保持世界前列。

2013 年以来，随着我国经济结构转型，经济增长开始趋缓，我国铜消费增速也明显放缓，年增长率下降至 5% ~ 7% 之间。

4. 铜进出口

我国是个铜资源短缺的国家，国产铜精矿自给率由 1995 年的 80% 下降到 2003 年的 40% 左右，每年均需进口大量铜精矿。铜的进口构成中原料比重较大，主要包括精铜、粗铜、废杂铜和铜精矿。出口量很少，且以半成品、加工品为主。

近年来，中国废杂铜的进口来源地趋于多元化，其中，工业发达的国家和地区是进口集中的来源地。以 2016 年为例，中国进口废杂铜（实物量）来源地排在前五的国家和地区分别为中国香港（66.4 万吨）（多数是从美国进口的中转地）、美国（53.1 万吨）、澳大利亚（52.3 万吨）、日本（20.7 万吨）、荷兰（20.5 万吨），上述 5 个国家和地区合计进口量 212.9 万吨，占总进口量的 63.6%。

废铜主要分为两类：一类是新废铜，主要是在铜冶炼和铜加工的工业生产中产生的废料；另一类是旧废铜，是已经流入到最终消费环节的含铜商品在报废后所收回的铜。一般来说，用于再生的废铜中新废铜占一半以上。

以铜的综合平均使用寿命 20 年左右测算，2019 年以后国内自产废铜量有望增速加快。近十年来，国内的废铜回收量增长迅猛，从2001年的25.7万吨增长至2016年的95.5万吨。其中，电力行业是废铜回收最主要的来源，几乎占到总量的50%，特别是2009年以后，国家加大力度对电网进行升级改造，大大增加了这部分铜的回收。同时，用电器、建筑和交通运输等行业回收率也在稳步增长。

2008—2018年，中国铜精矿进口量统计数据见表6–6。

2008—2017年，中国铜精矿出口数量统计数据见表6–7。

五、影响铜价格变动的因素

自从1877年伦敦金属交易所（LME）成立至今，铜就是LME最早进行的交易品种之一。目前，国外从事铜期货交易的主要有伦敦金属交易所（LME）和纽约商品交易所（NYMEX）的COMEX分部。

LME的铜报价是行业内最具权威性的报价，其价格倾向于客观反映贸易情况，而COMEX的价格则更具投机性。

国内铜期货交易自1991年推出以来，也有20多年的历史。铜是国内历经风雨却仍然保持相当规模的唯一品种。上海期货交易所（SHFE）价格、现货价格和LME价格趋于一致。国内铜期货交易未发生过重大风险，履约率为100%，铜的期货价格已经成为国内行业的权威报价，日益受到企业和投资者的重视。如今，铜期货交易合约已成为可靠的投资和套期保值工具。

（一）供求关系

精炼铜的供求情况是影响铜价变动的最直接、最根本因素。一般来说，若供过于求，则铜价下跌；若供不应求，则铜价上涨。通常来说，可以根据库存增减、现货升水变化及权威研究机构发布的供需预测判断精炼铜的供求情况。

供应方面，国家统计局每月发布的产量数据，以及海关每月中旬公布的进口数据，是衡量供给情况的主要指标。影响供给的主要因素有：铜精矿供需情况、冶炼厂产能及开工率、进口情况、副产品收入、行业生产成本、铜企罢工等。其中，全球最大产铜国智利的铜企罢工事件较多，对期价影响较大。

需求方面，铜作为最基本的工业原料之一，宏观经济的景气程度基本决定了铜市需求。通常海关每月发布的出口数据，以及按“产量+净进口量”计算的表观消费数据，是衡量需求情况的主要指标。此外，还可根据GDP增长率、制造业指数、订单指数等宏观指标粗略判断需求的强弱，根据终端消费领域，如电线电缆、建筑、

表 6-6 2008—2018 年中国铜精矿进口量统计数据表

单位：万吨

年 进口量 月	2008	2009	2010	2011	2012	2013	2014	2015	2016	2017	2018
1	50.77	50.51	59.81	57.1	60.18	76.11	103.96	92.79	117.04	124.83	162.17
2	44.42	44.48	56.65	39.83	62.79	68.11	76.38	75.77	145.82	143.39	
3	41.71	46.16	54.08	45.08	53.06	77.78	93.54	732.26	137.45	163.22	
4	50.48	51.89	60.24	46.58	47.49	84.28	99.91	103.93	126.24	135.58	
5	41.61	50.89	47.9	46.56	66.79	72.94	70.56	98.43	143.03	115.37	
6	38.96	65.6	55.05	59.52	48.07	67.35	96.04	98.83	135.11	140.61	
7	45.67	50.54	46.65	45.26	56.6	93.85	90.11	96.61	138.1	139.65	
8	32.16	52.92	47.45	67.59	69.45	75.24	96.01	115.19	145.05	143.64	
9	46.02	56.2	68.35	56.25	70.43	101.83	128.96	121.34	138.52	147.44	
10	41.18	45.31	47.22	51.71	71.57	94.43	95.63	105.27	136.36	136.73	
11	40.89	49.59	55.28	67.26	83.16	92.09	115.37	143.73	175.96	177.65	
12	46	50.34	48.51	56.31	93.53	103.98	116.7	147.73	166.53	165.24	
合计	519.87	614.43	647.19	639.05	783.12	1 007.99	1 183.17	1 931.88	1 705.21	1 733.35	

表 6-7　2008—2017 年中国铜精矿出口数量统计数据表

单位：千克

年份	2008	2009	2010	2011	2012
出口量	2 410 182.00	460 300.00	186 700.00	65 445.00	523 877.00
年份	2013	2014	2015	2016	2017
出口量	640 673.00	824 213.00	14 082 147.00	4 343 594.00	187 646.00

交通运输等行业的发展情况衡量实际需求的大小。由于我国铜消费量位居世界第一，且 70% 以上铜资源依赖进口，故“中国需求”成了国际资金炒作的重要题材。

体现供求关系的一个重要指标是库存，铜库存分报告库存和非报告库存两种。报告库存又称“显性库存”，是指交易所库存。目前世界上比较有影响的铜期货交易所有伦敦金属交易所（LME）、纽约商品交易所（NYMEX）的 COMEX 分支和上海期货交易所（SHFE）。三个交易所均定期公布指定仓库库存。

非报告库存又称“隐性库存”，指全球范围内生产商、贸易商和消费商手中持有的库存。由于这些库存不会定期对外公布，因此难以统计，故一般都以交易所库存来衡量。

（二）用铜行业发展趋势变化

消费是影响铜价的直接因素，用铜行业的发展则是影响消费的重要因素。例如，20 世纪 90 年代后，发达国家在建筑行业中的管道用铜量增幅巨大，建筑业成为铜消费最大的行业，从而促进了 90 年代中期国际铜价的上升，美国的住房开工率也成了影响铜价的因素之一。

2003 年以来，中国房地产、电力的发展极大地促进了铜消费的增长，从而成为支撑铜价的因素之一。在汽车行业，制造商正在倡导用铝代替铜以降低车重，从而减少了该行业的用铜量。

（三）铜生产成本

生产成本是衡量商品价格水平的基础。铜的生产成本包括冶炼成本和精炼成本。不同矿山测算的铜生产成本有所不同，最普遍的经济学分析方法是采用“现金流量保本成本”，该成本随副产品价值的提高而降低。

目前，国际上火法炼铜平均综合现金成本约为 62 美分 / 磅，湿法炼铜平均成本约 40 美分 / 磅。湿法炼铜的产量目前约占总产量的 20%。国内计算生产成本与国际上有所不同。

（四）LME 三月份铜价影响最大

伦敦金属交易所（LME）及纽约商品交易所（NYMEX）的 COMEX 分支是国际上主要的铜交易市场。其中，LME 铜价因在国际点价贸易中充当定价基准而具有国际权威性，再加上我国又是全球最大的铜消费市场，故国内铜价与 LME 铜价具有很强的正相关性。

（五）汇率

国际市场上铜贸易一般用美元标价和结算，因此美元涨跌通常会引起铜价的反向变动。但决定铜价走势的根本因素是铜的供求关系，汇率因素不能改变铜市的基本格局，只是在涨跌幅度及节奏上施加影响。

（六）国际国内经济形势

铜是重要的工业原材料，其需求量与经济形势密切相关。经济增长时，铜需求增加，从而带动铜价上升。经济萧条时，铜需求萎缩，从而促使铜价下跌。

在分析宏观经济走势时，有两个指标非常重要，一是经济增长率，或者说是 GDP 增长率，另一个是工业生产增长率。

（七）进出口政策

进出口政策，尤其是关税政策，能够通过调整商品的进出口成本控制某一商品的进出口量，是平衡国内供求状况的重要手段。

（八）基金交易方向

基金业的历史虽然很长，但直到 20 世纪 90 年代才得到蓬勃发展。与此同时，基金参与商品期货交易的程度也大幅度提高。从最近 10 年的铜市场演变来看，基金在诸多大行情中都起到了推波助澜的作用。

基金有大有小，操作手法相差很大。一般而言，基金可以分为两大类：一类是宏观基金（Macro funds），如套利基金，它们的规模较大，少则几十亿美元，多则上百亿美元，主要进行战略性长线投资；另一类是短线基金，比如 CTA（Commodity Trading Advisors）基金，这类基金规模较小，一般在几千万美元左右，靠技术分析进行短线操作，所以又称技术性基金。

由于基金的参与，铜价的涨跌可能出现过度，但价格总体趋势不会违背基本面。从 COMEX 铜价与非商业性头寸（普遍被认为是基金的投机头寸）变化来看，铜价的涨跌与基金的头寸之间有非常好的相关性。另外，由于基金对宏观基本面的理解更深刻，并具有“先知先觉”的特点，所以了解基金动向也是把握行情的关键。

（九）商品对铜价的影响

原油和铜都是国际上重要的工业原材料，它们的需求旺盛与否，最能反映经济的好坏。从长期来看，油价和铜价的高低，与经济发展的快慢有较好的相关性。

正因为原油和铜都与宏观经济密切相关，因此铜价与油价就在一定程度上出现了正相关性。但这只是趋势上表现一致，短期看，原油价格与铜价的正相关性并不突出。

（十）美元汇率与铜价的关系

长期来看，铜价与美元指数具有良好的负相关性，相关度超过 80%。正因如此，多数时间内，美元指数走势成为铜价的重要参考指标。

第二节　铜期货知识

一、伦敦铜（LME）

LME 是世界上最大的铜期货交易市场，成立于 1876 年，交易品种有铜、铝、铅、锌、镍和铝合金。铜期货交易始于 1877 年，交易的铜有两种，一种是阴极铜，属于 A 级铜，另一种是铜棒，规格标准为重量在 0.11 ~ 0.125 吨之间的 A 级铜。

其中，阴极铜的交易最为活跃，所有交割的铜必须有伦敦交易所核准认可的 A 级铜牌号，符合英国 BS6017-1981 标准分类规格。

A 级电解铜的合约规则如下。

合约数量单位：25 吨。

报价：美元 / 吨。

价格波动最低幅度：0.5 美元 / 吨。

交割日期：3 个月内为任何一个交易日，3 个月以上至 15 个月为每个月第三个星期三。

交易时间：12:00—12:05，12:30—12:35（正式牌价），15:30—15:35，16:15—16:20。

LME 无涨跌停板限制。

二、纽约铜（COMEX）

纽约商品交易所（NYMEX）的 COMEX 分支交易的铜一般是高级电解铜，但其他品质的铜如熔炼铜等，也可以通过折算后进行交割。除此之外，COMEX 还进行铜期权交易。

COMEX 高级铜期货合约规则如下。

交易单位：25 000 磅。

交割等级：1 号电解铜。

报价方式：美分 / 磅。

最小价格变动：0.05 美分 / 磅。

每日停板额：20 美分 / 磅。

交易时间：纽约时间 9:25—14:00。

合约月份：连续 3 个月份及 23 个月内的 1 月、3 月、5 月、7 月、9 月、12 月。

最后交易日：交割月的倒数第三个营业日。

美精铜全称美国精铜，是在纽约商品交易所（NYMEX）的 COMEX 分支上市的铜期货合约，也称为美铜。

伦敦铜是在伦敦金属交易所（LME）交易的铜期货合约，也称“伦敦铜”或“伦铜”。LME 具有铜期货定价权，全球铜期货交易都会参照伦敦铜价格。

在价格上，这两个交易所基本上是一致的。区别在于，COMEX 的铜期货合约以磅为交易单位，报价单位是美分。伦敦铜则是以吨为交易单位，报价单位是美元。

需要注意的是，每月的第三个星期三是期铜市场的一个关键时间点，因为这一天是 LME 当月铜期权的执行日。随着期权的执行，市场多空力量也将发生一定转变。

在强烈的多头市场中，期权执行后，随着新多头加入，铜价可能出现大幅上涨；在市场高位僵持的情况下，期权执行后，新加入的多头则可能趁机获利了结，而市场中原来的多头则在失去期权保护后，可能选择平掉部分仓位。

在当月期权执行日前两个星期，也就是当月的第一个星期三，是 LME 铜期权的宣告日，这一天市场将大致了解到当月期权的执行情况。

三、上海期货交易所铜期货

表 6-8　上海期货交易所铜期货合约

交易品种	阴极铜
交易单位	5 吨 / 手
报价单位	元（人民币）/ 吨
最小变动价位	10 元 / 吨
每日价格最大波动限制	不超过上一交易日结算价 ±6%
合约交割月份	1—12 月
交易时间	每周一至周五上午 9:00—10:15，10:30—11:30；下午 13:30—15:00；连续交易时间为每周一至周五的 21:00 至次日 1:00
最后交易日	合约交割月份的 15 日（遇法定假日顺延）
交割日期	合约交割月份的 16—20 日（遇法定假日顺延）
交割品级	标准品：阴极铜，符合国标 GB/T467-2010 中 1 号标准铜（Cu-CATH-2）规定，其中主成分铜加银含量不小于 99.95% 替代品：阴极铜，符合国标 GB/T467-2010 中 A 级铜（Cu-CATH-1）规定，或符合 BSEN1978:1998 中 A 级铜（Cu-CATH-1）规定
交割地点	交易所指定交割仓库
最低交易保证金	合约价值的 8%
交割方式	实物交割
交易代码	CU
上市日期	1993 年 3 月

第七章　铝　期　货

第一节　铝　简　介

铝是银白色轻金属，有延性和展性。应用中常制成棒状、片状、箔状、粉状、带状和丝状。在潮湿空气中，铝表面能形成一层防止金属腐蚀的氧化膜。铝粉和铝箔在空气中加热能猛烈燃烧，并发出眩目的白色火焰。易溶于稀硫酸、硝酸、盐酸、氢氧化钠和氢氧化钾溶液，不溶于水。相对密度 2.70g/cm^3，熔点 660℃，沸点 2 327℃。

铝元素在地壳中的含量仅次于氧和硅，居第三位，是地壳中含量最丰富的金属元素，应用极为广泛。铝是国民经济中不可缺少的基础原材料，广泛用于建筑、包装、交通运输、电力等领域。新中国成立 60 多年来，从勘探、采选、冶炼到加工，中国铝工业上下游齐全，产业链完整，能充分发挥整体优势。

铝及铝合金是当前用途十分广泛、最经济适用的材料之一。世界铝产量从 1956 年开始超过铜产量，一直居有色金属之首。当前铝的产量和用量（按吨计算）仅次于钢材，成为人类应用的第二大金属。铝资源十分丰富，据初步计算，铝的矿藏储存量约占地壳构成物质的 8% 以上。

铝具有重量轻和耐腐蚀的特性，是其性能的两大突出特点。纯铝的密度约为 2.7g/cm^3，仅为铁、铜密度的 1/3。无论是固体铝还是熔融铝，其密度均随纯度的提高而降低。同等纯度熔融铝的密度，则随温度的提高而降低。铝对自然界的水（含海水）、大气中的各种元素，以及油料与各种化学物品，都有良好的耐蚀性，因为铝的化学性质极其活泼。其最特殊的性能是具有同氧（特别是空气中的氧）强烈结合的倾向，铝在空气中被其表面生成的一层厚度约为 2×10^{-4}mm 的致密氧化膜（AL_2O_3）覆盖，能够防止铝继续氧化，从而使铝具有良好的耐蚀性。

铝是活泼金属，在干燥空气中，铝的表面会立即形成厚约 50 埃（1 埃= 0.1 纳米）的致密氧化膜，使铝不会进一步氧化并能耐水，但铝的粉末与空气混合极易燃烧。熔融的铝能与水猛烈反应，高温下能将许多金属氧化物还原为相应的金属。铝是两性的，既易溶于强碱，也能溶于稀酸。

由于铝的活泼性强，不易被还原，因而它被发现得较晚。1800 年意大利物理学家伏特发明电池后，1808 ~ 1810 年间，英国化学家戴维和瑞典化学家贝齐里乌斯，都曾试图利用电流从铝钒土中分离出铝，但都没有成功。贝齐里乌斯给这个未能取得的金属起了一个名字 alumien，这是从拉丁文 alumen 来的，该名词在中世纪的欧洲是对具有收敛性矾的总称。收敛性矾是棉织品的媒染剂。铝后来的拉丁名称 aluminium 和元素符号 Al 正是由此而来。

1825 年，丹麦化学家奥斯特发表了实验制取铝的经过。1827 年，德国化学家武勒重复了奥斯特的实验，并不断改进铝的制取方法。1854 年，德国化学家德维尔利用钠代替钾还原氯化铝，制得成锭的金属铝。

一、含铝化合物

铝在地壳中的含量相当高，主要以铝硅酸盐矿石存在，此外还有铝土矿和冰晶石。氧化铝为一种白色无定形粉末，有多种变体，其中最为人们熟悉的是 $\alpha-Al_2O_3$ 和 $\beta-Al_2O_3$。自然界存在的刚玉即属于 $\alpha-Al_2O_3$，它的硬度仅次于金刚石，熔点高，耐酸碱，常用来制作轴承，制造磨料和耐火材料。如刚玉坩埚，可耐 1 800℃的高温。Al_2O_3 由于含有不同的杂质而有多种颜色，例如，含微量 Cr（III）的呈红色，称为红宝石；含有 Fe（II）、Fe（III）或 Ti（IV）的称为蓝宝石。

$\beta-Al_2O_3$ 是一种多孔物质，每克内表面积可高达数百平方米，有很高的活性，又名活性氧化铝，能吸附水蒸气等许多气体、液体分子，常用作吸附剂、催化剂载体和干燥剂等，工业上冶炼铝也以此作为原料。

氢氧化铝可用来制备铝盐、吸附剂、媒染剂和离子交换剂，也可用作瓷釉、耐火材料、防火布等原料。其凝胶液和干凝胶在医药上用作酸药，有中和胃酸和治疗溃疡的作用，用于治疗胃和十二脂肠溃疡以及胃酸过多症。

偏铝酸钠常用于印染织物，生产湖蓝色染料，制造毛玻腐、肥皂、硬化建筑石块。此外，它还是一种较好的软水剂、造纸填料、水净化剂、人造丝去光剂等。

无水氯化铝是石油工业和有机合成中常用的催化剂，例如芳烃的烷基化反应，也称为傅列德尔－克拉夫茨烷基化反应。在无水三氯化铝催化下，芳烃与卤代烃（或烯烃和醇）发生亲电取代反应，生成芳烃的烷基取代物。六水合氯化铝可用于制备除臭剂、安全消毒剂及石油精炼等。

溴化铝是常用的有机合成和异构化的催化剂。

磷化铝遇潮湿或酸，会放出剧毒的磷化氢气体，可毒死害虫，农业上用于谷仓杀虫的熏蒸剂。

硫酸铝常用作造纸填料、媒染剂、净水剂、灭火剂、油脂澄清剂、石油脱臭除色剂，并用于制造沉淀色料、防火布和药物等。

冰晶石即六氟合铝酸钠，在农业上常用作杀虫剂。硅酸盐工业中用于制造玻璃和搪瓷的乳白剂。

由明矾石经加热萃取制得的明矾，是一种重要的净水剂、染媒剂，医药上用作收敛剂。硝酸铝可用来鞣革，制造白热电灯丝，也可用作媒染剂。硅酸铝常用于制造玻璃、陶瓷、油漆的颜料以及油漆、橡胶和塑料的填料等。硅铝凝胶具有吸湿性，常被用作石油催化裂化或其他有机合成的催化剂载体。

在铝的羧酸盐中，二甲酸铝、三甲酸铝常用作媒染剂、防水剂和杀菌剂等。二乙酸铝除可用作媒染剂外，还被用作收剑剂和消毒剂，也用于尸体防腐液中。三乙酸铝用于制造防水防火织物、色淀、药物（含漱药、收敛药、防腐药等），并用作媒染剂等。十八酸铝（硬脂酸铝）常用于油漆的防沉淀剂、织物防水剂、润滑油增厚剂、工具防锈油剂、聚氯乙烯塑料的耐热稳定剂等。油酸铝除用作织物等的防水剂、润滑油的增厚剂外，还用于油漆的催干剂、塑料制品的润滑剂等。

硫糖铝又名胃溃宁，学名蔗糖硫酸酯碱式铝盐，它能和胃蛋白酶结合，直接抑制蛋白分解活性，作用较持久，并能形成一种保护膜，对胃黏膜有较强的保护作用和制酸作用，帮助黏膜再生，促进溃疡愈合。硫糖铝毒性低，是一种良好的胃肠道溃疡治疗剂。

近些年，人们又开发了一些新的含铝化合物，如烷基铝等。随着科学的发展，人们将会更好地利用铝及化合物造福人类。

二、铝合金

纯铝很软，强度不大，有良好的延展性，可拉成细丝或轧成箔片，大量用于制造电线、电缆、无线电工业以及包装业。它的导电能力约为铜的 2/3，但由于其密度仅为铜的 1/3，因而将等质量、等长度的铝线和铜线相比，铝的导电能力约为铜的 2 倍，且价格较铜低，所以野外高压线多由铝做成，节约了大量成本，缓解了铜材的紧张。

铝的导热能力比铁大 3 倍，工业上常用铝制造各种热交换器、散热材料等，家庭使用的许多炊具也由铝制成。与铁相比，铝不易锈蚀，能够延长使用寿命。铝粉具有银白色的光泽，常和其他物质混合用作涂料，刷在铁制品的表面，保护铁制品免遭腐蚀，而且美观。由于铝在氧气中燃烧时能发出耀眼的白光并放出大量的热，常被用来制造一些爆炸混合物，如铵铝炸药等。

冶金工业中，常用铝热剂来熔炼难熔金属。如铝粉和氧化铁粉混合，引发后即发生剧烈反应，交通上常用来焊接钢轨，炼钢工业中常用铝作脱氧剂。光洁的铝板具有良好的光反射性能，可用来制造高质量的反射镜、聚光碗等。铝还具有良好的吸音性能，根据这一特点，一些广播室、现代化建筑内的天花板等有的采用铝。

纯铝较软，1906 年，德国冶金学家维尔姆在铝中加入少量镁、铜，制得了坚韧的铝合金。后来，这一专利被德国杜拉公司收买，所以铝又有“杜拉铝”之称。在以后几十年的发展过程中，人们根据不同的需要，研制出了许多铝合金，在诸多领域起到非常重要的作用。

在某些金属中加入少量铝，可大大改善其性能。如青铜铝（含铝 4% ~ 15%），该合金具有高强度和耐蚀性，硬度与低碳钢接近，且有不易变暗的金属光泽，常用于珠宝饰物和建筑工业中，制造机器的零件和工具，用于酸洗设备和其他与稀硫酸、盐酸和氢氟酸接触的设备；制作电焊机电刷和夹柄，重型齿轮和蜗轮，金属成型模、机床导轨、不发生火花的工具、无磁性链条、压力容器、热交换器、压缩机叶片、船舶螺旋桨和锚等。在铝中加入镁，便制得铝镁合金，其硬度比纯的镁和铝都大许多，而且保留了质轻的特点，常用于制造飞机机身、火箭箭体，制造船舶;制造门窗，美化居室环境。

渗铝是钢铁化学热处理方法的一种，能够使普通碳钢或铸铁表面上形成耐高温的氧化铝膜以保护内部的铁。铝是一种十分重要的金属，然而许多含铝化合物对人类的作用也是非常重大的。

根据铝合金中铝及其他元素的含量，有如下划分。

（1）纯铝：纯铝按其纯度分为高纯铝、工业高纯铝和工业纯铝三类。焊接主要是工业纯铝，工业纯铝的纯度为 99.7% ~ 98.8%，其牌号有 L1、L2、L3、L4、L5、L6 等六种。

（2）铝合金：往纯铝中加入合金元素，就得到了铝合金。根据铝合金的加工工艺特性，可将它们分作形变铝合金和铸造铝合金两类。

形变铝合金塑性好，适宜于压力加工。形变铝合金按照其性能特点和用途，可分为防锈铝（LF）、硬铝（LY）、超硬铝（LC）和锻铝（LD）四种。铸造铝合金按加入主要合金元素的不同，分为铝硅系（AL-Si）、铝铜系（Al-Cu）、铝镁系（Al-Mg）和铝锌系（Al-Zn）四种。

1854 年，法国化学家德维尔把铝矾土、木炭、食盐混合，通入氯气后加热得到 NaCl、$AlCl_3$ 复盐，再将复盐与过量的钠熔融，得到了金属铝。那时铝十分珍贵，据说在一次宴会上，法国皇帝拿破仑独自用铝制的刀叉，其他人都用银制的餐具。泰国当时的国王曾用过铝制的表链。1855 年的巴黎国际博览会上，展出了一小块铝，标签上写到："来自黏土的白银"，并将它放在最珍贵的珠宝旁边。1889 年，俄国沙皇赐给门捷列夫铝制奖杯，以表彰其编制化学元素周期表做出的贡献。1886 年，美国的豪尔和法国的海朗特，分别独立电解熔融的铝矾土和冰晶石混合物制得金属铝，奠定了今天大规模生产铝的基础。

铝以化合态的形式存在于各种岩石或矿石中，如长石、云母、高岭石、铝土矿、明矾，等等。由铝的氧化物与冰晶石（Na_3AlF_6）共熔电解可制得铝，其主要反应过程如下。

①溶解：将铝土矿熔于 NaOH，$Al_2O_3 + 2NaOH = 2NaAlO_2$（偏铝酸钠）$+ H_2O$。

②过滤：除去残渣氧化亚铁、硅铝酸钠等。

③酸化：向滤液中通入过量 CO_2，$NaAlO_2 + CO_2 + 2H_2O = Al(OH)_3\downarrow + NaHCO_3$。

④过滤、灼烧 $Al(OH)_3$：$2Al(OH)_3$== 高温 ==$Al_2O_3 + 3H_2O$。

⑤电解：$2Al_2O_3$== 通电 ==$4Al + 3O_2\uparrow$。

注：电解时，为使氧化铝熔融温度降低，在 Al_2O_3 中添加冰晶石（Na_3AlF_6）。

不电解，熔融 $AlCl_3$ 炼铝。$AlCl_3$ 是共价化合物，其熔融态不导电。

①从整个工艺流程看，可分成提纯和冶炼两个阶段。

② NaOH 溶解铝土矿的目的是溶解氧化铝。

③两次过滤的作用是除去杂质，分离 $Al(OH)_3$。

④把滤液酸化的作用是生成 $Al(OH)_3$。

⑤流程中用二氧化碳而不用盐酸，原因是 $Al(OH)_3$ 可溶解在过量的 HCl 中。

⑥将过滤后的白色固体灼烧，生成 Al_2O_3 和 H_2O。

三、铝的强化

（一）合金强化

纯铝的力学性能不高，不适宜制作承受较大载荷的结构零件。为了提高铝的力学性能，可以在纯铝中加入某些合金元素制成合金，常加入的合金元素有铜、镁、铬、锌、硅、锰、镍、钴、钛、锶等，在某些合金中可以加入稀土元素。

（二）固溶强化

在纯铝中加入合金元素，形成无限固溶体或有限固溶体，不仅能获得高的强度，而且还能获得优良的塑性与良好的压力加工性能。在一般铝合金中固溶强化，最常用的合金元素是铜、镁、锰、锌、硅、镍等元素。

一般铝合金化都形成有限的固溶体，如 Al-Cu、Al-Mg、Al-Zn、Al-Si、Al-Mn 等二元合金，均形成有限固溶体，并且都有较大的极限溶解度，能起到较大的固溶强化效果。

（三）时效强化

铝合金热处理后，可以得到过饱和的铝基固溶体。这种过饱和铝基固溶体在室温或加热到某一温度时，强度和硬度随时间延长而增高，但塑性降低，这个过程就称时效。时效过程中使合金的强度、硬度增高的现象，称为时效强化或时效硬化。

（四）过剩相强化

当铝中加入的合金元素含水量超过其极限溶解度，淬火加热时，便有一部分不能溶入固溶体的第二相出现，称之为过剩相。

在铝合金中，过剩相多为硬而脆的金属间化合物，它们在合金中起阻碍滑移和位错运动的作用，使强度、硬度提高，而塑性、韧性降低。合金中过剩相的数量愈多，其强化效果愈好。但过剩相多时，由于合金变脆，会导致强度、塑性降低。

（五）细化组织强化

在铝合金中添加微量元素细化组织，是提高铝合金力学性能的另一种重要手段。

变形铝合金中添加微量钛、锆、铍、锶以及稀土元素，能形成难熔化合物，在合金结晶时作为非自发晶核，起细化晶粒作用，提高合金的强度和塑性。

铸造铝合金中常加入微量元素作变质处理，以细化合金组织，提高强度和塑性。对不能热处理强化或强化效果不大的铸造铝合金和变形铝合金，变质处理具有特别重要的意义。比如，在铝硅铸造铝合金中加入微量钠或钠盐或锑作变质剂进行变质处理，细化组织可以显著提高塑性和强度。同样，在铸造铝合金中加入少量锰、铬、钴等元素，能使杂质铁形成的板块状或针状化合物 AlFeSi 细化，提高塑性。加入微量锶可以消除或减少初晶硅，并使共晶硅细化，粒子圆整度提高。

（六）冷变形强化

冷变形强化亦称冷作硬化，即金属材料在再结晶温度以下冷变形。冷变形时，金属内部位错密度增大，且相互缠结并形成胞状结构，阻碍位错运动。

变形度越大，位错缠结越严重，变形抗力越大，强度越高。冷变形后强化的程度，随变形度、变形温度及材料本身的性质而不同。同一材料在同一温度下冷变形时，变形度越大则强度越高。塑性随变形程度的增加而降低。

四、主要用途

物质用途在很大程度上取决于物质的性质。铝有多种优良性能，所以铝有着极为广泛的用途。

（1）铝的密度很小，仅为 2.7g/cm^3，虽然它比较软，但可制成各种铝合金，如硬铝、超硬铝、防锈铝、铸铝等。这些铝合金广泛应用于飞机、汽车、火车、船舶等制造工业。此外，宇宙火箭、航天飞机、人造卫星也使用大量的铝及铝合金。例如，一架超音速飞机约由 70% 的铝及铝合金制成。船舶建造中也大量使用铝，一艘大型客船的用铝量常达几千吨。

（2）铝的导电性仅次于银、铜，虽然它的导电率只有铜的 2/3，但密度只有铜的 1/3，所以输送同量的电，铝线的质量只有铜线的一半。铝表面的氧化膜不仅有耐腐蚀的能力，而且有一定的绝缘性，所以铝在电器制造工业、电线电缆工业和无线电工业中有广泛的用途。

（3）铝是热的良导体，它的导热能力比铁大 3 倍，工业上可用铝制造各种热交换器、散热材料和炊具等。

（4）铝有较好的延展性（它的延展性仅次于金和银），在 100 ~ 150℃时可制成薄于 0.01mm 的铝箔。这些铝箔广泛用于包装香烟、糖果等，还可制成铝丝、铝条，并能轧制各种铝制品。

（5）铝的表面因有致密的氧化物保护膜，不易受到腐蚀，常被用来制造化学反应器、医疗器械、冷冻装置、石油精炼装置、石油和天然气管道等。

（6）铝粉具有银白色光泽（一般金属在粉末状时的颜色多为黑色），常用作涂料，俗称银粉、银漆，以保护铁制品不被腐蚀，而且美观。

（7）铝在氧气中燃烧能放出大量的热和耀眼的光，常用于制造爆炸混合物，如铵铝炸药（由硝酸铵、木炭粉、铝粉、烟黑及其他可燃性有机物混合而成）、燃烧混合物（如用铝热剂做炸弹和炮弹，可用来攻击难以着火的目标或坦克、大炮等）和照明混合物（如含硝酸钡 68%、铝粉 28%、虫胶 4%）。

（8）铝热剂常用来熔炼难熔金属和焊接钢轨等。铝还用作炼钢过程中的脱氧剂。铝粉和石墨、二氧化钛（或其他高熔点金属的氧化物）按一定比例均匀混合后，涂在金属上，经高温煅烧，可以制成耐高温的金属陶瓷，在火箭及导弹技术上有重要应用。

（9）铝板有很好的对光反射性能，反射紫外线比银强。铝越纯，其反射能力越好，因此常用来制造高质量的反射镜，如太阳灶反射镜等。

（10）铝具有吸音性能，音响效果也较好，所以广播室、现代化大型建筑室内天花板等也采用铝。

（11）耐低温。铝在低温时，它的强度反而增加且无脆性，因此是理想的低温装置材料，如冷藏库、冷冻库、南极雪上车辆、氧化氢的生产装置。

（12）此外，铝还是两性氧化物。

近 50 年来，铝已成为世界上应用最为广泛的金属之一。除上所述，在建筑业上，由于铝在空气中的稳定性和阳极处理后的极佳外观而得到广泛应用。在航空及国防军工部门，也大量使用铝合金材料。在电力输送上，常用高强度钢线补强的铝缆。集装箱运输、日常用品、家用电器、机械设备等，都需要大量的铝。

五、铝的生产、消费与流通情况

（一）国际市场

1. 铝土矿资源

全球铝土矿成矿带主要分布在非洲、大洋洲、南美及东南亚。从国家分布来看，铝土矿主要分布在几内亚、澳大利亚、巴西、牙买加、越南、印度尼西亚，其中几内亚（储量 74 亿吨）、澳大利亚（储量 62 亿吨）、巴西（储量 26 亿吨）、牙买加（20 亿吨），四国已探明铝土矿储量约占全球铝土矿总储量（280 亿吨）的 65%。

从全球铝土矿储量角度来看，我国不属于铝土矿资源丰富的国家，铝土矿储量为 9.8 亿吨，不仅远低于几内亚、澳大利亚、巴西，即便在亚洲也低于越南和印度尼西亚。

2. 氧化铝

氧化铝作为电解铝的主要生产原料，其生产的地理位置大部分分布在毗邻铝土矿资源附近地区。铝土矿资源丰富的地区是大洋洲和拉丁美洲。生产电解铝对氧化铝原料的依赖性非常高，全球大部分氧化铝（约 80% ~ 90%）都通过长期合约销售，可供现货市场销售的极少。

氧化铝生产厂的位置主要由铝土矿价格、当地环境保护要求和原材料供给等条件决定，全球多数氧化铝生产厂靠近铝土矿产地。电解铝厂的位置主要由能源价格决定，全球电解铝厂一般集中于能源价格低的地区，如水电丰富的加拿大、挪威、冰岛地区，煤炭、水电资源丰富的中国西部地区和油气资源丰富的中东地区。

3. 铝锭的生产

世界上铝真正工业化生产始于 1886 年，1956 年全球铝产量开始超过铜，跃居有色金属首位，成为仅次于铁（钢）的第二大金属。

近几年，全球铝加工业技术和装备水平不断提高，特别是中国铝工业的迅速发展，带动了全球铝产量迅猛增长。

4. 铝锭的消费

随着电解铝产量的逐年提高和生产成本不断降低，铝和铝合金被广泛应用于各个领域，带动了铝消费的快速增长。

（二）国内市场

1. 铝土矿资源

中国是世界主要铝土矿储量国之一，铝土矿 97%分布在山西、河南、贵州、广西、四川、山东、云南等 7 个省（区），特点是铝硅比低，生产工艺复杂，露天矿少，开采成本相对较高。

我国的铝土矿储量在世界上占比不大，并且国内铝土矿开发过快。2015 年全球共探明 280 亿吨铝土矿，中国只有 8.3 亿吨，仅占世界总探明储量的 2.96%，但铝土矿产量则占到了世界总产量的 21.9%。

随着氧化铝产能的增加，国产铝土矿资源逐步短缺，铝土矿进口激增。目前，我国铝行业对铝土矿进口的依存度达 60%，由 10 年前的约 200 万吨增至 2016 年的 5 000 万吨。

然而，铝矾土定价权和运输订舱权由国外公司主导，国外铝土矿价格连续上涨，国际铝土矿商、贸易商肆意抬高价格，主要铝土矿生产大国印度尼西亚先后多次出台政策，从限制出口到禁止出口再到恢复出口，我国许多企业面临资源供应风险系数加大的问题。

2. 氧化铝生产

氧化铝是铝土矿生产金属铝的中间产品，全球氧化铝产量决定了全球原铝（不含再生铝）产量。

中国是全球氧化铝生产第一大国，2015 年产量达到 5 700 万吨，占全球产量的 48.42%，澳大利亚（17.16%）、巴西（8.75%）、印度（4.65%）、美国（3.39%）、俄罗斯（2.19%）排名分列第二到第六位，中国氧化铝产能明显过剩。

最近 10 年，我国铝行业快速发展，以最近 5 年为例，全国氧化铝产能占全球总产能的 54%，成为全球产出氧化铝最多的国家。2008—2017 年，中国氧化铝生产产量统计数据见表 7–1。

3. 铝锭生产

中国铝工业始于 20 世纪 50 年代，经过 50 年的发展，特别是从 1992 年起呈现出的飞跃发展，成为了全球铝业瞩目的焦点，我国电解铝产量已从 2001 年起跃居全球第一。

中国是全球原铝生产第一大国，2015 年产量达到近 3 200 万吨，占全球产量的 54.89%，俄罗斯（6%）、加拿大（4.97%）、印度（4.03%）、阿联酋（4.01%）、澳大利亚（2.83%）、排名分列第二到第六位，中国原铝产能明显过剩。

2008—2017 年，中国电解铝生产产量统计数据见表 7–2。

4. 铝的消费

中国的铝消费增长非常迅速，2006 年中国开始超越美国成为全球最大铝消费国，至 2016 年中国铝消费占全球比重达到 45%，比 2000 年提高了 30 个百分点。

中国铝的生产和需求都立足于国内。消费的铝绝大部分来自于国内生产的原铝，废铝和进口也进行了部分补充。90% 左右的铝留在国内消费，出口仅仅是个补充。

表 7-1 2008—2017 年中国氧化铝生产产量统计数据表

单位：万吨

月 \ 产量 \ 年	2008	2009	2010	2011	2012	2013	2014	2015	2016	2017
1	159.97	151.02	250.68	265.07	303.64	352.2	—	—	—	—
2	164.21	171.99	235.8	261.9	284.41	328.6	—	—	—	—
3	204.8	167.4	252.2	293.6	311.5	350	387.2	480	478.7	631.22
4	186.5	176.05	255.4	298.7	316	349.4	370.2	478	486.5	640.3
5	195.83	187.47	242.2	311.9	345.6	371.73	394.12	465	495.4	644.3
6	201.67	192.97	240.6	314.3	352.6	382.56	389.03	481	505.7	631.53
7	210.37	187.82	240.3	297.8	338.2	393.27	393.27	465	504.4	602.8
8	215.56	206.31	241.9	298.5	322.1	389.67	389.67	488	506.1	586.4
9	204.98	221.1	240.4	279.3	296.2	387.34	387.34	474	518.3	604.9
10	193.56	241.74	226.9	265	298.4	417	417	473.29	536.7	541.6
11	165.1	236.96	233.1	263.9	294.8	418	418	479.9	587.5	486.2
12	176.22	243.9	247	261.3	304.2	429.4	429.4	500.2	561.4	526.1
合计	2 278.77	2 384.73	2 906.48	3 411.27	3 767.65	4 569.17	3 975.23	4 784.39	5 180.7	5 895.35

表 7-2　2008—2017 年中国电解铝生产产量统计数据表

单位：万吨

月 \ 产量 \ 年	2008	2009	2010	2011	2012	2013	2014	2015	2016	2017
1	104.2	88.7	126.2	129.87	147.6	178	—	—	—	—
2	99.8	89.4	130.8	130.5	153.6	173	—	—	—	—
3	107.7	90.2	136.4	142.8	156.8	173.38	198.44	256.3	262	270.7
4	114.5	87.6	136.5	145.9	153.7	170.7	189.46	258.69	256.85	277
5	116.3	99.9	141.6	153.6	168.3	176.58	189.81	266.77	267.51	283
6	115.2	105.4	140.6	159.1	168.5	184.31	195.39	275.58	268.62	293
7	113.4	106.8	135.2	154.8	167.1	183.9	197.7	272.01	265.85	269
8	117.9	112.2	127.9	154.6	175	186.34	202.75	274.89	271.31	264
9	114.1	120.7	117.2	152.3	167.23	185.78	204.1	271.59	275.15	261
10	108.8	126	120.8	141.4	171.9	195.11	208.39	267.49	272.75	255
11	101.5	135.4	117.8	137.7	166.39	195.36	212.81	268.32	280	235
12	102.3	136.9	121.2	142.7	171.64	193.18	218.1	253.09	289.14	271
合计	1 315.7	1 299.2	1 552.2	1 745.27	1 967.76	2 195.64	2 016.95	2 664.73	2 709.18	2 678.7

铝的消费和经济发展水平密切相关。近年来，中国铝消费增长举世瞩目，其快速增长的动力来自于中国经济的高速发展。历史数据研究表明，中国经济每增长 1 万亿元，铝消费就会增长 55 万吨。

资源的集中消费是过去一段时间及现在中国铝消费表现出来的显著特点。单位 GDP 对应的铝消费量代表的消费强度的研究表明，中国消费强度不仅高于美国、德国、日本等发达国家，也高于巴西、泰国、印度等发展中国家。该特点是中国所处的工业化和后工业化发展阶段决定的，发达国家也都经历过资源集中消费的过程。

中国人均铝消费的增长也十分迅速，正在追赶发达国家的水平，但现在还存在较大差距。通过横向对比，2016 年中国人均铝消费量预计 24.1 公斤 / 人，排在中国前面还有很多国家，其中，美国、日本达到 30 公斤 / 人左右，而瑞士、德国等国都接近甚至超过 40 公斤 / 人。

从我国“十二五”时期国内铝的消费结构对比看，建筑业、交通业是铝的两大消费领域。2015 年，我国交通运输业用铝量占比为 21.1%，比北美占比低 17 个百分点。

近几年，我国交通运输用铝比重有所提高，已达 21%。随着交通运载工具轻量化的推进，该占比将会较快增加。当前我国包装业用铝量占比为 10.7%，比北美低 11 个百分点，人均包装用铝比美国少 5 千克左右。

目前，中国铝消费增幅已经有所收窄，未来还将继续。而且铝消费增长速度在各消费领域发生分化，虽然建筑行业作为第一大消费领域的地位在短期内还难以被替代，但是交通运输、包装容器等领域铝消费增幅将持续超过建筑等传统消费领域的增长，从而对整体消费规模的扩大发挥积极作用。

2008—2017 年，中国铝的消费量统计数据见表 7–3。

六、影响铝价变动的因素

（一）供求关系

供求关系直接影响商品的市场定价。当市场供求关系处于暂时平衡时，该商品的市场价格会在一个窄小的区间波动。当供求关系处于失衡时，价格会大幅波动。

在期货市场上，投资者可关注体现铝供求关系变化的一个指标——库存。库存又分为报告库存和非报告库存，报告库存又称“显性库存”，是期货交易所定期公布其指定交割仓库铝的库存数量。非报告库存主要指全球范围内的生产商、贸易商和消费者手中持有的铝的数量，由于这些库存无专门机构统计和对外发布，所以这些库存又称为“隐性库存”。

表 7–3　2008—2017 年中国铝的消费量统计数据表

单位：万吨

月 \ 消费量 \ 年	2008	2009	2010	2011	2012	2013	2014	2015	2016	2017
1	106.21	90.24	135.83	126.91	151.47	173.12	195.33	207.72	223.52	273.08
2	101.93	88.25	130.38	129.5	158.31	175.35	186.93	250.06	225.34	272.59
3	106.08	97.99	140.09	141.51	155.91	167.78	202.5	282.29	274.05	268.51
4	106.08	128.07	136.97	145.75	149.84	176.35	186.89	255.59	253.52	273.2
5	103.93	126.36	138.94	154.32	169.98	171.31	186.05	268.25	267.5	285.29
6	106.92	131.82	138.19	152.14	168	182.53	191.86	276.16	268.58	293.95
7	109.83	124.99	129.56	152.54	179.42	189.95	193.7	267.61	263.97	265.33
8	111.74	126.64	135.06	156.05	182.37	185.4	198.11	271.09	268.15	260.34
9	110.49	132.49	128.3	155.82	169.18	186.88	199.78	269.5	272.52	246.32
10	112.85	130.08	124.82	144.69	177.04	195.82	199.79	267.15	271.47	254.11
11	114.15	136.37	114.36	153.99	167.7	195.74	225.98	261.25	274.93	—
12	88.64	131.29	121.58	149.66	174.4	195.27	235.92	226.97	297.95	—
合计	1 278.85	1 444.59	1 574.08	1 762.88	2 003.62	2 195.5	2 402.84	3 103.64	3 161.5	2 692.72

（二）氧化铝供应

氧化铝是电解铝生产的主要原料，近几年来我国氧化铝产能一直处于高速增长状态，2012—2015 年年均复合增长率 9.45%，而同期全球其他地区整体增速为 -0.64%，使得我国氧化铝产能在全球中占比不断上升。数据显示，2016 年中国氧化铝产量为 6 099 万吨，占全球总产量的 53%。

据海关总署进出口数据显示，2017 年中国氧化铝进口量为 286.55 万吨，出口量 5.58 万吨，净进口量为 280.97 万吨，同比减少 3.77%，净进口量连续三年下滑。

（三）电价

电解铝产业又称“电老虎”行业，一吨电解铝需要消耗 0.52 吨预焙阳极、1.96 吨氧化铝、14 000 度电以及冰晶石、氟化铝等其他材料，按平均电费 0.3 元 / 度计算，目前铝企生产电解铝的平均现金流成本在 14 800 元左右，综合经营成本在 16 000 元左右。

我国电解铝每年要耗电 5 000 亿千瓦时，消耗标煤 1.8 亿吨，碳排放量超过 4.5 亿吨，而 43% 的产能聚集在京津冀周边地区，环境容量严重不足，环保和减排任务艰巨。我国电解铝电力供应以煤电为主，而使用水电等清洁能源已成为国际主流。

（四）经济形势

铝是目前应用非常广的有色金属品种，特别是在发达国家或地区，铝的消费已经与经济发展高度相关。当一个国家或地区经济快速发展时，铝消费亦会出现同步增长。同样，经济衰退会导致铝在一些行业中的消费下降，进而导致铝价格波动。

此外，与铝相关的一些金属的价格波动、国际石油价格的波动、各国产业政策变化，都会对铝价产生影响。

（五）进出口关税、国际汇率

国际上铝贸易一般以美元进行标价和结算，近年来美元走势对铝价的影响显而易见。

进出口关税对铝价的影响在中国显得尤其突出。中国是氧化铝进口大国，加入 WTO 前，为了保护国内氧化铝工业，进口关税为 18%。根据世贸协议，中国在 2002 年将氧化铝关税调整为 12%，2003 年为 10%，2004 年为 8%。以前电解铝出口可以享受 15% 的出口退税优惠，从 2006 年 11 月起，不仅没有退税，还要加征 15% 的关税。

可见，关税、国际汇率的变化影响着铝市场的价格。

（六）铝应用范围变化

汽车制造、建筑工程、电线电缆等主要行业在铝锭使用面和使用量上的变化，会对铝的价格产生重大影响。

七、我国铝业发展概述

铝工业是一种资源性产业，其发展建立在铝土矿、能源、电力、水等资源的开发利用基础上。铝工业广泛采取的产业链是：铝土矿—氧化铝—电解铝—铝加工材（合金）—各种铝产品的终端消费品。铝加工产品已系列化，品种包含七个合金系，可生产板材、带材、箔材、管材、棒材、型材、线材和锻件（自由锻件、模锻件）八类产品。

2012—2015 年，国内电解铝产能过剩，全行业基本处于亏损状态，产能利用率一直在 70% 左右。2016 年，《有色金属“十三五”规划》提到：中国金属产业需要转型，电解铝产能利用率要达到 80% 以上，产业集中度要显著提高，从而提升国际化经营能力，使国际产能合作取得明显进展。

2015 年，工信部加大对在建项目监督力度，严控电解铝产能扩张；鼓励区域内现有电厂和电解铝厂依产业链垂直整合，结合电力体制改革，研究推动网电、自备电及局域网之间的电价公平，扭转部分技术水平高、资源条件好的电解铝企业长期因电价不公平造成的亏损局面；建立铝材上下游产业联盟，扩大铝材在建筑、电力、交通、航空等领域的应用；鼓励国内铝企业在境外建设电解铝及铝加工。随着国家对电解铝新增产能要求的不断提高，前瞻预计未来我国电解铝产能利用率将逐渐回升。

2017 年铝冶炼行业继续受到违法违规产能清理整顿行动及供暖季错峰生产的影响，电解铝行业盲目投资得到遏制，产能等量减量置换稳步推进，投资建设秩序明显好转。

2017 年铝冶炼行业完成固定资产投资 472 亿元，为 2010 年以来最低，同比下降 17.6%。生产增速也在放缓，特别是 2017 年下半年以来，电解铝和氧化铝产量持续下滑，供过于求的状况得到缓解。2017 年电解铝产量 3 227 万吨，同比增长 1.6%；氧化铝产量 6 902 万吨，同比增长 7.9%。行业效益得到了明显改善。2017 年，铝冶炼行业实现利润 338 亿元，同比增长 29.3%。

每生产 1 吨电解铝需耗氧化铝 1.9 吨，需用电 1.45 万度，并会排放氟化物，造成环境污染。近年来，我国电解铝行业耗电占到了全国发电量的5%左右，节能减排压力巨大。而以废铝为主要原料生产再生铝，能耗仅为电解铝的3%，废弃物排放也将减少95%以上，并可多次循环利用，具有能耗低、排放少、工艺流程简单等优异性能。

据了解，发达国家对再生铝的使用十分重视，日本的再生铝占原铝的比例达到95%，美国占52%以上，德国占54%以上，而我国目前的再生铝占比只有20%左右，远远落后于发达国家。再生铝作为一种较为环保节能的铝，在发达国家的使用比例越来越高，国内也开始发展再生铝行业。

中国是全球最大的铝材生产国和消费国，整体占比都接近50%，利润总额超过500亿，中国铝材加工行业处在高速成长期，在重大关键技术研发和新产品项目上均取得突破，行业技术装备水平也大幅提升，但与世界铝工业先进水平相比还有差距，深加工率不到15%，第三代铝－锂合金技术、全铝车身、航空航天铝板以及发动机制造领域，我们的工艺装备水平和设计制造能力仍有差距。

中国铝消费增长强劲。根据“十三五”有色金属工业规划，到2020年我国铝消费总量将达到4 300万吨，2016—2020年期间的年均复合增长率将达到7.24%。数据显示，2016年我国铝消费总量达到3 250万吨，同比增长8%。

高端铝材消费正在大幅上升，虽然我国是全球铝材第一大消费国，但消费结构与欧美发达国家存在较大差异。建筑业是我国铝材最大应用领域，而以美国为例，交通运输是第一大用铝领域。

中国铝消费的结构特点决定了产品结构缺陷，“十二五”期间，中国挤压材比例占加工材比例的60%左右，国外发达国家铝型材和板带材应用比例为2:3，而目前我国这一比例较低，我国铝加工规模世界第一，但产品同质化严重，技术创新实力比较薄弱，目前航空级铝厚板、汽车车身用铝板带、高压阳极电子箔等高端铝板带、箔产品大多依靠进口。目前，铝在包装、新能源汽车、高铁、船舶以及航空等高端领域的应用，为中国智造升级带去了增量。

随着铝压延加工行业产业链在技术升级中不断延伸，铝产品应用领域也在不断扩大。目前，铝行业多种产品广泛应用在新兴领域，如高铁、城市轨道、太阳能板、电动汽车、核电等。最高技术的铝深加工，则在电子设备、汽车和航空领域的高压电子铝箔、钎焊箔等均有涉及。

近年来，有竞争实力的铝加工企业，在企业发展战略上，首先定位于高端铝材市场，研发、生产高端铝材，进而再布局铝材深加工，走一条“高端铝材+深加工产品”的复合型发展路线。这对铝加工企业可持续发展必是一个非常正确的选择，也是实现中国由铝加工大国向铝加工强国迈进的必要途径。

第二节　铝期货知识

一、影响铝价变动的因素

（一）供求关系

供求关系直接影响着商品的市场定价。当市场供求关系处于暂时平衡时，该商品的市场价格会在一个窄小的区间波动；当供求关系处于失衡时，价格会大幅波动。在期货市场上，投资者可关注体现铝供求关系变化的一个指标——库存。

库存又分为报告库存和非报告库存。报告库存又称“显性库存”，是期货交易所定期公布其指定交割仓库铝的库存数量。而非报告库存，主要是指全球范围内的生产商、贸易商和消费者手中持有的铝的数量，由于这些库存无专门机构进行统计和对外发布，所以这些库存又称为“隐性库存”。

（二）氧化铝供应

氧化铝是电解铝生产的主要原料。由于国际氧化铝市场高度集中，全球大部分氧化铝（80% ~ 90%）都通过长期合约的方式进行销售，因此可供现货市场买卖的氧化铝较少。

电价电解铝产业又称“电老虎”行业，目前国内外铝厂吨铝平均耗电均控制在 1.5 万千瓦时 / 吨以下。

近几年，中国铝锭生产企业综合交流电耗已经大幅下降至 1.4 万千瓦时 / 吨左右。由于中国属能源短缺国家，近年来电价经历数次上调，近期发改委取消了铝企业优惠电价，企业平均电价将达到 0.4 元 / 千瓦时左右。因此，电力因素制约着中国电解铝的发展。

（三）经济形势

目前，铝是应用非常广泛的有色金属品种，特别是在发达国家或地区，铝的消费已经与经济的发展高度相关。当一个国家或地区经济快速发展时，铝消费亦会出现同步增长。同样，经济的衰退会导致铝在一些行业中消费的下降，进而导致铝价格的波动。此外，与铝相关的一些金属价格的波动、国际石油价格的波动、各国产业政策的变化都会对铝价产生影响。

（四）进出口关税、国际汇率

国际上铝的贸易一般以美元进行标价和结算，近年来美元的走势对铝价的影响显而易见。进出口关税对铝价的影响在中国显得尤其突出。

关税、国际汇率的变化影响着铝市场的价格、铝应用范围的变化。汽车制造、建筑工程、电线电缆等主要行业在铝锭使用面和使用量上的变化，会对铝的价格产生重大影响。

二、LME 铝（原铝）期货合约

表 7–4 LME 铝（原铝）期货合约

交易品种	纯度为 99.7% 的铝（最低）
每手交易单位	25 吨（误差范围 ±2%）
交割等级	1. 铝锭；2.T 形锭；3. 大板锭
重量	1.12 ~ 26 公斤；2.750 公斤；3.750 公斤
可交割日期	3 个月内为任何一个交易日（现货日前两个交易日可建头寸）。3 个月以上 6 个月为每个月的星期三。7 个月以上至 63 个月为每个月的第三个星期三
报价单位	美元 / 吨
最小价格波动	50 美分 / 吨
结算货币	美元、日元、英镑、欧元

三、上海期货交易所铝标准合约

表 7-5　上海期货交易所铝标准合约

交易品种	铝
交易单位	5 吨 / 手
报价单位	元（人民币）/ 吨
最小变动价位	10 元 / 吨
每日价格最大波动限制	不超过上一交易日结算价 ±4%
合约交割月份	1—12 月
交易时间	每周一至周五上午 9:00—10:15、10:30—11:30，下午 13:30—15:00；连续交易时间为每周一至周五的 21:00 至次日 1:00；法定节假日（不含双休日）前第一个工作日的有色金属连续交易停止
最后交易日	合约交割月份的 15 日（遇法定假日顺延）
交割日期	合约交割月份的 16—20 日（遇法定假日顺延）
交割等级	标准品：铝锭，符合国标 GB/T1196-93 标准中 AL99.70 规定，其中铝含量不低于 99.70% 替代品：LME 注册铝锭，符合 P1020A 标准
交割地点	交易所指定交割仓库
交易保证金	合约价值的 5%
交割方式	实物交割
交易代码	AL
上市日期	1992 年 5 月 28 日

第八章 铅 期 货

第一节 铅 简 介

铅，英文名称 Lead，元素符号 Pb，原子序数 82，相对原子质量 207.2，是 IVA 族金属。密度 11.343 7g/cm^3，熔点 327.502℃，沸点 1 740℃。铅是一种略带蓝色的银白色金属，但是在空气中很容易氧化，形成灰黑色的氧化铅，所以大家看到的铅常是灰色的。

铅的延性弱，展性强，抗腐蚀性强，抗放射性穿透的性能好。作为常用的有色金属，铅年产销量在有色金属中排在第四位（继铝、铜、锌后）。由于性能优良，铅、铅的化合物及其合金广泛应用于蓄电池、电缆护套、机械制造、船舶制造、轻工、氧化铅等行业。

早在 7000 年前，人类就已经认识铅了。铅分布广，容易提取，容易加工，既有很高的延展性，又很柔软，而且熔点低。《圣经・出埃及记》中就提到了铅。

铅是人类最早使用的金属之一，公元前 3000 年，人类已会从矿石中熔炼铅。铅在地壳中的含量为 0.001 6%，主要矿石是方铅矿。

殷商至汉代青铜器中铅的含量有增大的趋势。青铜中增加铅，对于提高液态合金的流动性起到了重要作用，能够使铸件纹饰毕露。

不过，古代人对铅和锡的分别并不是十分明确。罗马人称铅为黑铅，称锡为白铅，以至后来它的元素符号定为 Pb。

从 20 世纪 80 年代中开始，铅的应用开始骤然下降，主要原因是铅的生理作用和它对环境的污染。今天汽油、染料、焊锡和水管一般都不含铅了。

金属铅在空气中受到氧、水和二氧化碳作用，其表面很快会氧化生成保护薄膜。在加热条件下，铅能很快与氧、硫、卤素化合。铅与冷盐酸、冷硫酸几乎不起作用，能与热或浓盐酸、硫酸发生反应。铅与稀硝酸发生反应，但与浓硝酸不发生反应。铅能缓慢溶于强碱性溶液。

一、物理性质

铅是银白色的金属（与锡比较，铅略带一点浅蓝色），十分柔软，用指甲便能在它的表面划出痕迹。用铅在纸上一划，会留下一条黑道道，古代人们曾用铅作笔，“铅笔”这个名字便源于此。

铅很重，1 立方米铅重达 11.3 吨。古代欧洲的炼金家们使用旋转迟缓的土星来表示它，写作“h”。铅球那么重，便是用铅做的。子弹的弹头也常灌有铅，因为如果太轻，在前进时受风力影响会改变方向。铅的熔点很低，为 327℃，放在煤球炉里，就会熔化成铅水。

二、化学性质

铅很容易氧化生锈。铅经常呈灰色，就是由于它在空气中很容易被氧化，生成灰黑色的氧化铅，使银白色的光泽渐渐变得暗淡无光。不过，氧化铅会在表面形成一层致密的薄膜，防止内部的铅进一步被氧化。

正因为铅表面很容易氧化，再加上铅的化学性质又比较稳定，因此铅不易被腐蚀。在化工厂里，常用铅来制造管道和反应罐。著名的制造硫酸的铅室法，就是因为在铅制的反应器中进行化学反应得名的。

三、工业制备

（一）火法炼铅

目前世界上炼铅以火法冶炼为主，火法炼铅一般包括原料准备（配料、制粒、烧结焙烧）、还原熔炼制取粗铅和粗铅精炼三大工序。烟气制酸、烟尘综合回收以及从阳极泥回收金银等贵金属，也是火法炼铅工艺的重要组成部分。

铅精矿烧结焙烧有两个目的：一是将原料中的硫氧化除去，并以 SO_2 形式送去制硫酸；二是使部分伴生金属氧化并与 SiO_2 等脉石成分生成 $MeO \cdot SiO_2$ 低熔点液相，使细粉状铅精矿粘结成多孔硬块，以利还原熔炼。

（二）电解精炼

用硅氟酸和硅氟酸铅作电解液，粗铅作阳极，纯铅作阴极，可得纯铅。纯铅耐腐蚀，可用作水管。铅、锑、锡的合金熔点低（约 240℃），凝固时会膨胀，可作印刷铅字。

铅玻璃用作 X 射线防护屏。大量铅用于生产汽油抗爆剂四乙铅和蓄电池的极板。

铅电解精炼现在一般采用柏兹在 1901 年提出的方法，将粗铅或经过火法初步精炼的半精炼铅，在硅氟酸与硅氟酸铅的水溶液中进行电解。

（三）其他提炼铅的简单工艺

（1）将方铅矿中的硫化铅部分转变为硫酸铅，两者进一步反应得到金属铅。

（2）将硫化铅熔烧成氧化铅，然后与焦炭、石灰石放在鼓风炉中冶炼，可生产金属铅。

铅主要用于制造铅蓄电池，铅合金可用于铸铅字，做焊锡。铅还用来制造放射性辐射、X 射线的防护设备。铅及其化合物对人体有较大毒性，并可在人体内积累。铅被用作建筑材料，用在乙酸铅电池中，用作枪弹和炮弹，焊条、奖杯和一些合金中也含铅。铅还可以做成开花弹（又名达姆弹）。

铅在地壳中含量不大，自然界中存在少量的天然铅。由于含铅矿物聚集，熔点又很低，铅在远古时代就被人们利用了。方铅矿（PbS）直到今天都是人们提取铅的主要来源。远古时代，人们偶然把方铅矿投进篝火中，它首先被烧成氧化物，然后受到碳的还原，便形成了金属铅。

铅表面在空气中能生成碱式碳酸铅薄膜，防止内部再被氧化。制造铅砖或铅衣以防护 X 射线及其他放射线。等量之铅与锡组成的焊条可用于焊接金属。铅与锑的合金熔点低，用于制造保险丝。还可用于制造铅弹。

年代久远的铅不但纯净、致密，而且放射性也比新开采出的金属低得多，所以是制作高精度物理实验屏蔽装置的理想材料。但是，年代久远的铅同时具有珍贵的历史价值，所以许多历史学家反对将它们熔掉。

四、中国铅锌业生产布局

依据铅锌矿产地的分布和建设条件，经过几十年的发展和建设，现在我国已形成东北、湖南、两广、滇川、西北等五大铅锌采选冶炼和加工配套的生产基地，其铅产量占全国总产量的 85% 以上，锌产量占全国总产量的 95%。

（一）东北生产基地

东北地区是中国开发较早的铅锌生产基地之一。20 世纪 50 年代初期，其铅产量占全国铅产量的 80% 以上，在中国铅锌生产中居于重要地位。

东北基地以七矿两厂为主，即青城子铅锌矿、八家子铅锌矿、柴河铅锌矿（现已闭坑）、桓仁铜锌矿、红透山铜锌矿、西林铅锌矿（现已破产闭坑）、天宝山铅锌矿和沈阳冶炼厂、葫芦岛锌厂。

七矿两厂不仅是东北铅锌生产基地的支柱厂矿，也是培养造就科技人才的基地。20 世纪六七十年代，曾向全国新建的铅锌企业输送大批具有实践经验的科技和管理人才以及生产技术工人，为中国铅锌业的发展做出了积极贡献。

（二）湖南生产基地

湖南铅锌矿产资源丰富，而且富矿多，大部分矿产地可开发利用。该基地铅锌厂矿是 20 世纪五六十年代建成的。

由水口山矿务局、桃林铅锌矿、黄沙坪铅锌矿、东坡铅锌矿和株洲冶炼厂等组成的湖南铅锌生产基地，是当时全国自产原料的最大铅锌生产基地，产量在全国占有重要地位。

（三）两广生产基地

广东、广西两省区的铅锌资源丰富，两省区是 20 世纪 70 年代形成的我国大型铅锌生产基地之一。

广东以凡口铅锌矿和韶关冶炼厂为主，其次是丙村铅锌矿、昌化铅锌矿、大尖山铅锌矿。广西有泗顶铅锌矿、大新铅锌矿、河三铅锌矿、柳州锌品厂和大厂矿务局等。

（四）滇川生产基地

云南铅锌矿产资源十分丰富，现铅锌保有储量均居全国之首。该基地铅锌企业也是 20 世纪五六十年代建成的，主要是会泽铅锌矿、澜沧老厂铅锌矿和昆明冶炼厂、个旧鸡街冶炼厂。

云南铅锌矿产资源具有广阔的开发前景，20 世纪 90 年代开始兴建超大型铅锌矿床——金顶矿山。四川有会东铅锌矿、会理铅锌矿两个主要矿山以及一批中小型矿山，铅锌精矿产量猛增。

（五）西北生产基地

西北地区铅锌矿产资源也很丰富，主要分布在甘陕青三省，而且西成矿带勘查到的储量又有大幅度增长，资源前景十分可观。该基地铅锌生产以白银有色金属公司为主，有白银厂小铁山铅锌矿、第三冶炼厂和西北铅锌冶炼厂，陕西有铅硐山铅锌矿、二里河铅锌矿、银洞梁铅锌矿和青海锡铁山矿务局。

除上述五大铅锌生产基地外，内蒙古、江西、贵州等省区也建设了一批中小型矿山，比如内蒙古梧桐花铅锌矿、白音诺铅锌矿、翁牛特旗硐子铅锌矿等。内蒙古是全国生产铅锌精矿主要省区之一，开发前景巨大。江西有银山铅锌矿等，贵州有赫章铅锌矿、杉树林铅锌矿等。

五、世界铅资源分布

铅作为重要的有色金属原料，具有良好的耐磨性和抗腐蚀性。世界铅消费主要集中在铅酸蓄电池、化工、铅板及铅管、焊料和铅弹等领域。由于汽车市场的快速扩张和铅酸电池更新周期的缩短，中国铅消费将保持强劲增长。因此，在当前形势下，研究全球铅矿资源的分布情况和勘探开发现状，对于促进中国铅矿产业发展具有战略意义。

世界铅储量比较丰富，资源潜力较大，加上高再生率，能够满足未来全球经济发展的需要。2015 年美国地质调查局数据显示，全球铅探明储量（金属量）约为 8 900 万吨，比 2014 年有所提升。2014 年中国铅矿产资源储量居全球第二位，储量约为 1 400 万吨，占全球储量的 17.75%。

世界上铅资源主要分布在：欧洲东部俄罗斯的西伯利亚地区；亚洲中国中西部地区；澳洲的昆士兰州芒特艾萨，新南威尔士布罗肯希尔和埃卢拉，伍德朗，塔斯马尼亚州罗斯伯里，北澳麦克阿瑟河；北美洲南部美国密苏里东南区，密西西比河谷区，三州成矿区，雷德道格地区；北美墨西哥萨卡特卡斯州和圣路易斯波托西州和南美洲西部秘鲁东、西安第斯山脉之间的塞罗德帕斯科特以及莫罗科查等。

世界上铅储量较多的国家为澳大利亚、中国、俄罗斯、美国、秘鲁和墨西哥，这 6 国储量占全世界的 87%，其中澳大利亚占比最大为 40%、中国占 16%、美国占 6%、秘鲁占 8%、墨西哥占 6%、俄罗斯占 11%，其他地区占 13%。

六、世界铅的生产

2016 年，全球精炼铅产量继续保持增长，达到 1 152 万吨，同比增加 2.69%，增速为近五年最高。从主要供应国来看，中国和美国是全球最大的两个精炼铅生产国，2016 年两国产量分别达到 500 万吨和 115 万吨，占全球总产量的比重分别为 43.4% 和 10.0%。

中国受环保政策趋严及原料供应减少影响，2016 年产量增速为 1.01%，比 2015 年增加 5 万吨。美国的原生铅冶炼厂于 2014 年全部关闭后，当年产量从 130 万吨下滑至 109 万吨，近两年小幅增长至 115 万吨，2016 年增速为 1.23%。韩国近年产量保持快速增长，从 2014 年 54 万吨增加至 2016 年 75 万吨，2016 年同比增长 26.3%。

2012—2016 年，全球及前 5 个国家精炼锌产量见表 8–1。

表 8–1　2012—2016 年全球及前 5 个国家精炼锌产量表

单位：万吨

	2012	2013	2014	2015	2016
中国	464	480	494	495	500
美国	129	121	109	114	115
韩国	46	47	54	59	75
印度	46	46	48	50	51
墨西哥	42	44	45	45	44
全球	1 078	1 099	1 111	1 122	1 152

铅矿供应仍然偏紧。由于铅锌伴生，2017 年铅矿供应格局与锌矿类似，呈现偏紧的局面。中国精矿缺口在 2017 年约有 8 万吨，与 2016 年相比呈扩大之势，全球缺口在 2.5 万吨左右。

再生铅行业巨变，占比逐年提高。全球范围内再生铅产量比例超过 70%，国内现在也已经由 35% 上升到 40% 以上。未来随着消费放缓，蓄积量增加，再生铅比例将较快增加。

2018 年全球经济同步复苏，美联储加息进程加快，中国供给侧改革助力经济结构转型升级，大宗商品将面临更加复杂多变的金融环境，这将加剧铅价的波动。随着海外大型矿山新项目投产及停产项目的集中重启，原料市场供应自 2018 年开始逐渐增加，铅精矿市场将由前期的短缺向小幅盈余转变。

七、世界铅的消费

2016 年，全球精炼铅消费同比增加 3.07%，为近五年最高，英国商品研究所（CRU）的数据显示当年全球精炼铅消费量 1 153 万吨。

从主要消费国来看，中国和美国是最大的两个消费国，2016 年两国需求量分别为 502 万吨和 165 万吨，占全球总消费量的比重分别为 43.5% 和 14.3%。

其中，中国市场受益于汽车行业、电动自行车、通讯行业的消费，精炼铅消费量保持 2.45% 的增长；美国精炼铅消费量保持稳定，2016 年消费量同比增加 0.98%。其他国家中，印度增加 5.34%，韩国增加 5.31%。

2012—2016 年，全球及前 5 个国家精炼锌消费量见表 8–2。

表 8–2 2012—2016 年全球及前 5 个国家精炼锌消费量表

单位：万吨

	2012	2013	2014	2015	2016
中国	462	478	488	490	502
美国	153	159	162	163	165
韩国	43	49	53	57	60
印度	52	51	52	54	57
德国	38	38	38	39	41
全球	1 060	1 088	1 105	1 119	1 153

铅消费 80% 集中在铅酸蓄电池领域，其中汽车和电动自行车的铅酸蓄电池占所有铅酸电池的 50% 以上。全球电动车革命已经启动，对铅酸蓄电池消费的拖累不言而喻。中国电动自行车的销量也已经呈饱和下滑趋势，共享单车的出现对电动自行车的消费需求形成进一步的压制。可以看到，从政策上，2016 年起国家对铅酸蓄电池开征 4% 的消费税，在政策导向上似乎对铅酸电池不利。

随着 2018 年铅锌矿供给开始出现恢复性增长，矿产铅的产量将出现增长。同时，再生铅明年新投产项目在下半年投放较为集中，再生铅产量将保持增长。在消费逐渐从增量消费转为存量消费后，铅的平衡开始由小幅短缺转为小幅过剩。

八、世界铅的贸易

世界铅精矿年进出口贸易量大约有400万吨实物量。中国是最大的铅精矿进口国，2009 年中国铅精矿进口量在世界总进口量中占到 55% 的份额。中国铅冶炼产能迅速扩张，国内产量无法弥补需求，精矿进口自 2000 年以来快速增长。其他进口量在 10 万吨以上的国家有韩国、德国和日本。

澳大利亚、秘鲁和美国是世界主要的铅精矿生产国，也是主要的精矿出口国。上述三个国家的出口量，在世界总出口量中占到 50% 的份额。

2007 年以来，世界精铅的年进出口贸易量出现萎缩，2009 年的贸易量为 316.4 万吨，比 2006 年峰值的 394.1 万吨减少了 77.7 万吨。

全球精铅进口比较集中，美国一直是最大的精铅进口国。2005 年以来，前 5 位进口国中，西班牙的进口量持续下降，中国的进口量在 2009 年大幅增长，主要原因是国内外价差引导的跨市套利交易。其他精铅进口集中在欧洲和亚洲的一些精铅消费国。

精铅主要出口国有两种情况，一种是资源丰富的国家，如中国、澳大利亚和加拿大等，一种是冶炼产能较大的国家，如德国和哈萨克斯坦等。中国精铅出口量从 2007 年开始锐减，原因是中国出口政策发生变化，不仅取消了之前 15% 的出口退税，还增加了 10% 的出口关税。

中国是铅矿砂及精矿的生产大国,同时也是最大的铅矿进口国。从进口国别来看，秘鲁是中国最大的铅矿进口国，其次是美国与俄罗斯。中国铅进出口基本处于平衡状态。从出口区域来看，主要输往亚洲的中国香港和越南等。但随着加工费的逐渐上涨，国内矿山的利润趋于下降，且中小矿山大多都已处于停产状态，矿山的开工率明显低于全球市场。铅精矿产量同比降幅较大。

九、我国铅资源分布

据国土资源部发布的《2014 年中国国土资源公报》显示，截至 2014 年我国铅矿查明资源储量为 7 191.8 万吨，铅储量 1 400 万吨，从储量分布来看，内蒙古白音诺尔、云南兰坪金顶、湖南常水和湘西、广东凡口、甘肃西河和成县是我国主要铅锌资源分布地，其储量都超过 100 万吨，这 5 省的储量占全国总量的 72%。

根据中国铅锌矿产地的分布和建设条件，国内主要铅锌生产基地经过 40 多年的发展建设，现已形成东北、湖南、两广、滇川、西北五大铅锌采选冶和加工配套的生产基地，锌产量占全国总产量的 95%，此外，内蒙古、江西、贵州等省区也建设了一批中小型矿山。

十、我国铅的生产

1990—1994 年间，中国铅精矿产量超过精铅产量，铅精矿少量出口。1995 年精铅产量超过铅精矿。中国从 1996 年开始净进口铅精矿，从 1998 年开始进入结构性供应短缺的状态，铅精矿进口量逐年增加。2009 年，进口的铅精矿在全国总需求量中占到 40%。

2009 年，铅精矿年度产量在 10 万吨以上的省份有内蒙古、四川、广东、广西、云南和湖南，上述 6 省（区）的产量合计在全国总产量中占到 71%。

据中国有色金属工业协会统计，截至 2007 年底，中国共有 774 家铅锌矿山，铅精矿年产量 5 万吨以上的企业有 2 家，企业数目最多的是规模在 5 000 吨以下的企业。

2013—2017 年中国铅精矿的产量统计数据见表 8-3。

表 8-3 2013—2017 年中国铅精矿的产量统计数据表

单位：万吨

年 / 产量 / 月	2013	2014	2015	2016	2017
1	19.7	14.8	18.2	16.2	23.2
2	11.8	19.7	15.1	13.1	21.9
3	26.6	20.5	15.4	18.2	23.7
4	24.1	19.6	16.6	18.3	21.3
5	25.15	21.3	16.7	18.7	20.9
6	29.1	21.1	19.4	18.2	21.1
7	24.0	23.6	15.6	22.5	19.4
8	24.9	25.9	16.0	18.6	15.8
9	27.51	20.4	10.58	19.3	20.9
10	25.04	22.5	12.02	17.2	19.0
11	29.06	25.3	12.47	21.8	18.9
12	23.3	19.9	13.47	23.2	25.2
合计	290.26	254.6	181.54	225.3	251.3

十一、精铅的生产

建国以来，经过 60 多年的发展，中国铅锌工业发生了翻天覆地的变化，铅锌冶炼工艺水平不断提高，产能和产量快速增长。

中国铅冶炼产能从2000年开始步入快速增长通道。2000—2009年间，铅冶炼产能的年均增速达到16.4%。精铅产量亦从2000年开始增长，2003年开始加速。2003—2009年间，精铅产量的年均增速达到11.2%，低于产能的增长速度。

中国自2003年超过美国成为全球最大的精铅生产国，此后一直维持绝对优势。西方国家因铅生产过程中的环境污染问题，产量呈现下降趋势。

国内精铅产能、产量分布非常集中。2009年，我国精铅产能在10万吨以上的有7个省份，前5位是河南、湖南、云南、安徽和广西，其产能之和在全国总产能中占到65.8%。其中河南是第一大省，也是唯一一个产能达到100万吨以上的省份，产能占到全国总产能的25.9%。

上述5个省份中，安徽以再生铅为主，再生铅产量占其总产量的比重高达85.5%，其他省份都以原生铅为主。河南的铅锌资源比较贫乏，原料主要从其他省份和海外采购，湖南、云南和广西的资源相对比较丰富。

2008—2017年，中国精铅的产量统计数据见表8-4。

表8-4 2008—2017年中国精铅的产量统计数据表

单位：万吨

年 月 产量	2008	2009	2010	2011	2012	2013	2014	2015	2016	2017
1	20.1	18.7	28.47	28.16	26.7	32.5	38.14	36.2	—	—
2	17.5	20.5	23.8	28.9	30.8	32.5	29.47	29.3	—	—
3	22.5	33.5	30.9	40.7	34.6	42.23	37.96	34.02	34.8	44.7
4	28.3	30.2	30.9	39.8	35.8	39.62	32.42	33.2	34.08	41.2
5	26.6	28.5	27.3	34.5	37.4	39.42	37.63	35.74	34.7	40.6
6	28.9	34.9	31.2	44.6	45.9	41.21	40.47	38.22	36.9	43.7
7	28.9	34.5	38.4	35.4	42	39.18	34.96	31.97	36.9	43.2
8	27.8	36.5	40.4	39.4	45.7	37.44	34.78	31.86	35.09	40.1
9	29.5	34.2	42.06	41.7	46.11	38.58	35.3	31.36	35.82	42.7
10	35.4	34.6	41.5	41.1	47.06	42.37	35.86	32.21	38.95	41.6

续表

年 月 产量	2008	2009	2010	2011	2012	2013	2014	2015	2016	2017
11	31.6	33.5	44.8	42.3	45.86	38.7	38.19	34.08	36.24	42.4
12	32	37.4	43	43.9	42.18	33.01	32.42	31.38	41.38	42.4
合计	329.1	377	422.73	460.46	480.11	456.76	427.6	399.54	364.86	422.6

十二、我国精铅的消费

中国的工业化和城市化进程积极带动了铅的消费，中国在 2004 年超过美国成为全球最大的铅消费国。

2000—2009 年，中国铅表观消费年均增速 14.4%，2009 年达到 368 万吨。期间实际消费年均增速为 21%，2009 年为 333 万吨。中国汽车、通信、金融、电力、交通、电动自行车等行业的快速发展，促进了铅酸电池产业的迅速成长，中国成为全球最大的铅酸蓄电池生产国和出口国。

中国铅的主要用途是生产铅酸蓄电池，其次是氧化铅，其他还包括铅材、铅合金、铅盐、电缆等。2005—2009 年间，铅酸蓄电池中铅的消费一枝独秀，贡献了最大的增幅。在 2009 年铅的总消费中，铅酸蓄电池中铅的消费量在总消费量中的比例从 2005 年的 71.3% 提高到 81.5%。

2013—2017 年，中国铅的消费统计数据见表 8-5。

表 8-5 2013—2017 年中国铅的消费统计数据表

单位：万吨

年 月 消费量	2013	2014	2015	2016	2017
1	28.61	37.56	34.92	30.02	41.01
2	31.15	33.64	28.62	28.31	38.87
3	40.18	40.2	31.4	35.83	44.92
4	40	34.09	31.19	36.76	41.8
5	40.55	39.8	34.3	36.08	39.84

续表

月＼年 消费量	2013	2014	2015	2016	2017
6	41.23	40.7	37.13	39.14	46.64
7	38.65	44.36	32.46	38.02	41.46
8	42.92	46.19	31.54	38.5	39.06
9	44.66	43.95	35.41	40.23	42.36
10	47.48	45.77	36.6	40.29	39.29
11	43.75	47.59	38.59	40.55	38.6
12	36.5	41.21	35.43	41.01	41.95
合计	475.68	495.06	407.59	444.74	495.8

十三、我国铅的贸易情况

在精铅出口上，中国贸易政策的变化有显著体现。例如，2006 年的贸易政策规定，取消精铅的出口退税，实施前“抢出口”集中出口了大量精铅，使得当年的出口量创下历史最高，2007 年的出口量锐减。2009 年，在国内外比价的支持下，精铅进口量大幅增长，超过出口量，中国首次成为精铅的净进口国。

在可预期的未来，中国对铅的需求将继续维持增长态势。再生铅产量的增长将弥补矿产铅产量的不足，而各冶炼厂产能的持续扩张将使得铅精矿的进口模式继续维持。国内外价差将是精铅进出口的主要影响因素，前期的高出口量未来不会再出现。

2008—2018 年，中国铅的进口量统计数据见表 8-6。

2008—2018 年，中国铅的出口量统计数据见表 8-7。

十四、影响铅市场价格的主要因素

影响铅市场价格的主要因素有宏观调控政策、行业景气度、上下游供需情况、铅生产成本、国际铅价及库存情况、国家产业政策、铅酸电池替代品。其中，针对淘汰落后产能和铅酸蓄电池的替代，成为行业最为关注的焦点。

表 8-6　2008—2018 年中国铅的进口量统计数据表

单位：吨

年 进口量 月	2008	2009	2010	2011	2012	2013	2014	2015	2016	2017	2018
1	3 326	4 457	1 556	479.26	56	30	26	12	0	761	40
2	1 535	1 8191	417	522	584	242	4	45	3	9 474	
3	361	25 370	1 082	518	523	4	52	3	6	13 562	
4	224	36 357	260	903	739	161	8	3	103	9 027	
5	59	25 418	3 144	1 640	1 840	46	6	13	13	8 030	
6	24	17 512	1 638	427	411	0	43	18	9	11 672	
7	5 492	2 750	2 750	253	445	50	13	14	5	6 258	
8	1 740	4 014	4 014	258	615	121	8	105	29	3 700	
9	6 279	3 109	3 109	548	610	5	5	217	53	552	
10	5 090	1 156	1 156	50	431	14	23	64	20	12 686	
11	4 640	1 643	1 643	536	210	20	20	204	124	1 846	
12	2 151	763	763	477	365	142	3	297	710	580	
合计	30 921	140 740	21 532	6 611.26	6 829	835	211	995	1 075	78 148	

表 8-7　2008—2018 年中国铅的出口量统计数据表

单位：吨

年 / 出口量 / 月	2008	2009	2010	2011	2012	2013	2014	2015	2016	2017	2018
1	10 007	2 487	2 871	2 192.12	32	528	1 438	2 154	3 205	41	266
2	6 503	1 181	1 590	1 201	—	669	3 407	3 005	3 189	268	
3	5 774	395	3 751	501	461	2 146	2 499	5 613	4 850	304	
4	4 778	155	1 022	300	25	2 617	3 451	6 430	769	248	
5	3 211	1 729	1 335	1 470	25	1 165	2 263	4 853	2 291	1 126	
6	1 182	2 405	825	82	309	1 604	2 618	4 428	626	259	
7	—	3 775	1 273	0	370	1 785	3 963	4 098	94	280	
8	—	1 401	1 551	0	74	1 494	3 035	3 899	3	141	
9	222	2 602	1 843	10	1	2 295	2 448	5 298	104	7	
10	200	1 854	3 062	370	253	2 753	1 212	2 310	8	50	
11	—	1 827	1 248	1	209	2 236	4 672	2 367	0	4 519	
12	1 731	3 219	2 701	—	445	2 631	3 849	5 251	22	28	
合计		23 030	23 072			21 923	34 855	49 706	15 161	7 271	

（一）淘汰落后产能

2009 年公布的《有色金属产业调整和振兴规划》，规定淘汰落后铅冶炼产能 60 万吨（约占总产能的 13%）。2010 年 8 月 8 日，工业和信息化部对外公告了 18 个工业行业淘汰落后产能企业名单，共涉及企业 2 087 家，其中涉及铅冶炼企业 17 家，总产能约在 26.58 万吨，约占全国铅产能的 6.6%。

（二）铅酸蓄电池替代

有观点认为，从长远来看，铅的需求将会逐渐消亡，理由是铅污染导致的环保要求和铅酸蓄电池的逐步淘汰。

（三）铅酸电池不等于落后技术

优点：技术成熟、成本低、安全性好、可回收再利用、有记忆效应。

镍氢、锂电池等其他新型电池问世 20 多年来，铅酸电池仍占据电池市场绝大部分份额。

（四）铅酸电池技术在不断进步

把铅酸电池和超级电容器混合在一起，同时具备铅酸电池和超级电容器的功能，成本低，安全有保障，功率大，能满足强混合动力车的要求。

（五）铅酸电池未来仍有市场

高性能铅酸电池技术成熟，已经实现产业化。随着技术创新，铅酸电池的性能有了很大提升，成本优势非常明显，仍有很大的发展空间。

第二节　铅期货知识

一、中国各地区铅产量情况

目前，中国是全世界最大的铅产出国，精铅产量前 5 位的省份是河南、湖南、云南、安徽和广西，这 5 个省（区）产量占全国总产量的 65.8%，其中河南产量超过 100 万吨，遥遥领先其他省份。

二、中国铅的消费情况

目前，中国是世界上最大的铅消费国。近些年中国经济飞速发展，国内工业化和城市化进程加快，在很大程度上推动了铅的消费。

铅在中国主要用于铅酸蓄电池的生产，接着是氧化铅，其他还包括一些铅材、铅合金、铅盐、电缆等。在这些年中，中国汽车、通信、电力、交通以及电动自行车等行业快速发展，促进了铅酸电池产业的迅速成长，也让国内铅市场消费异常活跃。

铅期货已经国务院和证监会的批准，于2011年3月24日（周四）在上海商品交易所上市。铅期货上市意义重大，因为其推出后，铜、铝、铅、锌四个大宗有色金属品种都已登陆中国期市，其他品种可以通过与这四个品种的比价关系对冲风险。

铅期货上市后，投资者需要关注供求关系、货币资本、供求信息和突发事件，以及交易所在交易过程中发生的持仓和程式化交易。过去买卖铅产品的都是铅行业企业，随着铅期货的上市，一些不从事铅产业的人也会以投资者身份入场买卖，导致铅价波动幅度加大。

另一方面，铅期货上市的目的，是让企业利用期货工具做好套期保值工作。过去冶炼企业进口铅矿石，总会有一两个月的船期。企业依照当时的市场价格买入矿石，但一两个月过后，可能市场已跌价了。有了期货后，企业可以在买入矿石的同时卖出铅产品，锁定利润。

铅期货是一种以铅为标的物，利用期货合约的标准化特性制定的商品期货合约，国内上市地点为上海期货交易所。

铜、铝、锌之后，随着铅期货的上市，不仅进一步完善了上期所的金属品种序列，还为编制有色金属期货指数打开了大门。由于有色金属价格之间有极大的关联性，未来有色金属期货指数上市，将为不适宜期货交易的有色金属小品种打开套期保值之门。

对铅行业来说，铅期货的推出将对铅相关现货企业的采购订货及定价模式产生影响，铅产业链的价格将呈现透明化，国内外价格传导机制将更顺畅。

以往铅生产企业以上海有色网每天的报价为基准，然后根据冶炼厂和贸易商的报价选择采购。一些大型生产企业目前采取长短单结合的采购方式，与上游炼厂签订长单，价格以双方约定的方式计价结算。铅期货上市后，随着市场不断成熟完善，其价格将成为市场标尺。

铅期货的推出，将为铅企业提供管理市场风险的工具，铅企业可以进行套期保值、跨市场套利、利用期货市场进行交割采购等。

三、上海期货交易所铅期货标准合约

表 8-8 上海期货交易所铅期货标准合约

交易品种	铅
交易单位	5 吨 / 手
报价单位	元（人民币）/ 吨
最小变动价位	5 元 / 吨
每日价格最大波动限制	不超过上一交易日结算价 ±4%
合约交割月份	1—12 月
交易时间	每周一至周五上午 9:00—10:15、10:30—11:30，下午 13:30—15:00；连续交易时间为每周一至周五的 21:00 至次日 1:00；法定假日（不含双休日）前第一个工作日的有色金属连续交易停止
最后交易日	合约交割月份的 15 日（遇法定假日顺延）
交割日期	最后交易日后连续 5 个工作日
交割品级	标准品：铅锭，符合国标 GB/T469-2005Pb99.994 规定，其中铅含量不小于 99.994%
交割地点	交易所指定交割仓库
最低交易保证金	合约价值的 5%
交割方式	实物交割
交易代码	PB
上市日期	2011 年 3 月 24 日

四、LME 铅期货的合约与仓单

伦敦金属交易所合约的标的是经过初步加工的金属，通常是易于更大程度的处置，且不易腐蚀的铸块状、阴极板等。在这些状态下，由于许多可变因素，比如杂质含量等都已经断定，金属定价就更便利了。

履行合约的方法有两种：到期实物交割或者到期前平仓。严格地说，伦敦金属交易所是一个远期合约市场而非期货市场。合约到期日在建仓时就断定了。所开头寸倘若不在到期日前对冲，就必需进行实物交割。一个头寸可以对冲的最后日期（最后交易日）是从合约到期日倒数的第三个交易日。

伦敦金属交易所实行仓单交割方法。仓单是一种无记名的单据，它给予持票人对指定的伦敦金属交易所定点交割库里的指定金属的所有权，且每张仓单代表一定数量的货物，卖方在合约到期日将仓单交给买方。为了保证伦敦金属交易所仓单上所列交割物的质量，所有金属都必需是伦敦金属交易所指定的品牌。

要注册伦敦金属交易所金属品牌，必须以生产商的名义，并通过伦敦金属交易所场内会员或者联合结算经纪会员递交申请。申请时必须提交至少两家伦敦金属交易所认可的质量检验机构提供的质检证书。伦敦金属交易所要求注册品牌达到合约规定的所有质量要求。

（一）LME 铅期货交易原理

伦敦金属交易所与美国、国内期货市场交易的标准化期货合约不同的是，伦敦金属交易所交易的合约更类似一个远期合约。由于采用的是做市商制度，故其报盘方法也采用和外汇相同的买卖价格方法，而非国内人士常用的电子撮合方法。各经纪公司对客户的报价不一定与显示的价格全部相同，具体取决于交易量规模、市场状况等因素。其合约也是依照 3 个月期、15 个月期、27 个月期、63 个月期方法持续滚动交易，与国内依照月份时间次序依次推出后续合约的方法不同。

（二）LME 铅期货交易方式

LME 有三种截然不同的交易方法。

（1）场内交易 / 圈内交易（Ring）。

（2）综合交易 / 路牙交易（Kerb）。

（3）办公室间交易（inter-off 洲际交易所）。

场内交易和场外交易均是通过公开喊价方法进行。所谓的办公室间交易，是通过电子交易系统、电话、电子商务或传真方式进行的，所有价格均显示在交易者看到的屏幕上。在讨论这些内容之前，了解一下典型的场内交易方法将对我们大有裨益。

第九章　锌　期　货

第一节　锌　简　介

一、物理性质

锌，英文名称 Zinc，元素符号 Zn，元素周期表中原子序数 30，是 IIB 族金属。密度 $7.14g/cm^3$，熔点 419.5℃，沸点 906℃。锌是一种浅灰色的过渡金属，常温下性较脆，100 ~ 150℃时变软，超过 200℃后又变脆。

锌在常温下表面会生成一层薄而致密的碱式碳酸锌膜，可阻止进一步被氧化。当温度达到 225℃后，锌会剧烈氧化。同时锌也是一种常见的有色金属，能与多种有色金属制成合金，其中最主要的是与铜、锡、铅等组成黄铜，与铝、镁、铜等组成压铸合金等。锌及其合金主要用于钢铁、冶金、机械、电气、化工、轻工、军事和医药等领域。

二、锌的历史

锌是人类自远古时就知道其化合物的元素之一。世界上最早发现并使用锌的国家是中国，锌的英文名称 Zinc 和化学符号 Zn 来源于拉丁文 Zincum，意思是“白色薄层”或“白色沉积物”。

古代最先被人们利用的是锌矿石和铜熔化制得的合金——黄铜，金属状锌的获得比铜、铁、锡、铅要晚得多。一般认为，由于碳和锌矿共热时，温度很快高达 1 000℃以上，而锌的沸点是 906℃，故锌成为蒸气状态，随烟散失，不易被古代的人们察觉。只有当人们掌握了冷凝气体的方法后，单质锌才有可能被取得。

明朝末年，宋应星所著《天工开物》中记载了世界上最早的炼锌技术，生产过程非常简单。将炉甘石（菱锌矿石）装在陶罐内密封，堆成锥形，用木炭填充罐与罐之间的空隙并燃烧，之后将罐打破，就可以得到提取出来的金属锌锭。

另外，我国化学史和分析化学研究的开拓者王链（1888—1966 年）在 1956 年分析了唐、宋、明、清等古钱后，发现宋朝的绍圣钱中含锌量高，提出中国用锌始于明朝嘉庆年间的结论。锌的实际应用可能比《天工开物》成书年代还早。在 10—11 世纪，中国是首先大规模生产锌的国家。

另据文献记载，印度是世界上最早炼锌的国家，可追溯到公元 1025—1280 年，方法是与中国完全相反的“上火下凝”式的蒸馏法。

1745 年，在瑞典海岸沉没的东印度公司轮船，经证实运载的货物是中国生产的锌，经过分析回收的铸锭，得知它们是几乎纯净的金属锌。

三、锌行业发展现状

自 2000 年以来，中国一直是全球最大的锌生产国和消费国，中国铅锌工业的发展受到国际铅锌行业的关注。当前，无论是中国市场还是全球市场，都普遍存在锌产能严重过剩的问题。

2008—2017 年，中国锌生产数量统计数据见表 9-1。

表 9-1　2008—2017 年中国锌生产数量统计数据表

单位：万吨

月 \ 生产量 \ 年	2008	2009	2010	2011	2012	2013	2014	2015	2016	2017
1	29.8	23.5	37.53	40.23	37.19	39.8	—	—	—	—
2	26.8	26.5	36.3	39.7	40.2	38.9	—	—	—	—
3	31.6	34.4	42.1	45.8	40.6	46.04	43.91	49.1	50.2	50.4
4	31.9	33.5	42.9	43.5	38.5	44.65	45.55	52.17	50.39	47.4
5	33.9	33.6	45.1	41.9	38.6	44.18	46.1	53.15	53.34	48.1
6	36.8	36.7	42.5	45.8	42	44.73	48.9	55.95	54.11	54.4
7	33.1	37.6	40.5	42.5	36.6	45.17	51.51	50.67	50.64	47.6
8	33.3	41.5	43.3	40.6	39.7	43.7	48.63	53.1	51.67	49.4
9	34.2	41	50.46	45.3	38.56	45.2	50.68	53.67	55.1	53.7

续表

年 生产量 月	2008	2009	2010	2011	2012	2013	2014	2015	2016	2017
10	36	40.5	48	47.4	42.22	49.86	51.77	52.89	55.49	57.7
11	30.4	44.5	46.8	46.7	45.28	50.34	55	53.65	56.19	60.3
12	31.5	46.2	47.3	51.4	48.15	44.26	53.97	48.57	53.48	57.6
合计	389.3	439.5	522.79	530.83	487.6	536.83	496.02	522.92	530.61	526.6

2006—2015 年，中国锌消费数量统计数据见表 9–2。

表 9–2 2006—2015 年中国锌消费数量统计数据表

单位：万吨

年份	2006	2007	2008	2009	2010
消费量	320.00	361.00	377.00	411.00	450.00
年份	2011	2012	2013	2014	2015
消费量	535.00	557.00	596.00	625.00	520.00

当前我国锌行业急需调整产业结构，加强锌行业技术创新，加快锌企业兼并重组工作。全球锌产业发展至今已经达到高峰，随着中国经济增速放缓，对于锌的需求也将逐步稳定。未来锌产业发展，将更多地通过技术水平提升来改善产品质量和产业结构。

2014 年，中国锌精矿进口量高于 2012 年和 2013 年，但是仍然远低于 2010 年和 2011 年。由于 2012—2013 年间中国大量锌冶炼厂减产，令中国锌精矿需求量下降。与此同时，2013 年下半年以来，中国市场上锌精矿供应开始变得充裕，因此中国买家削减锌精矿进口量。

2005—2016 年，中国锌精矿进口数量统计数据见表 9–3。

表 9-3　2005—2016 年中国锌精矿进口数量统计数据表

单位：万吨

年份	2005	2006	2007	2008	2009	2010
进口量	56.775 2	82.837	215.148 6	238.488	385.087 5	324.052 4
年份	2011	2012	2013	2014	2015	2016
进口量	293.611 6	194.075 5	199.405 3	219.911 3	324.503 9	199.843 7

四、锌的冶炼方法

（一）锌冶炼工艺

锌冶炼有两种工艺，即火法冶炼和湿法冶炼。

火法炼锌中的竖罐蒸馏炼锌方法已趋淘汰，电炉炼锌规模小且未见新的发展。密闭鼓风炉炼铅锌是世界上最主要的（几乎是唯一的）火法炼锌方法。世界上总共有 15 台（包括国内 ISP 工厂）密闭鼓风炉在进行锌的生产，占锌总产量的 12% ~ 13%，其技术发展主要是增加二次含铅锌物料的处理措施，改进冷凝效率，运用富氧技术等。

湿法炼锌是当今世界最主要的炼锌方法，其产量占世界总锌产量的 85% 以上。世界新建和扩建的生产能力，均采用湿法炼锌工艺。湿法炼锌技术发展很快，主要表现在硫化锌精矿的直接氧压浸出。硫化锌精矿通过常压富氧直接浸出，设备大型化、高效化，浸出渣综合回收及无害化处理程度高，工艺过程可以自动控制。

（二）火法炼锌

在高温下，用碳作还原剂，从氧化锌物料中还原提取金属锌的过程称为火法炼锌。

火法炼锌技术又分为竖罐炼锌（如图 9-1 所示）、密闭鼓风炉炼锌（如图 9-2 所示）、电炉炼锌和横罐炼锌几种方法。前两种方法是中国现行的主要炼锌方法，电炉炼锌仅为中小炼锌厂采用，横罐炼锌法已经淘汰。

（三）湿法炼锌

湿法炼锌应用时间较晚，第一个半工业性湿法炼锌试验开始于 18 世纪 90 年代，直到第一次世界大战中期，湿法炼锌才正式开始工业化生产。

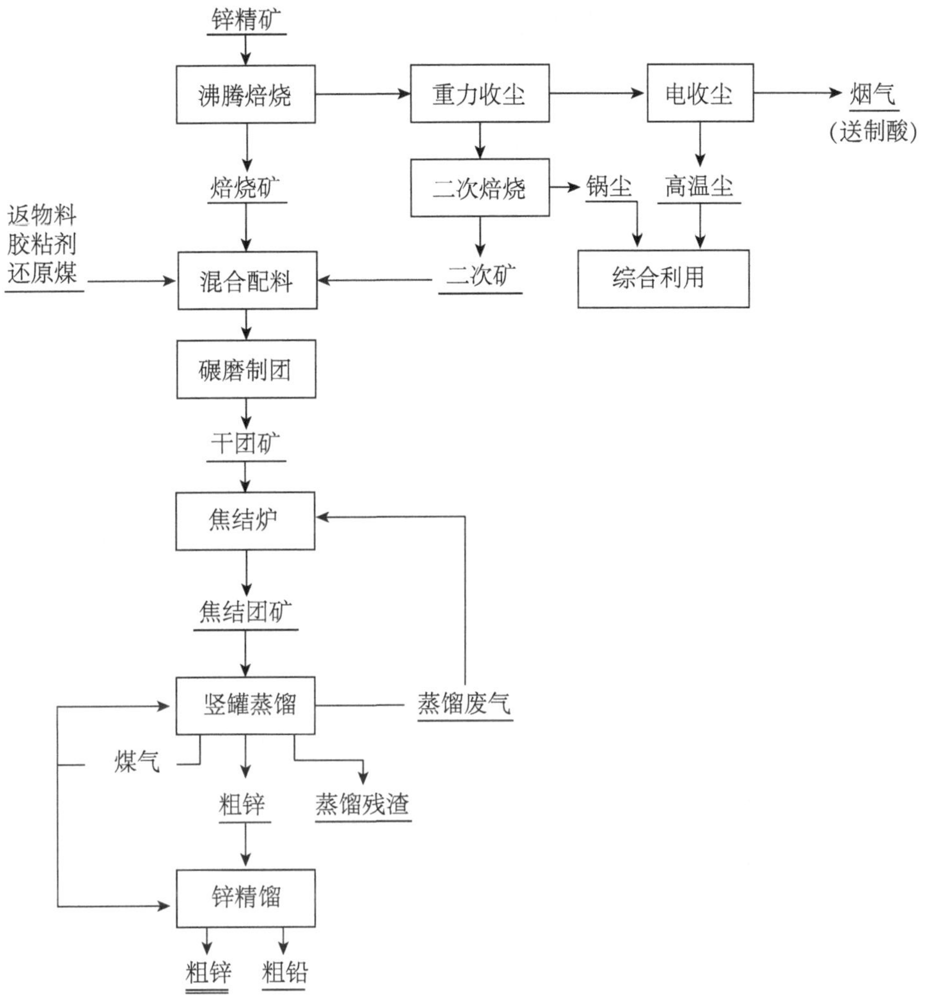

图 9-1　竖罐炼锌工艺流程图

在湿法炼锌发展过程中，首先攻克的是中性浸出、净化、电解几个过程。到了20 世纪 60 年代后，发展的重点又转移到中性浸出渣及有价金属的综合回收上。因中性浸出渣量大，渣含锌高（20% ~ 30%），怎样回收其中的锌成为一个重要问题。在科研工作者的不断努力下，又发展出火、湿两种处理中性浸出渣的方法。

火法是用高温烟化挥发，以 ZnO 烟尘的形式，返回浸出回收其中的锌。湿法是高温高酸浸出，使锌进入溶液，同时大量的铁也随之进入溶液，随后使用黄钾铁钒法、针铁矿法或赤铁矿法除铁，使含锌液再返回到中性浸出，回收其中的锌。

实践证明，用中性浸出、高温高酸处理浸出渣、除铁、净化、电解的湿法炼锌，在锌的回收率、综合回收有价金属、节能及环保上较火法有一定的优势。

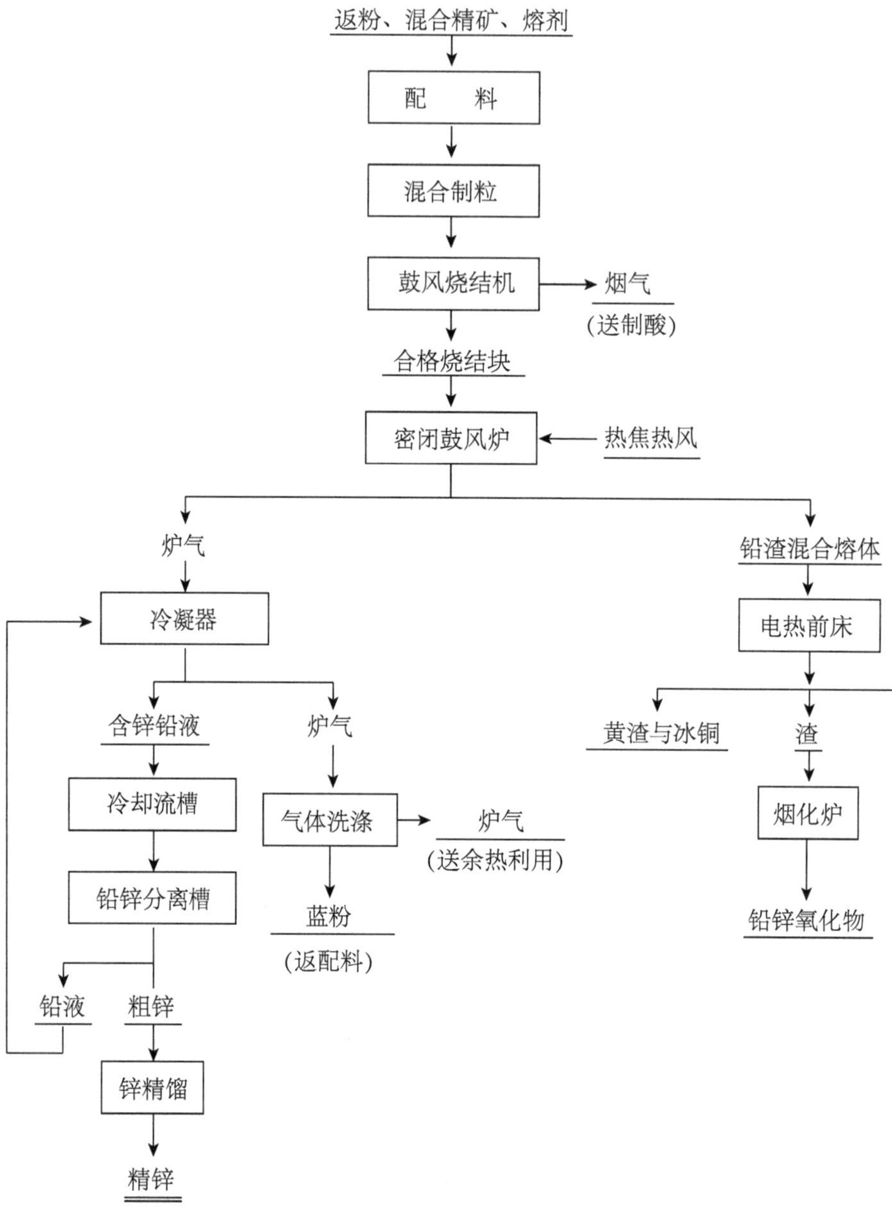

图 9-2　密闭鼓风炉炼锌工艺流程图

典型湿法炼锌工艺流程有中性浸出、净化、电解等工序，中性浸出渣处理有回转窑烟化或高温高酸浸出除铁工艺。湿法炼锌流程如图 9-3 所示。

特别要指出的是，焙烧工序实际上是火法过程，中浸渣的高温烟化挥发也是火法过程，因为它们是湿法炼锌中不可缺少的工序，故包含在湿法炼锌工艺中。目前湿法生产中仍多使用（a）流程，但（b）流程使用者正在迅速增加。

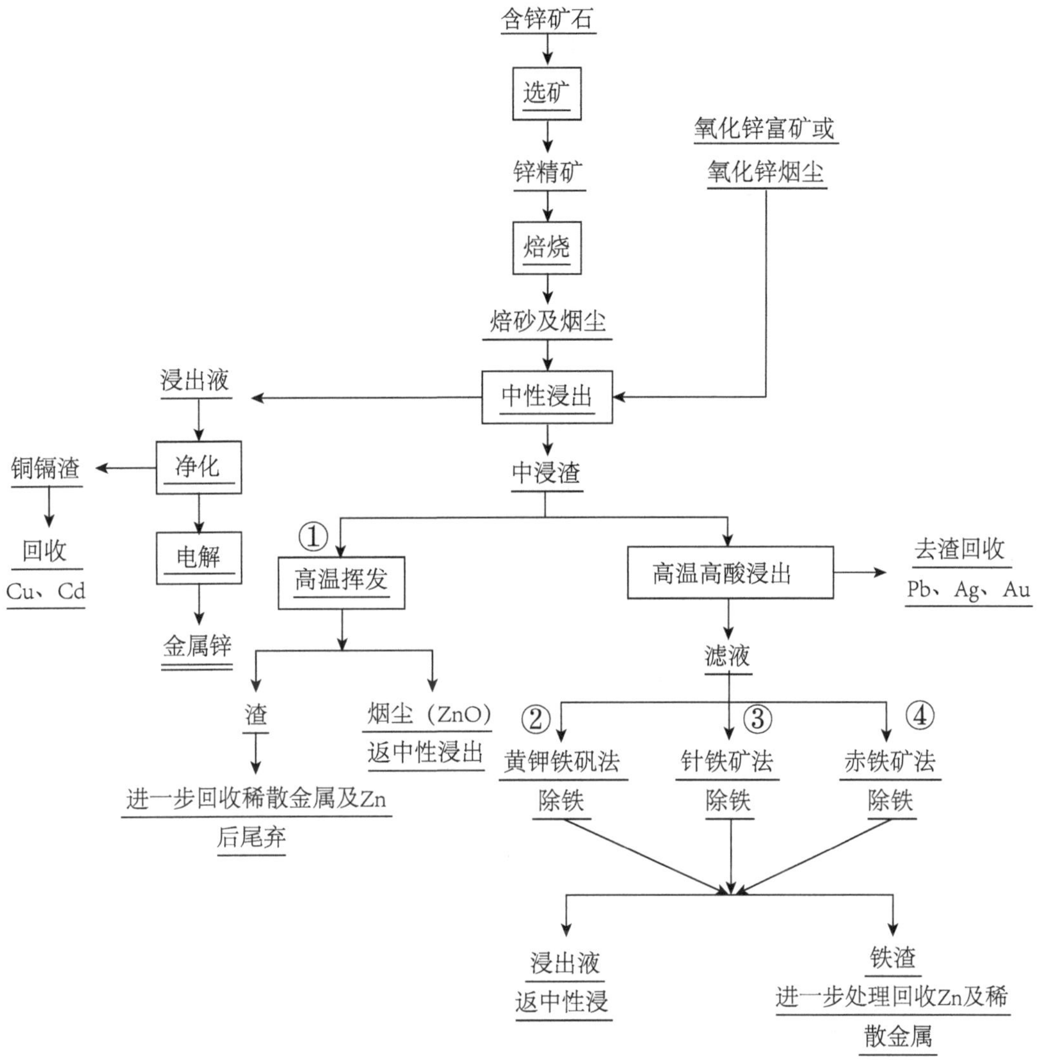

(a)

图 9–3 湿法炼锌流程图

五、锌的用途和应用领域

金属锌具有良好的压延性、耐磨性、抗腐蚀性、铸造性，且有很好的常温机械性，能与多种金属制成性能优良的合金。金属锌主要以镀锌、锌基合金、氧化锌的形式广泛应用于汽车、建筑、家用电器、船舶、轻工、机械、电池等行业。目前，锌在有色金属消费中仅次于铜和铝。

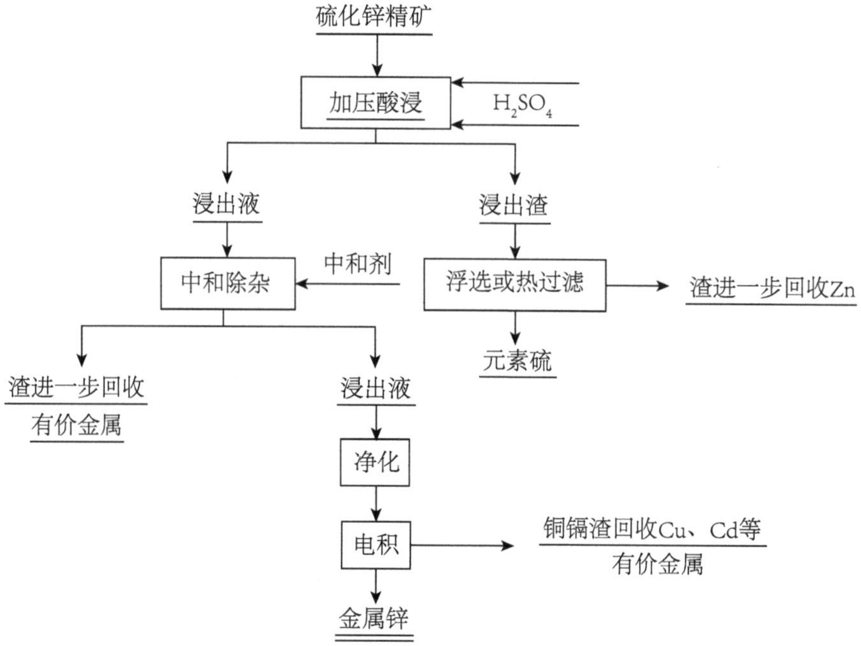

(b)

湿法炼锌不同工艺的概括原则流程图
(a) 一处理焙烧及氧化锌矿的原则流程图；(b) 一处理硫化锌精矿的原则流程图
①、②、③、④—中浸渣及高温高压浸取液的不同处理方法

图 9-3　湿法炼锌流程图（续）

（一）镀锌

镀锌指在金属、合金或者其他材料表面镀一层锌，以起到美观、防锈等作用，现在主要采用的方法是热镀锌。由于锌在常温下表面易生成一层保护膜，可以充分发挥其抗大气腐蚀的性能，因此锌被广泛应用于镀锌工业，主要用于钢材和钢结构件的表面镀层（如镀锌板），广泛用于汽车、建筑、船舶、轻工等行业。例如，含锌粉的涂料，起连接作用的锌块（连接船舶、桥梁和近海油气井架的钢构件），镀锌铁板（锌合金板）做的屋顶，钢带热浸镀锌等。

近年来，随着镀锌工艺的发展和高性能镀锌光亮剂的采用，镀锌已从最初的防护目的提升到防护加装饰性应用，目前镀锌在锌的全部消费结构中占据了一半以上。

（二）锌合金

锌本身的强度和硬度不高，但具有适用的机械性能，在与铝、铜等组成合金后，其强度和硬度均大为提高。尤其是锌铜钛合金的综合机械性能,已接近或达到铝合金、黄铜、灰铸铁的水平，其抗蠕变性能也大幅度提高。利用其优越的超塑性能，锌合金广泛应用于汽车制造和机械行业中压铸件及各种零部件的生产。同时，含少量铅、镉等元素的锌板，可制成印花锌板、有粉腐蚀照相制板和胶印印刷板等。

目前锌合金在锌的应用中占据 20% 左右。西方国家通过技术创新，实现了直接用锌合金板做屋顶覆盖材料，使用年限由镀锌的 5 ~ 10 年大幅提升到 120 ~ 140 年，而且可以回收利用。从长期来看，镀锌在锌的消费结构中比例会下滑，而锌合金比例会逐渐增长。

（三）电池

锌可以用来制作电池，例如，锌锰电池以及最新研究的锌空气蓄电池。

（四）其他应用

锌具有良好的抗电磁场性能。在射频干扰场合,锌板是一种非常有效的屏蔽材料。同时，由于锌是非磁性的，适合做仪器仪表零件及仪表壳体及钱币。另外，锌自身及与其他金属碰撞不会产生火花，适合做井下防爆器材。

锌肥（硫酸锌、氯化锌）有促进植物细胞呼吸、碳水化合物代谢等作用。锌粉、锌钡白、锌铬黄可作颜料。氧化锌还可用于医药、橡胶、油漆等工业。

六、锌资源储量分布及产量情况

（一）全球锌资源分布

锌是自然界中资源分布较广的金属元素，多以硫化物状态存在，主要含锌矿物是闪锌矿，也有少量氧化矿如菱锌矿、硅锌矿、异极矿、水锌矿等。2015 年美国地质调查局发布的数据显示，全球已探明锌资源约为 19 亿吨。

锌在世界上的资源分布如下。

（1）区域分布：世界上锌资源主要分布在亚洲、大洋洲和南北美洲。

（2）国家分布：世界上锌储量较多的国家有中国、澳大利亚、美国、加拿大、哈萨克斯坦、秘鲁和墨西哥等。其中澳大利亚、中国、美国和哈萨克斯坦的矿石储量占世界锌储量的 54% 左右，占世界储量基础的 64.66%。

2015 年美国地质调查局发布的数据显示，全球锌储量共计约 23 000 万吨。其中，澳大利亚 6 200 万吨，中国 4 300 万吨，秘鲁 2 900 万吨，墨西哥 1 600 万吨，印度

1 100 万吨，美国 1 000 万吨，哈萨克斯坦 1 000 万吨，加拿大 590 万吨，玻利维亚 450 万吨，爱尔兰 110 万吨，其他国家 4 200 万吨。见表 9–4。

表 9–4　全球锌储量国家分布表

单位：万吨

国　家	储　量
美国	1 000
澳大利亚	6 200
玻利维亚	450
加拿大	590
中国	4 300
印度	1 100
爱尔兰	110
哈萨克斯坦	1 000
墨西哥	1 600
秘鲁	2 900
其他国家	4 200
全球总储量	23 000

注：数据来源于美国地质调查局（USGS）。

（二）中国锌资源分布

2007 年，全国已探明的锌矿床有 778 处，保有地质储量较多的省份有云南、广东、湖南、甘肃、广西、内蒙古、四川和青海等。其中云南最多，占全国的 21.8%。内蒙古次之，占 13.5%。其他如甘肃、广东、广西、湖南等省（区）的锌矿资源也较丰富，均在 600 万吨以上。

根据 2014 年国土资源部数据显示，2013 年我国新探明大中型锌矿产地 16 处，新增锌矿储量 1 183.2 万吨。

我国锌资源的总体特征是：富矿少，低品位矿多；大型矿少，中小型矿多；开采难度较大。

我国锌资源主要集中在云南、广西、广东、湖南、内蒙古、江西6省（区）。云南主要集中在个旧，广西集中在南丹大厂，个旧和大厂两个地区的储量就占了全国总储量的40%左右。

根据中国铅锌矿产地分布和建设条件，经40多年的发展建设，现已形成东北、湖南、两广、滇川、西北等五大铅锌采选冶和加工配套生产基地，锌产量占全国总产量的95%。此外，内蒙古、江西、贵州等省（区）也建设了一批中小型矿山。

（三）全球锌年产量

根据美国地质调查局2015年发布的数据显示，2013年和2014年全球锌矿产量见表9–5。全球精锌矿产量各国分布比例如图9–4所示。

表9–5 全球锌矿产量国家分布表

单位：万吨

国 家	2013年	2014年
美国	78.4	82
澳大利亚	152	150
玻利维亚	40.7	41
加拿大	42.6	35
中国	500	500
印度	79.3	70
爱尔兰	32.7	30
哈萨克斯坦	36.2	33
墨西哥	64.3	70
秘鲁	135	130
其他国家	180	190
全球总产量	1 340	1 330

注：数据来源于美国地质调查局（USGS）。

锌主产国：美国、澳大利亚、玻利维亚、加拿大、中国、印度、爱尔兰、哈萨克斯坦、秘鲁、墨西哥。

锌主要消费国：中国、美国、德国、日本、韩国、意大利、印度、比利时等。

锌主要进口国：美国、德国、日本、韩国等。

锌主要出口国：加拿大、墨西哥、秘鲁、西班牙等。

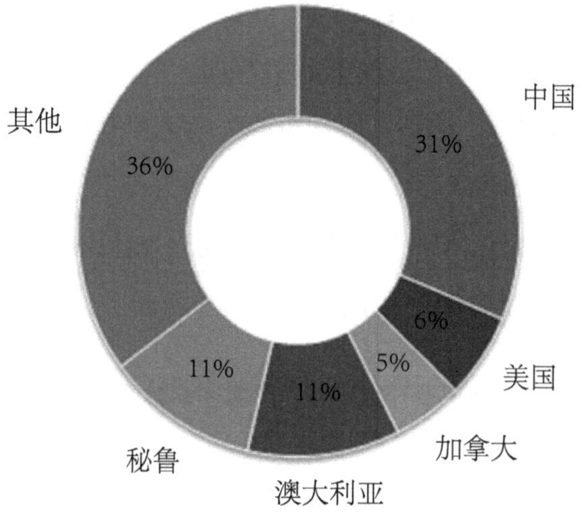

图 9-4 全球精锌矿产量各国分布比例图

（四）中国锌年产量

2009—2014 年中国精炼锌产量如图 9-5 所示。

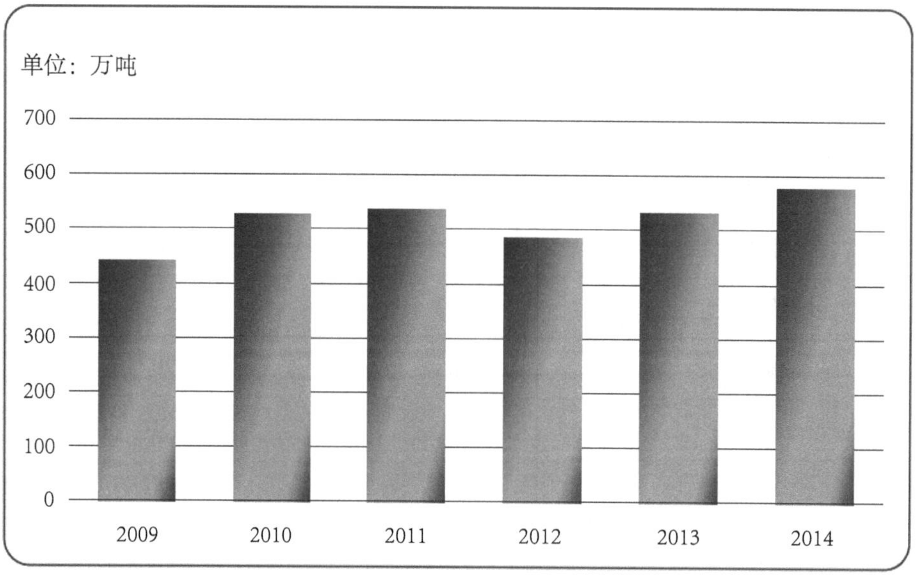

图 9-5 2009—2014 年中国精炼锌产量

2013—2014 年，中国精炼锌产量分布见表 9-6。

表 9-6 2013—2014 年中国精炼锌产量分布表

单位：万吨

地 区	2013 年	2014 年
湖南	102.7	120.5
云南	95.6	110.0
陕西	71.6	83.2
广西	42.0	48.3
内蒙古	44.9	53.0
甘肃	28.6	26.6
辽宁	25.4	25.8
河南	30.8	28.8
四川	15.8	20.1
广东	19.7	21.1
青海	9.8	8.1
江西	5.8	7.0
其他地区	4.3	8.5
合计	510.0	561.0

注：数据来源于中国有色金属工业协会。

七、再生锌行业发展现状

（一）再生锌产业发展的意义

近些年，随着炼锌技术的不断提升，锌原料消耗巨大，锌矿资源越采越少，金属锌面临原料供应短缺的局面，未来将有更多地区可能出现无矿可采的情形。在这种情况下，合理的资源利用及资源回收再利用成为人们日渐关注的焦点。

目前，世界上的锌 70% 来自于开采的锌矿石，30% 源于回收锌或二次锌。随着锌生产和锌回收技术的进步，现在 80% 的可回收锌已经被回收了，而且锌可以在生产和使用的各个阶段进行回收。例如，回收生产镀锌钢板时产生的废料，制造和安装过程中产生的废料及终端产品废料等。

（二）锌废料来源分类

1. 按行业划分来源

（1）热镀锌行业。

（2）化工及化学品生产。

（3）锌加工行业和回收行业。

（4）医药行业。

（5）其他行业。

2. 按原料来源分类

（1）新废料。

①热镀锌渣、锌灰。热镀锌渣、锌灰是中国再生锌的主要原料。热镀锌渣、锌灰中锌含量高，易于回收，回收率高达 90% 以上。

②铜材厂下脚料。

③压铸锌合金。锌合金压铸时产生的锌废料，主要来自压铸的熔渣。

④铅、铜冶炼系。锌与铅金属总是在矿石中伴生的，在铅冶炼过程中，锌会在烟尘中富集起来，这部分也是再生锌的原料。

（2）旧废料。

①钢厂含锌烟尘。这部分主要用回转窑和平窑等工艺烧结生产次氧化锌和一些化学产品。含锌烟尘主要来自高炉灰、转炉灰和电炉灰，其中以电炉灰为主。

②锌合金压铸件。锌合金压铸制品的折旧再生锌资源，主要来自折旧锌合金压铸制品废料，例如报废的汽车零部件、家用旧电器等。

③锌材。锌材中的折旧再生锌来源于折旧锌材制品废料，包括废轧制屋顶板、印刷锌板、胶印锌板，这部分废锌主要送到冶炼环节生产重熔锌锭。

八、全球再生锌产业发展现状

二次锌资源的冶金技术主要包括火法冶炼和湿法冶炼。据报道，每吨再生锌的能耗仅为原生锌的 28%，可节约能源 72%，节能、减排、环保效应十分巨大。

在工业发达国家及一些资源短缺国家，如日本、德国等，再生锌产业已经相当成熟和完善，锌回收技术也居于世界前列。这些回收锌不仅满足本国锌工业需求，而且大量出口到国外，我国每年都从这些国家进口大量废锌。

由于我国对再生锌的认识不够，因此较再生铜、再生铝和再生铅行业发展，再生锌行业发展较慢。但我国原料潜力仍然很大，且在回收含锌废料的同时，还可以同时回收铟、镉、铋等稀有金属，可以进行资源的全方位回收，也可以分梯次分阶段回收，综合利用。再生锌行业的发展，可以弥补我国锌资源的储备不足，解决我国锌资源短缺问题，也是保持国民经济健康发展的有效途径。

2014 年，中国取消锌（含再生锌）冶炼淘汰任务，与 2013 年相比淘汰落后产能数量在减少。2014 年淘汰落后和过剩产能任务涉及 16 个行业，2013 年是 19 个行业，比 2013 年少 3 个行业。2014 年取消了电解锌、酒精、味精、柠檬酸四个行业的淘汰任务，稀土（氧化物）行业取消了 10.24 万吨的淘汰任务。

九、锌对人体健康的影响

锌是人体必须元素之一，参加了人体内 200 多种酶的组成，被誉为“生命之花”。虽然锌在人体中的总量还没有一个黄豆粒那样大，但其对人体的重要性不可小视。它直接参与酶的合成，促进机体生长发育及组织再生，保护皮肤健康，维护免疫功能，进而更好地维护人类身体健康。由此可见，人体万万不可缺少它。但同时也不能盲目地补锌，长期服用锌含量高的补品、食品，会给人体带来危害。

下面具体分析一下锌对人体健康的影响。

（一）酶的组成部分

锌是人类机体中 200 多种酶的组成部分，人体内重要的含锌酶有碳酸酐酶、胰羧肽酶、DNA 聚合酶、醛脱氢酶、谷氨酸脱氢酶、苹果酸脱氢酶、乳酸脱氢酶、碱性磷酸酶、丙酮酸氧化酶等。它们分别在组织呼吸以及蛋白质、脂肪、糖和核酸等的代谢中发挥重要作用。

（二）促进机体生长发育及组织再生

锌是调节基因表达即调节 DNA 复制、转译和转录的 DNA 聚合酶的必需组成部分，因此，缺锌的突出症状是生长、蛋白质合成、DNA 和 RNA 代谢等发生障碍。孕妇在妊娠期间不能缺锌，否则会导致胎儿骨骼、大脑、心脏、眼、胃肠道和肺发生先天性畸形，胎儿的死亡率也会增加。对于儿童或成人，缺锌会引发缺锌性侏儒症。

此外，锌对于促进性生殖器官和维护性机能的正常也至关重要。人体缺锌会推迟性成熟，致使性生殖器官发育不全，性机能降低，精子减少，第二性征发育不全，月经不正常或停止。如及时补锌进行治疗，这些症状都会好转或消失。另外，无论成人或儿童，缺锌都能使创伤的组织愈合困难。

锌不仅对于蛋白质和核酸的合成，而且对于细胞的生长、分裂和分化等各个过程都是必需的。

（三）参加免疫功能过程

近年来，锌在保持免疫反应中的作用已经引起人们的注意。人缺锌时，T 细胞功能受损，引起细胞介导免疫改变，削弱免疫机制，降低抵抗力，使机体易受细菌感染。

（四）保护皮肤健康

动物和人都可因缺锌而影响皮肤健康，出现皮肤粗糙、干燥等现象。这时皮肤创伤治愈变慢，对感染的易感性增加。

（五）促进食欲

人体缺锌时，对味觉系统有不良的影响，导致味觉迟钝，出现食欲缺乏。口服组氨酸以造成人工缺锌时，也可引起食欲显著减退。

（六）其他影响

锌在临床上表现为对眼睛有益，是因为锌有促进维生素 A 吸收的作用。锌的存在有助于清除体内胆固醇,有助于抑制癌症的发生。缺锌易使孩子反复出现口腔溃疡。

十、锌的主要食物来源

人体中所需的锌来源广泛，存在于多种食物中。但动植物性食物之间，锌的含量和吸收利用率差别很大。动物性食物含锌丰富且吸收率高，植物性食物含锌量相对少且吸收率较低。

动物性锌元素主要存在于海产品、动物内脏中，如牡蛎、海参、鲱鱼、肉类、肝脏、蛋类等。

植物性含锌元素的植物主要有大白菜、黄豆、白萝卜、稻米（糙）、小麦、小麦面、小米、玉米面、玉米、高粱面、扁豆、马铃薯、胡萝卜、紫皮萝卜、蔓菁、萝卜缨、南瓜、甜薯干等。

第二节 锌期货知识

我国继 2001 年从锌矿山原料的净出口国转为净进口国后，2004 年又成为锌金属的净进口国。随着我国工业化发展进程的加快，中国将进入锌消费高速增长期。中国是世界最大的锌生产国和消费国，中国锌市场的供需变化对世界锌市场，特别是 LME 锌价的影响是不言而喻的。

锌期货市场最重要、最根本的功能是发现价格，提供规避风险场所。由于期货交易是通过集中撮合竞价方式产生的，集中撮合竞价可以产生未来不同月份商品期货合约的价格，其形成的价格领先于现货市场的价格变动，因此国际贸易中，大宗商品贸易定价基本上采用期货价格。

在以往多年里，与锌生产、消费大国不适应的是，中国没有自己的锌期货市场，没有权威的定价机制，难以形成反映中国各方面需求和利益关系的价格。企业通常只能参考 LME 价格来订现货合同。由于现货市场无法进行套期保值，这给整个行业经营带来了较大风险。

目前，我国有 6 家企业在 LME 注册，具备在国际市场进行套期保值的资格，但需要通过境外期货经纪公司操作。国内企业与国外机构信息不对称，容易遭到投机资金的挤压，增加了企业风险管理的难度。

这几年，随着我国锌原料与锌锭进口的增加，LME 与国内价格不同步加大了企业潜在的经营风险。2006 年，国际锌价连续突破历史高点，锌价涨幅为基本金属之首。1 月 2 090 美元 / 吨，4 月 3 083 美元 / 吨，11 月突破 4 000 美元 / 吨，最高达到 4 619 美元 / 吨，年均价 3 275 美元 / 吨，较 2005 年上涨 135%。

现货价格跟随 LME 起伏，没有套期保值的市场，使得上游企业在享受价格高涨带来的利润时，又备感惶惑。下游加工企业、终端消费用户则压力不断增加。国内推出期货交易，可以形成充分反映国际、国内需求和各方利益的合理价格，为企业提供有力的风险管理工具，通过套期保值规避市场风险。

锌产品质量稳定，标准统一，市场规模大，具有较好的流通性，因此是很好的期货品种。我国锌行业集中度不高，市场结构多样化。现有 800 家锌原料生产和冶炼企业，下游加工企业和流通领域企业市场参与者也呈现分布广泛、力量均衡的状况，这些都有利于期货市场交易者的多样化发展，既保证期货交易品种的流动性和参与程度，又能形成反映各方需求的合理价格。

我国锌消费主要集中在上海和广东及周边地区，几乎所有的企业都不同程度地将货物存放于这两个地区，再分销给最终用户。这降低了企业的采购成本、库存费用和销售经费，提高了资金周转率，满足了两地消费者持续稳定的需求，为推出期货交易提供了坚实的基础。

目前我国是世界上最大的锌生产国，但2004年起我国由锌净出口国转变为净进口国，已经进入了锌资源短缺时代。由于国内缺乏一个公开、高效、权威的市场定价体系，市场价格形成的无序性与市场规模增长之间的矛盾十分突出。

早在1990年代初，锌就是与铜、铝、铅、锡、镍等基本金属并列的中远期交易品种，但锌的交易规模逐年递减，至1997年锌交易基本停止。1998年，在期货市场的结构调整中，有色金属交易品种只保留了铜和铝，锌等品种被取消。

然而，锌的价格也在2006年不断走高。在市场需求看涨的同时，企业对如何抵御国际市场快速波动的风险意识也不断增强，关于重新推出锌期货的呼声一直不断。

2006年3月14日，上期所在第二届理事会第七次会议上，提出“制定并实施产品开发规划，加紧钢材、铅、锌、石油期货和铜期权等品种的开发及上市准备，力争取得重大突破”的目标。

上期所的有关报告指出，当时国内锌价主要基准来自上海有色金属网的上海锌价（SMM报价）。业内人士认为，SMM存在价格虚高和变化太快等方面的不足，此外，作为公开报价平台，SMM并不具备套期保值的功能。

有资格进行套期保值的，仅限于株洲冶炼、葫芦岛有色等少数几家大型企业，其他企业则只能通过外资企业来进行保值，受其提高展期费用和升贴水的影响，只能被动接受高价。锌期货的推出，为市场提供了一个重要的投资与避险渠道。

中国推出锌期货，主要缘于2006年国际锌价的巨大变化，LME的金属锌期货和金属铅期货甚至代替了金属铜一贯的领头地位。

2006年5月，有色金属步入调整行情后，锌表现相对强势，屡屡成为市场的领头品种。根据LME的情况看，锌的市场活跃度仅次于铜和铝期货。

中国是世界上最大的铅锌生产国和消费国，面对国际价格的显著变化，国内用锌企业更加敏感，保值、避险的需求也更加强烈。

目前，经中国证监会批准的可以从事海外套保交易的企业，仅有30余家大型国有企业，其中约 20 家金属生产、加工企业拥有海外金属交易机会。对于国内的大多数生产、贸易和加工企业而言，金属锌期货交易还是个新事物。上海期货交易所锌标准合约见表 9–7。

表 9–7 上海期货交易所锌标准合约

交易品种	锌
交易单位	5 吨 / 手
报价单位	元（人民币）/ 吨
最小变动价位	5 元 / 吨
每日价格最大波动限制	不超过上一交易日结算价 ±5%
合约交割月份	1—12 月
交易时间	每周一至周五上午 9:00—10:15、10:30—11:30，下午 13:30—15:00；连续交易时间为每周一至周五的 21:00 至次日 1:00；法定假日（不含双休日）前第一个工作日的有色金属连续交易停止
最后交易日	合约交割月份的 15 日（遇法定假日顺延）
交割日期	最后交易日后连续 5 个工作日
交割品级	标准品：锌锭，符合国标 GB470–1997 标准中 ZN99.995 规定，其中锌含量不小于 99.995%
交割地点	交易所指定交割仓库
最低交易保证金	合约价值的 6%
交割方式	实物交割
交易代码	ZN
上市时间	2007 年 3 月 26 日

目前，LME 和 COMEX 都上市交易了锌期货品种，而 LME 的锌期货从成交和市场参与程度上来说都是国际上最大的，已经吸引了包括投机、套利、套保客户的参与，对冲基金也在锌期货上积极布局。

第十章　锡、镍期货

第一节　锡　简　介

锡是一种有银白色金属光泽的低熔点金属，纯锡质柔软，常温下展性好，化学性质稳定，不易被氧化，常保持银闪闪的光泽。锡在地壳中的含量为0.004%，几乎都以锡石（氧化锡）的形式存在，此外还有极少量的锡的硫化物矿。作为“五金”（金、银、铜、铁、锡）之一，早在公元前2000年，锡就已经开始被人类使用了。

目前锡主要用于制造焊锡、镀锡板、合金、化工制品等，产品广泛应用于电子、信息、电器、化工、冶金、建材、食品包装、机械、原子能及航天工业等行业。

在古代，最早被发现并得到广泛应用的金属就是铜和锡。铜和锡的合金就是青铜，由于青铜性能优良，一经发现就很快得到了广泛应用，并在人类文明史上写下了极为辉煌的一页——青铜器时代。

一、锡的行业发展

大规模开采锡矿始于19世纪工业化以后，尤其是20世纪初。随着锡工业的不断发展，锡逐渐成为现代工业不可缺少的关键稀有金属，主要用于生产马口铁、电镀、抗腐蚀、焊接、材料、锡化工产品及锡的其他冶金用途，被广泛应用于电子、信息、电器、化工、冶金、建材、机械、食品包装、航天、船舶、燃料、原子能及宇宙飞船等尖端科技领域，被称为“工业味精”。

从目前世界锡的产销结构分析来看，随着世界经济的不断发展，国际锡市需求不断增长，全球矿山新增产能有限，且全球最大的锡锭和锡精矿出口国印度尼西亚从2013年7月1日起限制纯度低于99.9%的锡锭出口，国际锡市场供应目前处于短缺状态。

中长期来看，锡需求的增长离不开电子产业的持续高速发展，以及其他对锡需求的新兴行业的发展。像半导体行业的电子焊料，光伏产业的锡焊，PVC 阻燃中的羟基锡酸锌等，都需要用到大量的锡。虽然也有一些传统行业在材料使用上逐步用其他材料替代锡，如食品包装用铝替代锡，其他合金替代锡合金，但锡的总体需求量还将不断增长，锡金属供给短缺依然会保持较长的时间。

随着锡资源的不断消耗，再生锡工业逐步成为国际锡市场上一个重要的供应源。目前世界上中国、秘鲁的锡生产技术比较发达，马来西亚、泰国的锡工艺品享誉世界，欧美、日本等发达国家的锡深加工产品优势明显，形成了发展中国家以生产原料为主、发达国家以深加工为主的世界锡工业格局。

二、我国锡行业发展趋势

作为全球锡资源储量和供给的第一大国，同时也是全球锡消费的第一大国，我国的锡消费几近等于整个欧洲和美国的消费总和，我国的锡供需状况对全球锡供需有极为重要的影响。随着近几年像汽车、建筑、电子信息等锡消费相关领域产业的高速发展，产品结构不断调整，我国锡行业得到快速发展。

在锡焊料领域中，我国锡消费量年增长率在 10%左右。此外，我国塑料工业生产因环保要求，将扩大锡热稳定剂的使用，从而带动锡在化工领域的需求量。近年来，硫酸亚锡（常用作新型绿色环保水泥的添加剂）和其他锡化工产品发展较快，预计在化工领域国内锡消费量将保持 5%左右的增长。随着我国汽车、钢铁、机械制造业和矿山工业的发展，锡合金使用量也会有一定程度的增加，锡产业发展前景长期看好。

锡行业不断发展的同时，锡精矿产量不足、资源储量不足等问题逐渐显现出来，此外进口原料价格大幅上涨，印度尼西亚锡精矿出口限制等国外因素，也将影响我国锡原料供应格局。资源紧缺问题也直接影响到我国锡工业的持续稳定发展，因此不断勘探和开发国内新资源，积极有效利用国外资源，同时发展再生锡工业，已成为行业大势所趋。

另外，锡工业生产现状令人堪忧，要不断提高行业技术，优化产业链结构，严格推行准入制度，控制资源，节约成本，加强监督监管及惩处力度，从根源上杜绝非法采锡，保护资源，加大环保力度，使资源能够合理利用，确保我国在未来市场竞争中占据主动地位。

三、锡行业前景分析

随着半导体行业的增速加快，电子焊料依然雄踞锡下游需求半壁江山。2015 年全球电子焊料拉动锡需求大概有20.6万吨，复合年均增长率（CAGR）达到12.5%。

随着光伏产业未来持续爆发式增长，光伏焊带成为锡焊领域增长最快的下游需求端。全球2012年新增光伏装机容量突破30GW，2015年达87GW，2020年达293GW。按此推测，2011—2015年，全球新增光伏装机容量有望保持40%的复合增长率，光伏焊带的需求也将同步增加。

按照测算，每100MW的光伏电池需要光伏焊带50吨左右，按照锡含量20%～25%计算，需要锡金属10～12.5吨。目前光伏焊带对锡金属的需求仅为1 550～1 938吨，但是随着光伏新增装机容量的快速增加（假设年复合增长率30%），光伏焊带对锡的需求到2020年将增加至29 312～36 640吨。光伏焊带无疑是锡下游需求较快的子行业。

PVC阻燃，羟基锡酸锌规模化替代效应，或将进一步强化锡在化工领域的需求爆发。在锡化工领域，锡作为绿色材料，应用前景非常广阔。热稳定剂领域，硫醇甲基锡是无毒环保的PVC热稳定剂，锡酸锌作为新型安全无毒阻燃剂，是替代三氧化二锑的环保型产品。

锡金属供给短缺将会依然保持较长的时间。全球锡生产集中度较高，中国与印度尼西亚锡矿储量占全球52%，而锡精矿产量却高达66%。另外从公司层面看，全球前10大锡生产企业生产全球70%的产量，集中度较高。

自马来西亚出现锡矿资源枯竭困境之后，印度尼西亚和中国就开始对锡精矿采取保护性开采的政策，特别是2005年以后，印度尼西亚的锡精矿产出呈逐年递减的态势。中国虽然没有出现骤减的格局，但是在锡及其制品的出口配额中，却开始出现明显的减量控制，意在强化下游产业链的延伸。

锡最大的优点是可以100%回收，符合环保、节能、节约资源的国家战略，国家政策鼓励扩大锡的应用领域。目前，我国锡消费量占钢材总量的比重仅为发达国家的一半，锡使用于16Mn角钢的领域扩大，为行业发展提供了更加广阔的空间。

根据中国特钢协会锡分会的研究，未来我国锡长材的需求年均增长可达10%～12%。我国锡发展起步较晚，行业集中度相对较高，锡长材行业前4名的集中度约为51%，这有利于维护行业竞争秩序，避免恶性竞争。

四、锡的冶炼简介

锡的冶炼方法主要取决于精矿（或矿石）的物质成分及其含量，一般以火法为主，湿法为辅。

现代锡的生产，一般包括炼前处理、还原熔炼、炼渣和粗锡精炼四个主要过程。

炼前处理是为了除去对冶炼有害的硫、砷、锑、铅、铋、铁、钨、铌、钽等杂质，同时达到综合回收各种有用金属的目的。炼前处理的方法包括精矿焙烧和浸出等作业，根据所含杂质的种类不同，可以采用一个或几个作业组成的联合流程。但是，我国某些单纯含铅、铋、铁高的锡精矿，也可不经炼前处理。

还原熔炼主要是使氧化锡还原成粗锡，同时将铁的氧化物还原成氧化铁并与脉石成分造渣。因为不能使其生成金属铁，故需控制较弱的还原气氛和适当的温度，这必然限制锡氧化物的完全还原，因此炉渣含锡较高（这种渣称富渣），必须进一步处理。

炼渣用烟化炉挥发方法，这样产出的废渣含锡低，金属回收率高，同时大量减少了铁的循环。

粗锡精炼主要是除去铁、铜、砷、锑、铅、铋和银等杂质，同时综合回收有用金属。一般分为火法精炼和电解精炼。

五、锡精矿冶炼工艺流程

不同品位锡精矿冶炼工艺流程如下。

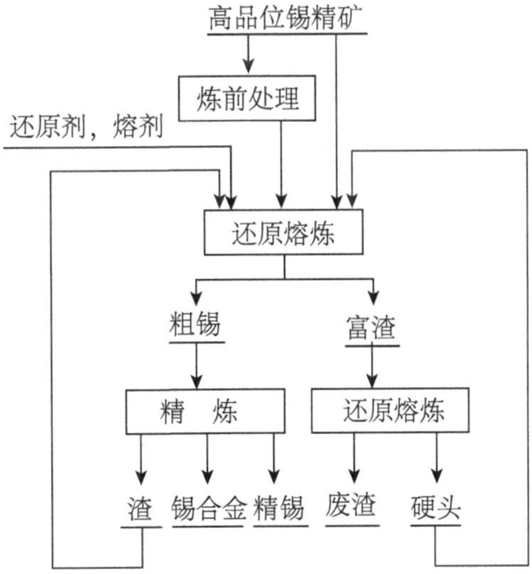

图 10-1　高品位锡精矿工艺流程示意图

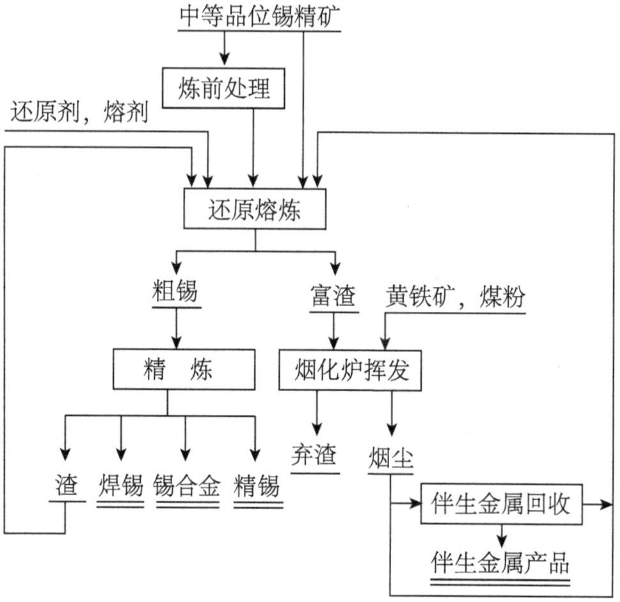

图 10-2　中等品位锡精矿工艺流程示意图

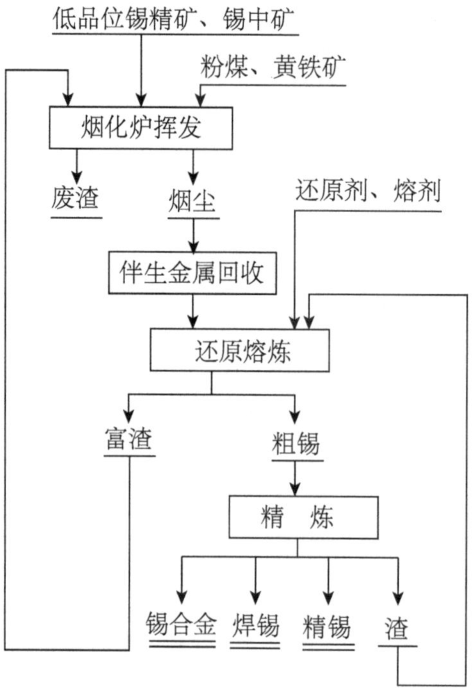

图 10-3　低品位锡精矿或锡中矿工艺流程示意图

六、锡材种类简介

锡材可分为锡箔、锡粉、锡粒（珠、球）、锡异型材（棒、板、片、带）。

锡有三种同素异形体，即白锡、灰锡、脆锡。

（一）锡箔

锡箔主要用于医药、化工、轻工、食品、艺术用品及工艺品制作等领域，如高级干式电容器、装饰装潢材料、微波炉隔热层、食品及酒类封装、民间宗教活动，以及利用锡箔的柔性、不怕挤压、防腐、防水特性，用于阻燃剂、地板胶、合成漆及其他有机化工原料的包装桶衬等，此外还在特殊焊接工艺中用作预成型件。

目前，我国锡箔的生产主要是手工敲制，生产企业主要集中在广东潮汕、浙江绍兴地区。产品幅面窄、薄厚不均、强度不佳，只能作为手工扎花工艺技术品，较多用在宗教礼仪方面，目前大部分（约 2 000 吨 / 年）销往中国台湾、中国香港和东南亚地区。

进入 20 世纪 90 年代以来，国内经济高速发展，锡箔用量迅速增长，国内生产的品种规模小,不能满足用户需要,导致大量锡箔（主要是机制的、大规格的高档锡箔）需要进口。

据估计，有一定机械强度、亮度、光洁度、厚度（40μ 左右）的机械箔产量，全球大约在 5 000 吨左右。世界主要锡箔生产国有德国、美国、英国、荷兰、西班牙、澳大利亚等，我国历年来进口的锡箔也主要来自这几个国家，年进口量大约 400 ~ 500 吨。目前，我国鼓励锡箔机械化深加工的专业化生产，以改变当前小规模手工敲制生产作业，提升锡箔质量和产量。

从目前锡箔的生产和消费来看，一方面是锡箔的应用和需求范围进一步扩大，另一方面是其他替代品种类的出现和替代品消费量增加，如低廉的铝箔市场竞争、聚乙烯薄膜包装材料的出现等，致使锡箔的消费量下降。

总的来说，锡箔的总消费量并没有显著提高。但从长期来看，由于锡箔具有铝箔所不具备的优势（如光亮度、不氧化、无毒、耐腐蚀、共振性能好等）和市场需要，随着工业水平及生活质量的不断提高，高质量、大规格的锡箔产品生产在我国具有广阔的市场前景。

（二）锡粉、锡粒（珠、球）

（1）锡粉广泛应用于电镀、粉末冶金结构零件、多孔材料、摩擦材料、金属陶瓷、金刚石研磨轮、金属石墨电刷、离合器制动器补面，以及特种涂料、信号弹焰火、橡胶、塑料等有机化工添加剂，有机合成还原剂等。目前年需求量在500吨以上。随着粉末冶金工业的发展，其用量还在迅速增长。

（2）锡粒、锡球广泛用于助熔剂、有机合成、化工生产、合金制造，以及电子行业中多组集成电路的装配等，还用于测定砷、磷酸盐的试剂、还原剂，镀锡制品等。锡粒是马口铁生产过程中必不可少的镀锡原料，要求所用锡粒圆滑、均匀、光亮。目前仅上海宝山钢铁公司引进的年产40万吨马口铁生产线，每年就需锡粒3 500吨，加上国内其他行业的用途，年需求达5 000吨以上。

（三）锡异型材（棒、板、片、带）

锡异型材广泛应用于电子工业焊接及电镀等行业，是国内锡材进口数量最大的一类，年进口量在1万吨左右，品种规格型号多，主要有菱形棒、八角形棒、星形棒、阳极板，各种规格圆管等。产品售价较高，增值额均在原料价的20%以上。

（1）锡棒（杆）用途主要有两方面：一是锡铅合金棒，可作为终极产品，往往需要进一步加工拉伸，生产不同规格的焊锡丝（线）用在电子工业方面;二是纯锡棒，用来作为电镀锡板的阳极棒材。

（2）锡板可分为两大类:一种是作为镀锡阳极用的锡阳极板;另一种是作民用的，主要是食品工业或大饭店用纯锡板，作食品加工时的面板（操作台）用。

日本在镀锡板生产中，采用锡阳极板作为不溶性阳极（即免换阳极），这和一般的电镀工艺有所不同。通常工艺采用的是可溶性阳极、阳极板将随生产的进行自行溶解。

七、锡应用简介

锡是人类最早使用的金属之一，也是最具广泛工业用途的金属之一，具有质地柔软、熔点低、展性强、塑性强和无毒等优良特性，主要用于制造焊锡、镀锡板、合金、化工制品等。锡被广泛应用于电子、信息、电器、化工、冶金、建材、机械、食品包装、原子能及航天工业等。随着经济的发展，其应用领域将不断扩大。具体的应用情况如下。

（一）焊锡

焊锡主要指用锡基合金做的熔点较低的焊料。随着行业的发展和欧盟明确提出环保要求，逐渐由无铅焊锡代替铅焊锡，是全球电子制造业发展的必然趋势。同时，锡焊料是锡在电子行业的主要应用，用于电子焊接，该领域目前占我国锡下游应用的70%。另外，镀锡钢板和锡化工制品分别占下游应用的8%和12%。

（二）镀锡板

镀锡板俗称马口铁，具有良好的密封性、保藏性、避光性、坚固性和抗腐蚀性，无毒且具有特有的金属装饰魅力，被广泛应用于罐头、饮料等食品包装行业，军工、仪表、电器及其他工业等，在包装领域属于国际上通用的包装品种。

镀锡板也是锡的重要消费领域之一，占其全部消费的30%（2010年数据）。

（三）锡合金

最常见的合金有锡和锑、铜合成的锡基轴承合金和铅、锡、锑合成的铅基轴承合金，它们可以用来制造汽轮机、发电机、飞机等承受高速高压机械设备的轴承。含锡的青铜目前主要用来制造耐磨零件和耐腐蚀设备，广泛应用于船舶、化工、建筑、货币等工业。

在黄铜中加入锡，即可形成锡黄铜，多用于制造船舶零件和焊接条等，素有“海军黄铜”之称。在工业上，还常把锡镀到铜线或其他金属上，以防止这些金属被酸碱等腐蚀。

锡还可与其他金属制成活字合金（随着激光印刷技术的推广，铅字逐渐被淘汰）、巴比特合金、钛基合金和铌锡合金等，用于原子能工业、航空工业、超导材料以及宇宙飞船制造等尖端技术领域。

（四）化工

锡在化工方面主要用于生产锡的化合物和化学制品。锡的有机化合物主要用作木材防腐剂、农药等，锡的无机化合物主要用作催化剂、稳定剂、添加剂和陶瓷工业的乳化剂。

（五）锡的化合物

锡与硫的化合物——硫化锡，其颜色与金子相似，常用作金色颜料。锡与氧的化合物——二氧化锡，是不溶于水的白色粉末，可用于制造搪瓷、白釉与乳白玻璃。

二氧化锡还可以作为催化剂用于防止空气污染（汽车废气中常含有有毒的一氧化碳气体），在二氧化锡的催化下，在300℃时，可大部转化为二氧化碳。锡的化合物还可应用于染料、橡胶、塑料、农药等工业。

（六）化学制品

锡化学制品是锡的另一主要终端用途，近年化学制品领域锡的消费量不断增长。化工用锡主要集中在 PVC 热稳定剂、杀虫剂、催化剂、农业化肥和玻璃镀膜五个方面。

（七）其他应用

（1）电子工业用材料，用作高纯试剂。

（2）用于还原剂测定砷、磷酸盐的试剂，也用于有机合成。

（3）用于制造电碳制品、摩擦材料、含油轴承及粉末冶金结构材料。用于磷酸盐的测定和有机合成，也用作还原剂。高纯铜是原子能、火箭、导弹、航空、宇宙航行以及冶金工业中不可缺少的宝贵材料。高纯铜的吸热能力强、机械性能稳定、熔点高、耐高温，是原子反应堆中子反射层的最好材料。在冶金工业中是合金钢的添加剂，也用于耐火材料与特种玻璃、集成电路、天线等诸多方面。

（4）用于低熔点合金制备。高纯锡在电子工业中用于镀锡和扩散掺杂工艺。

八、主要地区锡消费结构比例

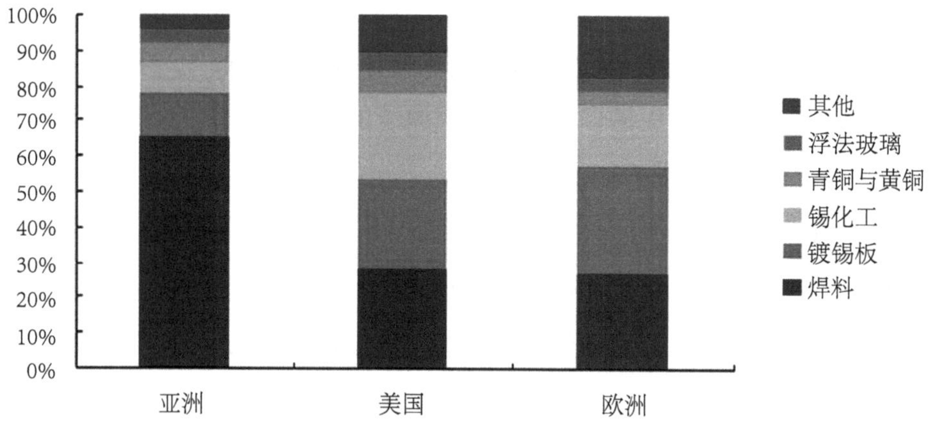

图 10-4　全球主要地区锡下游消费结构比例图

九、锡的应用前景及其替代品

国际锡研究协会中国区技术部总监杰瑞米·皮尔斯（Jeremy Pearce）博士曾于 2013 年表示，由于技术的不断推进，未来锡的应用领域或将出现一场技术性革命。他说，在未来不到 20 年的时间里，世界上将会出现一种新型的“无焊料”技术，这种技术能源消耗更少、焊点强度更高、可靠性更好，将为锡金属的应用带来前所未有的好处，其在平板电脑、智能手机等领域的应用都会随之发生变化。

同时，有分析认为，市场对锡的需求预计未来年均将增长 2%，这主要得益于下游行业的增长和锡的应用领域的扩大。比如锡在锂电池领域对阳极碳的替代，在不锈钢领域对铬镍的替代，在 PVC 领域对铅的替代在逐步推进，这些都有望为锡的需求增长贡献新的力量。

同时，在其他一些领域，锡也为其他材料所替代。如在金属罐等容器的生产中，铝、玻璃、纸、塑料及不含锡的钢都可以替代锡，环氧树脂可以在焊接时替代锡，铝合金、铜基合金及塑料，都可以在生产青铜时替代锡，塑料还可以在轴承合金的生产中替代锡，铅化合物及钠化合物也可以替代一部分锡化合物。

十、锡的资源分布

作为世界上的稀有金属之一，锡在地壳中的含量为 0.004%，全球锡储量约 480 万吨，基础储量约为 1 100 万吨。在自然界中锡主要以自然元素、金属互化物、氧化物、氢氧化物、硫化物、硫盐、硅酸盐、硼酸盐等形式存在。目前已发现锡矿物和含锡矿物 50 余种，其中具有工业价值的主要矿物为锡石、黄锡矿、圆柱锡矿、硫锡铅矿和辉锑锡铅矿。有时黑硫银锡矿、黑硼锡矿、马来亚石、水锡石、水镁锡矿等也可以相对富集，形成工业价值。

（一）区域分布

锡矿呈带状分布，太平洋地区是主要蕴藏区，主要分布在东南亚和东亚两大锡矿带。

东南亚锡矿带：北起缅甸的掸邦高原，沿缅泰边境向南经马来半岛西部，延伸到印度尼西亚的邦加岛和勿里洞岛，伴生有钨，故有“锡钨地带”之称，储量占世界总储量的 60%。

东亚锡矿带有以下几个。

（1）西起中国云南个旧，向东沿南岭构造带延伸到广西。

（2）南起朝鲜北部，经中国东北地区一直延伸到俄罗斯的西伯利亚。

（3）从中国的海南岛起，沿中国东南沿海延伸到香港一带。

（4）日本本州岛北部的小型锡钨矿，是中国大陆锡矿带的侧端。此外，南美洲安第斯锡矿带，非洲中部等地也有锡矿分布。

（二）国家分布

锡矿在全球主要分布在中国、印度尼西亚、秘鲁、巴西、玻利维亚、马来西亚、俄罗斯、澳大利亚、泰国等国，其他国家共计约 18 万吨。

美国地质调查局 2015 年发布的数据显示，全球锡储量共约 480 万吨，中国拥有 150 万吨，印尼 80 万吨，巴西 70 万吨，玻利维亚 40 万吨，澳大利亚 37 万吨，具体见表 10–1。

表 10–1　全球锡矿储量表

单位：万吨

国　家	储　量
澳大利亚	37
玻利维亚	40
巴西	70
缅甸	—
中国	150
刚果（金）	—
印度尼西亚	80
老挝	—
马来西亚	25
尼日利亚	—
秘鲁	8
俄罗斯	35
卢旺达	—
泰国	17
越南	—
其他国家	18
全球总量	480

注：数据来源于美国地质调查局（USGS）。

十一、中国锡资源分布

中国是世界上锡矿资源最为丰富的国家，锡资源储量位居全球第一，探明储量约150万吨，占全球探明储量的28.85%，储量基础350万吨。总保有储量407万吨，居世界第二位。

我国共探明矿产地293处，分布于15个省（区），以广西、云南两省（区）储量最多。其中，云南保有储量128.00万吨，占全国总保有储量的31.4%；广西保有储量134.04万吨，占保有储量的32.9%；广东保有储量40.82万吨，占总保有储量的10.0%；湖南保有储量36.25万吨，占总保有储量的8.9%；内蒙古保有储量32.87万吨，占总保有储量的8.1%；江西保有储量26.04万吨，占总保有储量的6.4%。以上6个省（区）保有储量就占了全国总保有储量的97.7%。

云南、广西和湖南是中国最大的产锡基地，目前三个省（区）锡精矿产量合计约占全国总产量的90%。广西南丹的大厂是我国特大型锡矿基地之一，也是世界少有的特大型多金属锡矿床。云南锡矿保有储量略低于广西，居全国第二位，而产量居全国之首。个旧锡矿位于云南省南部边陲，自古享有“锡都”之誉，是我国最大的锡矿，也是大型铜矿、铅锌矿产地，它与广西大厂的合计储量占全国的一半以上。

个旧,哈尼人意为“银色的山谷”。这里锡矿储量丰富,是世界著名的锡矿带之一。矿石中还含有铜、铅、锌等多种金属元素。个旧的锡开采历史悠久，现已形成采、选、炼生产体系。除生产锡以外，还冶炼铜、铅、镍、钴等。个旧已成为我国目前最大的以产锡为主的有色金属联合生产基地，锡产量占全国的70%左右。

在我国，云南锡业集团有限责任公司和广西柳州华锡集团有限责任公司是最大的两家产锡骨干企业，这两家的精炼锡产量约占全国精炼锡产量的50%。其中，云南锡业自2005年以来，锡金属产量居全球第一，产锡能力已经达到8万吨。广西华锡集团拥有得天独厚的矿产资源，已探明和控制的锡、锌、锑、铅、铟、银等矿石量达116 000万吨，综合金属量超过450万吨，其中锡占广西总量的70%多，约占全国总量的1/3。

（一）我国锡矿资源特点

1. 储量高度集中

主要集中在云南、广西、广东、湖南、内蒙古、江西6省（区），云南又主要集中在个旧，广西集中在南丹大厂，个旧和大厂两个地区的储量就占了全国总储量的

40% 左右。

中国锡矿的另一个特点是以原生锡矿为主，砂锡矿居次要地位。在全国总储量中，原生锡矿占 80%，砂锡矿仅占 16%。

2. 共伴生组分多

锡矿作为单一矿产形式出现的只占 12%，作为主矿产的锡矿占全国总储量的 66%，作为共伴生组分的锡矿占全国总储量的 22%。

共生及伴生的矿产有铜、铅、锌、钨、锑、钼、铋、银、铌、钽、铍、铟、镓、锗、镉，以及铁、硫、砷、萤石等。

3. 大中型矿床多

锡矿大中型矿床多，尤以云南个旧和广西大厂最为著名，是世界级多金属超大型锡矿区。

4. 勘探程度高

中国锡矿勘探程度是比较高的，截至 1996 年底，中国锡矿达勘探工作程度的保有储量占总储量的 51.6%，达详查工作程度的 44.8%，二者合计占到全国总储量的 95.6%。

（二）锡的年产量

1. 全球锡年产量

美国地质调查局 2015 年发布的数据显示，2014 年全球锡产量共约 29.6 万吨，其中，中国生产了 12.5 万吨，印度尼西亚 8.4 万吨，秘鲁 2.37 万吨，玻利维亚 1.8 万吨，巴西 1.2 万吨，具体见表 10–2。

表 10–2　全球锡矿产量表

单位：万吨

国　家	2013 年	2014 年
澳大利亚	0.647	0.61
玻利维亚	1.93	1.8
巴西	1.2	1.2
缅甸	1.1	1.1

续表

国　家	2013 年	2014 年
中国	11	12.5
刚果（金）	0.3	0.3
印度尼西亚	0.52	8.4
老挝	0.08	0.08
马来西亚	0.37	0.35
尼日利亚	0.057	0.05
秘鲁	2.37	2.37
俄罗斯	0.042	0.06
卢旺达	0.19	0.2
泰国	0.02	0.02
越南	0.54	0.54
其他国家	0.01	0.01
全球总量	29.4	29.6

注：数据来源于美国地质调查局（USGS）。

2. 我国锡年产销量

亚洲金属网（Asian Metal）统计表明，2014 年中国锡锭年总产能约 21.8 万吨。作为全球最大的锡生产国，中国锡矿资源集中度比较高，主要集中在云南、广西、湖南、江西和内蒙古，同样锡冶炼产能也集中在这些省份。其中，云南地区锡冶炼总产能达到 12.5 万吨，占全国总产能的 63%。云南锡业股份有限公司是全球最大的锡生产企业，其锡锭产量连续 3 年创最高年度纪录。如图 10-5 所示。

根据亚洲金属网的数据，2010—2012 年，中国锡锭年产量逐渐下降，从 16 万吨以上下降至 15 万吨左右。2012—2014 年，锡锭年产量持续攀升，且增速明显上扬。2014 年中国锡锭年产量达到 18.9 万吨，同比增长 17.9%。如图 10-6 所示。

第一阶段，2010—2012 年，中国锡矿砂和精矿产量及进口量增速放缓，原材料

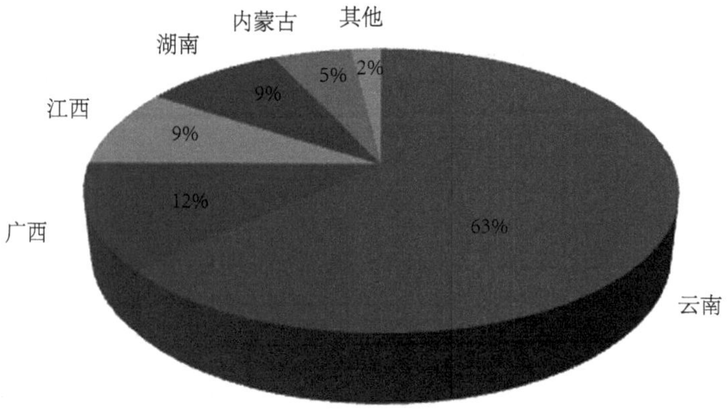

图 10-5 中国锡锭产能分布

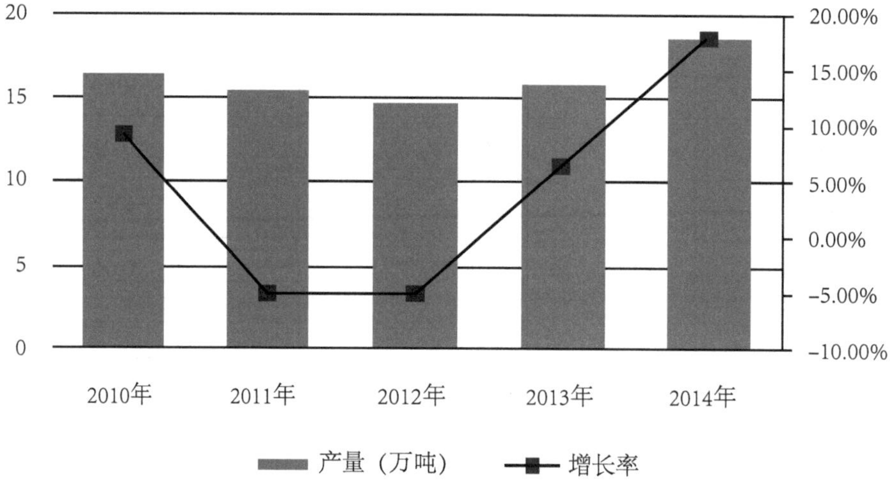

图 10-6 2010—2014 年中国锡锭产量

供应趋紧，中国锡产量有所下降。

首先，中国对稀缺性资源的保护意识增强，整合资源以减少对矿山资源的滥挖滥采，私人矿山日渐减少使得锡矿开采量出现下滑。

其次，环保意识日渐强烈，锡矿采选和冶炼被列为重金属污染防控的重点行业，其中云南个旧市因此关停了 100 多家小型矿山及选厂。

再次，矿石采选成本不断上升但行情低迷，打压了矿山的生产积极性，这也令矿石产量有所下降。

由于印度尼西亚不断限制锡矿出口量，2010—2012年，中国锡矿进口量增速放缓，年进口量基本在2毛万吨左右。如图10-7所示。

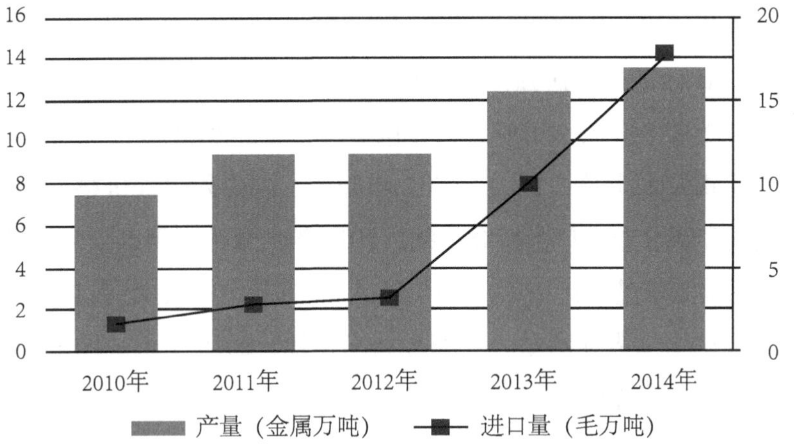

图10-7　2010—2014年中国锡矿砂及精矿产量及进口量

2010—2012年，中国锡锭进口量持续攀升，国内市场锡锭供应充裕，生产商被迫减产。2010—2012年，伦锡先扬后抑，中国市场锡锭价格持续大幅攀升，国内采购商进口锡锭利润可观，精锡和锡合金进口量持续攀升，2012年进口量攀升至3万吨以上。这种情况下，国内低价进口锡锭供应增多，总体供应逐渐充裕，冶炼厂不得不减少产量。如图10-8所示。

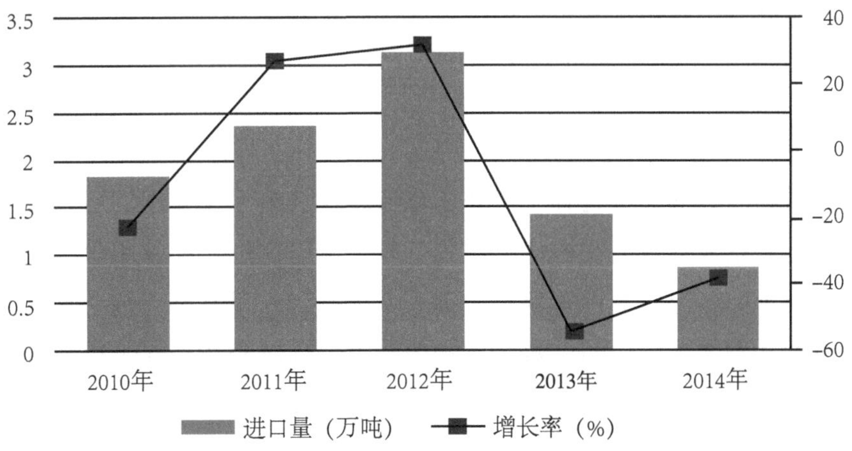

图10-8　2010—2014年中国精锡及锡合金进口量

第二阶段，2013—2014 年，中国锡产量持续攀升。

首先，中国锡矿产量及进口量持续攀升，原材料供应宽松，锡锭产量增长。随着内蒙古、江西等地区锡矿产量上扬，2013 年中国锡矿总产量小幅攀升。与此同时，印度尼西亚持续出台措施限制原矿出口，中国开始从其他国家增加锡矿进口量。2014 年，中国锡矿砂进口量达到 17.8 万吨，这也是有史以来最高水平。其中从缅甸进口锡矿砂数量最多，达 17.3 万吨，占中国总进口量的 97.4%。

其次，中国锡锭需求缺口扩大。2013 年开始，国内外锡锭价格持续下滑，进口亏损，中国精锡和锡合金进口量持续萎缩，2014 年大幅缩减至 0.875 5 万吨。2013—2014 年，中国锡锭需求量维持在 14 ~ 16 万吨，进口量大幅减少，国内市场供应短缺，中国锡冶炼厂开始增加锡锭产量。亚洲金属网预计，2015 年，中国市场锡锭产量持稳或小幅下降，基本维持在 17 ~ 18 万吨。

第二节 镍 简 介

镍是一种银白色金属，在空气中很容易被空气氧化，表面形成有些发乌的氧化膜，因此人们见到的镍常常颜色发乌。镍质坚硬，有很好的延展性、磁性和抗腐蚀性，且能高度磨光。镍在地壳中含量非常丰富，在自然界中以硅酸镍矿或硫、砷、镍化合物形式存在。镍常被用于制造不锈钢、合金结构钢等钢铁领域，电镀、高镍基合金和电池等领域，广泛用于飞机、雷达等各种军工制造业，民用机械制造业和电镀工业等。

一、镍的历史

镍在人类物质文明发展过程中发挥了重要作用。由于镍和铁的熔点较接近，镍被古人误认为是很好的铁。在古代，中国、埃及和巴比伦人都曾用含镍很高的陨铁制作器物，由于镍不生锈，也被秘鲁土著人看做是银。早在公元前 235 年，我国就开始使用镍矿物制造硬币，而白铜（即铜镍合金）在公元前 200 年就被我国古人发明和使用了。

二、镍的行业发展

近年来，世界镍的生产和消费比较平稳，世界上镍市场供求情况主要是随不锈钢工业发展变化而变化。随着镍在不锈钢工业消费中应用的增长，镍铁冶炼工艺技术有了极大进展，高品位镍铁产量得到大幅提升。镍矿资源大国主要有俄罗斯、加拿大、新喀里多尼亚、印度尼西亚、澳大利亚和古巴，合计矿产镍产量和出口量约占世界总量的 80% 左右。

镍的冶炼主要集中在俄罗斯、日本、加拿大、澳大利亚、挪威、中国、新喀里多尼亚、英国、南非和芬兰。

主要的镍消费国，也是不锈钢主要生产国，有日本、美国、德国、俄罗斯、意大利、法国和韩国。在主要镍消费国中，仅有俄罗斯是镍资源国家，其余的消费国几乎没有可供开采的镍矿，主要依靠进口镍精矿和其他初加工镍产品。随着镍资源的不断消耗，资源储量不断减少，寻找并合理开采新镍矿与加大镍资源再生工业发展，成为当前镍行业发展的重要任务。

目前，我国是全球最大的镍铁生产和消费国，随着经济和钢铁工业的不断发展，镍资源需求不断增加。与此同时，镍矿的产量也在不断增加，逐渐造成当前全球镍市供应过剩的格局。在国内不锈钢生产中，镍铁作为生产原材料，其使用比例将逐年上升，纯镍的使用呈下滑趋势。

在我国镍行业不断发展的同时，问题也随之而来。如镍矿中多为低品位矿，露采比例很小，可采储量更少，开采和冶炼技术相对较为落后，与世界先进技术还有很大差距，开采和冶炼成本居高不下。由此可见，我国镍行业仍有很大的发展空间。

三、镍市近况

2014 年，尽管部分发达国家经济情况不佳，但全球镍价仍然上涨了 12 个百分点。2014 年 5 月，伦镍现金结算价一度攀升至 19 434 美元 / 吨，但受欧元区钢材生产商减产，相关的经济问题及通胀压力影响，第四季度价格复又回落，10 月时降至 15 765 美元 / 吨。同时，伦交所库存也逐渐攀升至新高，10 月底便超过 38.5 万吨。

虽然金属镍价格低且市场供应过剩，但新镍厂仍不断出现，原因在于生产商认为全球经济将复苏。与此同时，2013 年全球奥氏体不锈钢产量增至新高，其中中国的产量占比超过一半。而市场尤其是航空及电力领域，对含镍超级合金的需求仍在上涨。2014 年 1 月，印度尼西亚政府颁布镍矿出口禁令，希望藉此促进国内镍铁及含镍生铁的生产。

四、镍的替代品

在建材行业，奥氏体不锈钢正在取代原有的低镍、双重铬或超高铬不锈钢。一些不含镍的特殊钢有时也会取代含镍不锈钢，应用于电力及石化行业。钛合金可取代金属镍或镍合金,应用于腐蚀性化学环境中。锂电池则在一些设备中取代了镍电池。

五、镍的冶炼简介

镍矿石主要分硫化铜镍矿和氧化镍矿，两者的选矿和冶炼工艺完全不同。根据硫化铜镍矿矿石级别选用不同的选石方法，再进行冶炼。氧化镍矿的冶炼富集方法，可分为火法和湿法两大类。具体选矿加工内容下面将详细介绍。

（一）硫化铜镍选石方法

硫化铜镍矿石的选矿方法，最主要的是浮选，磁选和重选通常为辅助选矿方法。浮选硫化铜镍矿石时，常采用浮选硫化铜矿物的捕收剂和起泡剂。确定浮选流程的一个基本原则是，宁可使铜进入镍精矿，也要尽可能避免镍进入铜精矿。因为铜精矿中的镍在冶炼过程中损失大，而镍精矿中的铜可以得到较完全的回收。

铜镍矿石浮选具有下列四种基本流程，如图 10–9 所示。

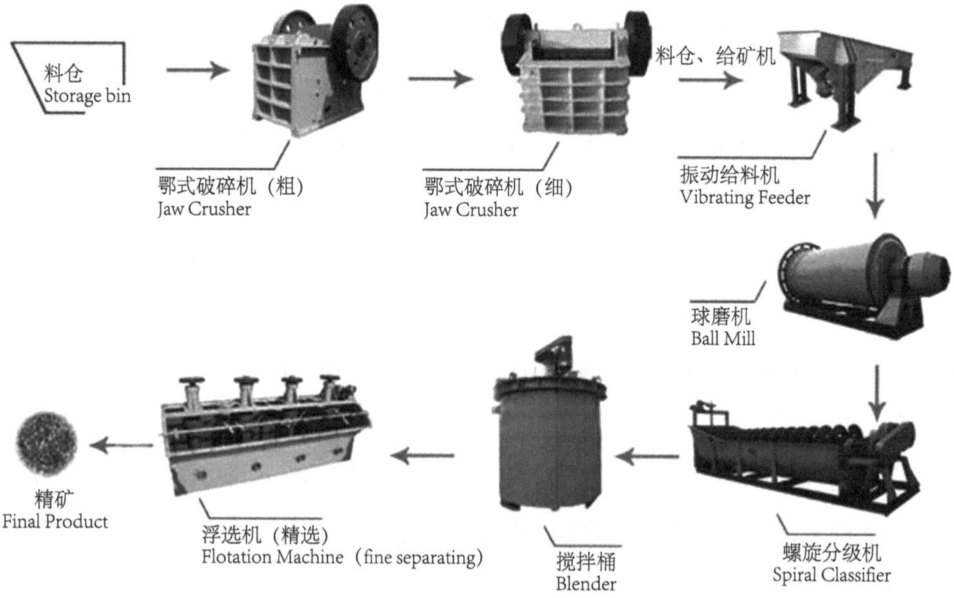

图 10–9 浮选工艺流程

（1）直接用优先浮选或部分优先浮选流程：当矿石中含铜比含镍高得多时，可采用这种流程，把铜选成单独精矿。该流程的优点是，可直接获得含镍较低的铜精矿。

（2）混合浮选流程：用于选别含铜低于镍的矿石，所得铜镍混合精矿直接冶炼成高冰镍。

（3）混合　优选浮选流程：从矿石中混合浮选铜镍，再从混合精矿中分选出含低镍的铜精矿和含铜的镍精矿。该镍精矿经冶炼后，获得高冰镍，对高冰镍再进行浮选分离。

（4）混合—优先浮选并从混合浮选尾矿中再回收部分镍：当矿石中各种镍矿物的可浮性有很大差异时，铜镍混合浮选后，再从其尾矿中进一步回收可浮性差的含镍矿物。

（二）硫化镍矿冶炼

工艺流程选择根据原料类型、成分和产品要求而定。硫化矿大部分采用造锍熔炼，即将各种硫化镍矿采用不同的火法冶金工艺炼成低镍锍，再将低镍锍用转炉吹炼成高镍锍，即硫化镍和硫化铜的合金。高镍锍再经镍精炼厂的不同精炼方法生产出不同的镍产品。

1. 火法冶炼

硫化镍矿火法冶炼工艺流程如图 10-10 所示。

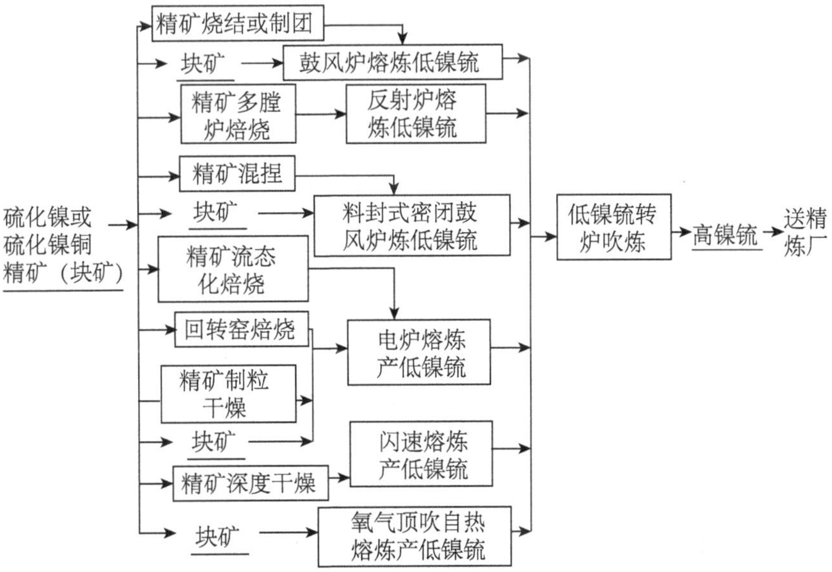

图 10-10　硫化镍矿火法冶炼工艺流程图

2. 湿法冶炼

硫化镍矿也可采用湿法冶炼，但只有个别工厂采用。

（三）氧化镍矿

氧化镍矿多采用破碎、筛分等工序，预先除去风化程度弱、含镍低的大块基岩。由于氧化镍矿中的镍常以类质同象分散在脉石矿物中，且粒度很细，因此不能用机械选矿方法予以富集，只能直接冶炼。

氧化镍矿的冶炼富集方法，可分为火法和湿法两大类。前者又可分为造锍熔炼、镍铁法和粒铁法。后者又有还原焙烧—常压氨浸法、高压酸浸法等。

氧化镍矿在我国不居重要地位，只有云南墨江金厂、元江安定地区有一定的储量。经设计，该矿采用造锍熔炼（还原焙烧），较氨浸法好。但总的来看，该矿矿石品位低，镁高（MgO 15% ~ 30%）难熔，燃料耗量大，运输有困难，当前难以提上建设日程。

由于地球上硫化镍矿资源量较少，因此氧化镍矿（红土镍矿）提取镍金属逐步成为世界提取镍金属的主流。红土镍矿提取工艺主要有湿法冶炼和火法冶炼两种。

1. 湿法冶炼

湿法冶炼的冶炼工艺又可分为氨浸工艺、高压酸浸工艺、还原焙烧—酸浸工艺和硫酸化焙烧—水浸工艺。其中氨浸工艺只适合处理表层的红土矿，不适合处理含铜和含钴高的氧化镍矿。高压酸浸工艺适合处理低镁（铝）高铁类型的红土镍矿—褐铁矿型（70% 的红土矿都属于褐铁矿型）。氧化镍矿湿法冶炼工艺流程如图 10-11 所示。

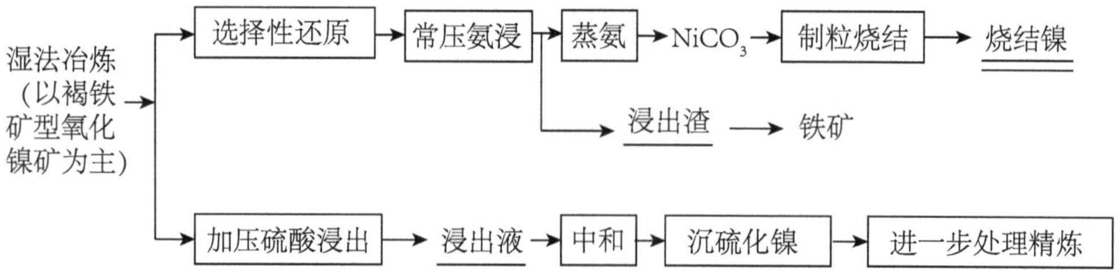

图 10-11　氧化镍矿湿法冶炼工艺流程图

湿法冶炼的优点是能耗低、污染少、质优、工艺发展历史悠久。该方法起源于20 世纪 70 年代，无论是常压还是加压酸浸，目前技术都比较成熟，国内外均有多条成熟的生产线。

随着近年来环保力度的加大和一些原镍出口国限制出口，我国逐渐减少了直接冶炼红土镍矿，转而冶炼经过初加工的镍中间产品来生产镍铁和电解镍，由此促进了镍湿法冶炼中间产品的进口。

湿法冶炼的发展优势更加明显，不足之处则是投资大、周期长、工艺复杂、成本较高、售价较高、市场竞争力弱，但这种状态一时难以改变。

2. 火法冶炼

火法冶炼的冶炼工艺可分为还原熔炼镍铁工艺和还原硫化熔炼镍锍工艺两种。火法冶炼适合处理硅镁镍类型矿（即矿床下部硅、镁的含量比较高，铁含量较低，钴含量也较低的矿石）。其中用得最多的是还原熔炼镍铁工艺。硅酸镍矿火法冶炼工艺流程如图 10–12 所示。

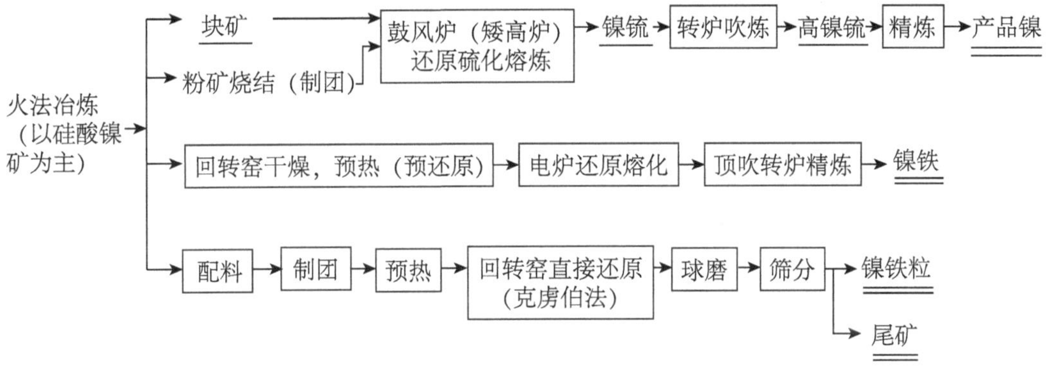

图 10–12 硅酸镍矿火法冶炼工艺流程图

火法冶炼根据还原熔炼设备的不同，又可分为电熔炉熔炼和鼓风炉熔炼两种。较大生产规模的工厂大都采用电炉熔炼，小厂则采用鼓风炉熔炼。

电炉熔炼适合处理各种类型的氧化镍矿，依据原料的供应情况、矿石的储量等决定，生产规模可大可小，对入炉炉料的粒度也没有严格的要求，粉料以及较大块料都可直接处理，但缺点是耗能太大。

鼓风炉熔炼生产镍铁的优点是投资小，能耗较低，适合规模小、电力供应困难以及含镍较低的红土矿区。其缺点是对矿石适应性差，对镁含量有较严格的要求，另外不能处理粉矿，对入炉炉料也有严格的要求。

总体来看，火法工艺能耗高，金属综合回收效果差，成本上与湿法冶炼成本相当，属于传统的处理方法。

通过湿法冶炼和火法冶炼的优缺点分析可知，由于湿法工艺耗能少、污染少、质量优，两种工艺目前成本相当，湿法工艺的优越性和发展趋势逐渐凸显，湿法冶炼自然更受重视，对其技术的投入也大于火法冶炼。随着湿法冶炼技术、设备的进步和规模的扩大，湿法工艺的成本逐渐低于火法工艺。两种方法在技术和经济上都各有优势，因此在未来几年新建的红土镍矿项目中，湿法冶炼比例会大于火法冶炼，湿法冶炼发展前景较为乐观。

即便湿法冶炼有很多优势，目前来看，其冶炼技术也存在很多问题，如一次性设备投入，只适合处理含镁低的褐铁型矿石，且对矿石品位有要求，同液废料多，污染环境。这些难题一直限制着该工艺的发展，人们在完善加压酸浸技术的同时，也在不断地开发新的红土镍矿湿法流程，如常压浸出、生物浸出等技术。近年来，这些新的工艺流程备受关注，与加压酸浸工艺相比，它们具有以下优点。

（1）常压浸出、生物浸出技术能处理含镁比较高的红土镍矿，都适合处理低品位的矿石。

（2）常压浸出、生物浸出可以在常温常压的条件下进行，对设备要求低，工艺简单，操作方便，因而投资少，生产成本低。

（3）加压酸浸法固液废料多，污染环境。新的工艺流程如生物浸出不会产生 SO_2 气体，产生的固液废弃物也能为环境接受，十分环保。

但是这些新工艺流程还不成熟，还存在一些技术难题。如常压浸出中，浸出液分离困难。生物浸出也存在有机酸不能循环的问题，且从目前的报道可知，常压和生物浸出技术处理红土镍矿时，镍、钴的浸出率一般都低于加压酸浸。虽然存在的难题多，但相信通过技术的不断改进，这些问题终将被解决，常压浸出和生物浸出一定会有很好的发展前景。

六、镍的制法

电解法：将富集的硫化物矿焙烧成氧化物，用炭还原成粗镍，再经电解得到纯金属镍。

羰基化法：将镍的硫化物矿与一氧化碳作用生成四羰基镍，加热后分解，可以得到纯度很高的金属镍。

氢气还原法：用氢气还原氧化镍，可得金属镍。

七、镍产品种类

（一）镍基本产品

镍带、镍片、镍板、镍棒、镍珠、镍箔、镍盘、镍屑、镍焊条、海绵镍、镍制品、镍边料、镍角、镍网、电解镍、电铸镍、发泡镍、纯镍丝、手机标牌、电铸镍牌边料、电池导电镍片、模具镍光盘、镍电铸标牌、镍渣印花、镍网、镍珠。

（二）镍合金产品

镍铁合金、镍钼合金、镍钴合金、镍铝合金、高镍合金、镍锌合金、镍铜合金、杜美丝、镍锡珠、亚镍粉。

（三）国产镍产品

金川镍、吉恩镍、新疆新鑫、江西江锂。

（四）进口镍产品

英可镍、日本住友、法新镍、挪威镍、巴西镍、N6 镍片、俄罗斯 Norilsk 镍、鹰桥 Falcon-bridge 镍、澳大利亚镍。

八、镍制品等级分类

一级品：即伦敦金属交易所（LME）交易采用的电解镍、镍块、镍球等纯度在 99.8% 以上的纯镍。其用途较广泛，包含特殊钢、电子材料和航天材料等的合金、触媒、电镀、电池材料等。

二级品：即镍铁合金（镍 16% ~ 40%）、氧化镍（镍 75% ~ 98%）及通用镍（镍约 98%）等。这类产品几乎都用于特殊钢。此外，还有 $NiSO_3$、$Ni(OH)_2$、$NiCl_3$、$NiCO_3$ 等化合物产品。二级品大多是以镍块为原料，计算消耗量时应换算成实际的镍含量。

九、镍的应用简介

镍具有很好的可塑性、耐腐蚀性和磁性等性能，因此主要用于钢铁、镍基合金、电镀及电池等领域，广泛用于飞机、雷达等各种军工制造业、民用机械制造业和电镀工业等。

（一）钢铁领域

1. 不锈钢

在不锈钢应用中，镍的消耗量最大，全球 2/3 的初级镍矿都用于不锈钢生产。含镍的不锈钢既能抵抗大气、蒸汽和水的腐蚀，又能耐酸、碱、盐的腐蚀，故被广泛应用于化工、冶金、建筑等行业，如制作石油化工、纺织、轻工、核能等工业中要求焊接的容器、塔、槽、管道等。制造尿素生产中的合成塔、洗涤塔、冷凝塔、汽提塔等耐蚀高压设备。

根据含镍比例不同，含镍不锈钢主要分为奥氏体不锈钢、奥氏体－铁素体双相不锈钢、沉淀硬化不锈钢。

2. 合金钢

合金钢也称特种钢，因其元素组成配比不同，种类也各有不同。镍的参与能够提高合金钢的强度，保持其良好的塑性和韧性。

含镍合金钢主要应用于制造化工生产上的耐酸塔、医疗器械、日常用品，以及用于改造桥梁、修造军舰等机械制造、交通运输和军事工业等。

（二）镍基合金领域

镍基合金是指在 650 ～ 1 000℃高温下有较高强度与一定的抗氧化腐蚀能力等综合性能的一类合金。按照主要性能，可细分为镍基耐热合金、镍基耐蚀合金、镍基耐磨合金、镍基精密合金与镍基形状记忆合金等。

镍基合金产品主要有电炉、电熨斗、涡轮发动机涡轮盘、燃烧室、涡轮叶片、彩色电视机、通讯器材、时钟和测量卷尺中的摆锤、制造家具、具备永久磁铁性能的精细工具、航天器上使用的自动张开结构件、宇航工业用的自激励紧固件和生物医学上使用的人造心脏马达等。镍基合金广泛应用于航空、船舶、化工、电子、医学和能源等工业领域。

（三）电镀领域

镀镍是指在钢材和其他金属基体上覆盖一层耐用、耐腐蚀的镀层，其防腐蚀性比镀锌层高 20% ～ 25%。镀镍的物品美观、干净，又不易锈蚀。

电镀镍的加工量仅次于电镀锌，居第二位，其消耗量占到镍总产量的 10% 左右。镀镍分为电镀镍和化学镀镍。

电镀镍和化学镀镍的特点分析如下。

1. 电镀镍

电镀镍层在空气中的稳定性很高，结晶极其细小，并且具有优良的抛光性能。镀层硬度比较高，可以提高制品表面的耐磨性，广泛应用于光学仪器镀覆、防护装饰性镀层、铸造结晶器电子元件等。

2. 化学镀镍

化学镀镍厚度均匀性好，不会渗氢，没有氢脆，化学镀镍后不需要除氢。很多化学镀镍产品的耐蚀性及抗高温氧化性比电镀镍好，可沉积在各种材料表面，不需要一般电镀所需的直流电机或控制设备。热处理温度低，只要在400℃以下经不同保温时间后，即可得到不同的耐蚀性和耐磨性。特别适用于形状复杂，表面要求耐磨和耐蚀的零部件的功能性镀层等。

镀镍液的类型主要有硫酸盐型、氯化物型、氨基磺酸盐型、柠檬酸盐型、氟硼酸盐型等。其中，以硫酸盐型（低氯化物）即称为Watts（瓦特）镀镍液在工业上的应用最为普遍。氨基磺酸盐型、氟硼酸盐型适用于镀厚镍或电铸。柠檬酸盐型适用于在锌压铸件上直接镀镍。这几种镀液的成本比较高。其他镀镍类型包括普通镀镍（暗镀）、光亮镍、氨基磺酸盐镀镍、高硫镍、镍封、缎面镍、高应力镍、镀多层镍、柠檬酸盐镀镍等。

（四）电池领域

镀金属镍还被应用到电池领域，主要有镍－氢电池、镉－镍电池和镍－锰电池等。近年来，发展最迅速的是应用日趋实用化的MHx-Ni蓄电池，其优点是无毒、绿色、无污染，电池储量比镍镉电池多30%，比镍镉电池更轻，使用寿命更长；缺点是价格比镍镉电池要贵，性能比锂电池差。主要应用于移动通讯、笔记本、录像机等领域，同时也用于军工、国防、高科技等领域。以此类电池作为动力的汽车也已投入市场。

世界上镍氢电池主要由中国和日本企业生产，占全球产量的95%以上，其中70%以上在中国生产。中国镍氢电池企业主要包括超霸、豪鹏、比亚迪、环宇、科力远、力可兴、三普、迪生、三捷、量能、格瑞普等。日本企业松下、汤浅、三洋已将小型镍氢电池生产转移到中国。HEV用大型镍氢电池主要在日本生产，生产企业主要为Primearth电动车能源公司（PEVE）和三洋电机，该企业由松下和三洋合并而成，而松下的湘南工厂则卖给了中国科力远，因此，大型镍氢电池已主要由松下生产。

我国镍氢电池增长乏力，近几年产品产值、产量均未超过2008年的高峰。2011年，镍氢电池的产值、产量分别为55亿元、9.5亿只，与2008年相比分别下降15.38%、26.36%。产品规模的缩小，使得镍氢电池更不具规模经济，未来前景堪忧，其发展空间仍然取决于混合电动车的应用情况。

（五）其他应用

镍复合材料可用于石油化工的氢化和合成甲烷时的催化剂，优点是不易被 H_2S、$S0_2$ 所毒化。

镍的化合物可制作颜料和染料。镍还能制成镍铁素体和镍锌铁素等新型陶瓷，做变压器的铁心和无线电的天线等。

极细的镍粉在化学工业上常用作催化剂。

镍具有磁性，能被磁铁吸引。用铝、钴与镍制成的合金磁性更强，可以用来制造电磁起重机。

十、镍的消费结构

我国镍资源消费结构如图10–13所示。

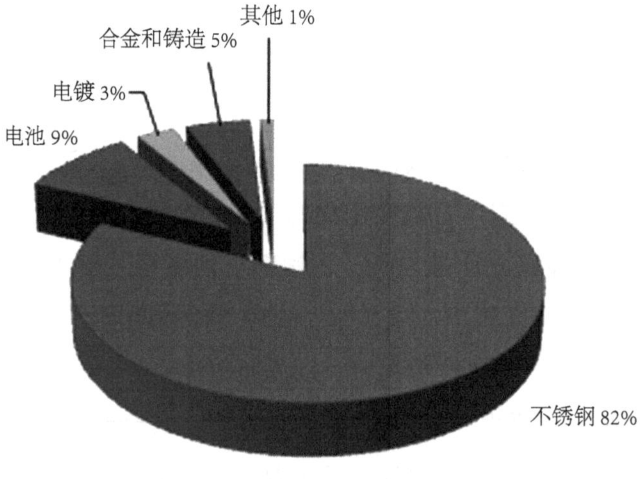

图10–13 国内镍资源消费结构图

按行业划分，镍应用于各行业的百分比如图10–14所示。

十一、镍矿资源分布

世界镍资源储量十分丰富，在地壳中的含量不少，但比氧、硅、铝、铁、镁要少很多。地核中含镍最高，是天然的镍铁合金。镍矿在地壳中的含量为0.018%，地壳中铁镁

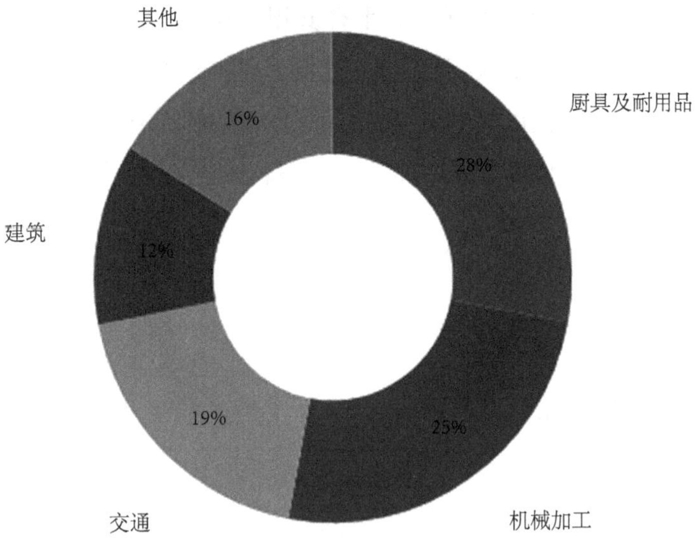

图 10-14 镍下游行业占比图

质岩石含镍高于硅铝质岩石，例如橄榄岩含镍为花岗岩的 1 000 倍，辉长岩含镍为花岗岩的 80 倍。世界上镍矿资源分布中，红土镍矿约占 55%，硫化物型镍矿占 28%，海底铁锰结核中的镍占 17%。海底铁锰结核由于开采技术及对海洋污染等因素，目前尚未实际开发。

美国地质调查局 2015 年发布的数据显示，全球探明镍基础储量约 8 100 万吨，资源总量 14 800 万吨，基础储量约 60% 为红土镍矿，约 40% 为硫化镍矿。

（一）区域分布

1. 硫化镍矿

硫化镍矿富集区主要包括以下几个。

中国甘肃省金川镍矿带，吉林省磐石镍矿带；加拿大安大略省萨德伯里（Sudbury）镍矿带，加拿大曼尼托巴省林莱克的汤普森（Lynn Lake-Thompson）镍矿带；俄罗斯科拉（Kojia）半岛镍矿带，俄罗斯西伯利亚诺里尔斯克（Hoph Hjibck）镍矿带；澳大利亚坎巴尔达（Kambalda）镍矿带；博茨瓦纳塞莱比 - 皮奎（Selebi Phikwe）镍矿带；芬兰科塔拉蒂（Kotalahti）镍矿带。

2. 红土镍矿

红土镍矿富集区主要包括以下几个。

南太平洋新喀里多尼亚（New Caledonia）镍矿区，印度尼西亚的摩鹿加（Moluccas）

和苏拉威西（Sulawesi）地区镍矿带，菲律宾巴拉望（Palawan）地区镍矿带，澳大利亚的昆士兰（Queensland）地区镍矿带，巴西米纳斯吉拉斯（Minas Gerais）和戈亚斯（Goias）地区镍矿带，古巴的奥连特（Oriente）地区镍矿带，多米尼加的班南（Banan）地区镍矿带，希腊的拉耶马（Larymma）地区镍矿带，以及俄罗斯和阿尔巴尼亚等国的一些镍矿带。

（二）国家分布

1. 红土型矿

红土型矿主要分布在赤道附近的古巴、新喀里多尼亚、印度尼西亚、菲律宾、缅甸、越南、巴西等国。

2. 硫化物型矿

硫化物型矿主要分布在加拿大、俄罗斯、澳大利亚、中国和南非等国。

美国地质调查局 2015 年数据显示，全球镍储量 8 100 万吨，其中澳大利亚 1 900 万吨，新喀里多尼亚 1 200 万吨，巴西 910 万吨，俄罗斯 790 万吨，古巴 550 万吨。更多国家数据见表 10-3。

表 10-3　全球镍矿储量表

单位：万吨

国　家	储量
美国	16
澳大利亚	1 900
巴西	910
加拿大	290
中国	300
哥伦比亚	110
古巴	550
多米尼加共和国	93
印度尼西亚	450
马达加斯加	160

续表

国 家	储量
新喀里多尼亚	1 200
菲律宾	310
俄罗斯	790
南非	370
其他	650
全球总量	8 100

注：数据来源于美国地质调查局（USGS）。

十二、我国镍矿资源储量

我国硫化物型镍矿资源较为丰富，主要分布在西北、西南和东北等地，保有储量占全国总储量的比例分别为76.8%、12.1%、4.9%。就各省（区）来看，甘肃储量最多，占全国镍矿总储量的62%（其中金昌的镍产提炼规模居全球第二位），其次是新疆（11.6%）、云南（8.9%）、吉林（4.4%）、湖北（3.4%）和四川（3.3%）。如图10–15所示。

我国三大镍矿分别为金川镍矿、喀拉通克镍矿和黄山镍矿。主要生产厂家有金川集团有限公司、吉林吉恩镍业股份有限公司和新疆有色金属工业（集团）阜康冶炼厂。

金川集团是我国最大的电解镍生产商，主要生产镍、铜、钴、铂族贵金属，以及有色金属压延加工产品、化工产品、有色金属化学品等。目前，金川集团的年度镍产量居全球第四位，已形成年产镍15万吨的生产能力。金川集团拥有的金川镍铜矿是世界著名的大型多金属共生的硫化矿，探明资源量52 000万吨。目前，金川集团保有矿石资源量为43 000万吨，其中镍金属保有资源量450万吨。2012年该公司镍产量为13.5万吨，2013年为14.1万吨。

同时，我国也是红土镍矿资源比较缺乏的国家之一，目前全国红土镍矿保有量仅占全部镍矿资源的9.6%。不仅储量比较少，而且国内红土镍矿品位比较低，开采成本比较高，这就意味着我国在红土镍矿方面并没有竞争力。

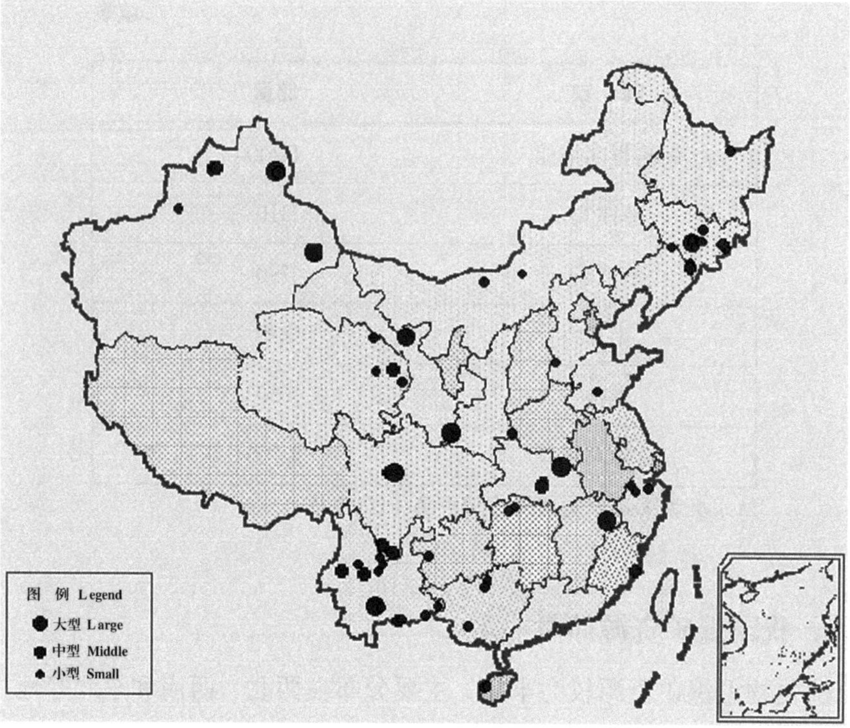

图 10-15 我国镍矿资源储量分布图

我国是不锈钢产品主产国，红土镍矿是镍铁的主要来源，且镍铁又是不锈钢的主要原料，因此我国每年都需大量进口红土镍矿来发展不锈钢工业。主要进口国家为印度尼西亚、澳大利亚和菲律宾等地。

金昌市位于甘肃省河西走廊东段，拥有丰富的矿产资源，镍矿资源尤其丰富，被称为中国的"镍都"。金昌镍矿储量丰富，规模巨大，仅次于加拿大萨德伯里矿，居世界第二位、全国第一位。此外，其铂、钯、膨润土、钴、硒、铜、伴生硫及花岗岩材等 20 种矿产的储量居全国首位，铜、钴等矿产储量居全国第二位。

十三、全球镍矿年产量

2015 年美国地质调查局发布的数据显示，2013 年和 2014 年，全球镍矿年产量见表 10-4。

表 10-4　全球镍矿产量表

单位：万吨

国　家	2013 年	2014 年
美国	—	0.36
澳大利亚	23.4	22
巴西	13.8	12.6
加拿大	22.3	23.3
中国	9.5	10
哥伦比亚	7.5	7.5
古巴	6.6	6.6
多米尼加共和国	1.58	—
印度尼西亚	44	24
马达加斯加	2.92	3.78
新喀里多尼亚	16.4	16.5
菲律宾	44.6	44
俄罗斯	27.5	26
南非	5.12	5.47
其他	37.7	41
全球总量	263	240

注：数据来源于美国地质调查局（USGS）。

十四、再生镍现状

（一）废镍回收的价值

随着经济建设和钢铁工业的发展，镍作为合金元素得到了广泛应用，其中不锈钢占全球镍消费量的一半以上。因镍价昂贵，镍资源量不断减少，故再生镍行业的发展很重要。

再生镍又称为废镍，其99%左右的原料都是来自于不锈钢、超耐热合金和蓄电池的各种形式的含镍废料。含镍废料来源主要是不锈钢加工过程产生的“新废料”和不锈钢报废后产生的“旧废料”。行业专家预测，每年收集回的含镍废料总量在440～460万吨，其中镍的含量将近35万吨，是镍总需求量的1/4。

作为最有回收价值的常见有色金属，镍资源进行回收再生既可以保护环境，又可以变废为宝，避免填埋引起贵重镍的损失，使镍资源进行更充分更有效的利用。同时也能带动资源再生行业的发展。消耗含镍废料的工业，可因此降低原料成本5%～10%。欧洲废料回收利用水平比美洲和亚洲要高，美国、日本等发达国家对镍二次资源进行严格的分类回收，回收率达80%以上。

由于镍几乎大部分以合金产品形式使用，因而很少以纯金属形式回收利用。世界范围内镍的消费结构中，不锈钢占61%，中国不锈钢用镍已经占到总消费量的82%。国内外对废不锈钢的回收利用都很重视，此行业已经成为一个独立的循环。

全球共有4～5家国际级废镍加工厂，从全球各地收集废镍。大多数废镍来源于陈旧工厂中的机械设备和消费品中的不锈钢。

（二）我国镍行业回收现状及前景

我国镍供给由两部分组成，一部分是新产镍精矿供应，占72.9%，另一部分来自再生镍，占27.1%，可见再生镍行业在我国发展还比较落后，但同时也说明其发展空间巨大。目前，国家再生镍行业发展方向是规模化、专业化和环保化。

国内高温合金、电镀、电池、再生铜电解等行业，废镍料年产量已达到5万吨以上（以镍计），但是国内的废镍回收量却相对较小。除高温合金、电镀、电池等行业企业直接回收利用外，还形成了若干废杂镍料集散地市场，推动废杂镍的回收利用取得显著成效。

据调查，在镍价高峰期间，国内回收的废杂镍能达到1.5万吨（金属量）以上。但是此后随着镍价的回落和含镍生铁代替部分废不锈钢，国内镍的回收呈现下降趋势。

第三节　锡、镍期货知识

目前，我国是世界上最大的锡、镍生产国、消费国和贸易国。近年来，随着商品市场金融属性的增强，锡、镍的价格波动增大，国内相关产业链也亟须期货衍生品来规避价格波动风险。镍主要应用领域是作为合金元素用于生产不锈钢、高温合金钢、高性能特种合金、镍基喷镀材料，其中大部分用于不锈钢行业。

中国原生镍占全球比例36%。按2014年消费量90万吨计算，中国镍现货市场规模超过1 000亿元，在有色金属品种中仅次于铜和铝。

锡、镍是国际上比较成熟的商品期货品种，与铜、铝、铅、锌共同构成六大基本工业有色金属。我国是世界上重要的锡、镍生产国和消费国，近年来，受生产成本、市场供需和国际市场价格等因素的影响，锡、镍价格波动幅度较大，对生产、贸易、消费等环节的正常经营造成较大影响。上市锡、镍期货，对于确保我国锡、镍市场平稳运行，提高锡、镍资源的保障能力，促进锡、镍产业的稳定可持续发展意义重大。

作为全球最大的精炼锡、原生镍生产国和消费国，我国锡、镍市场化程度高，现货交易顺畅，价格竞争充分，可供交割商品比较充足。同时，锡、镍也是国际上成熟的商品期货品种，国内外价格联动紧密，波动剧烈，企业避险需求强烈。

通过有效发挥期货市场价格发现和套期保值功能，能够促进锡、镍行业形成市场化定价机制，为锡、镍产业链上下游企业提供有效的风险管理工具，有利于增强我国锡、镍产业的国际定价能力，优化产业结构，保障产业可持续发展，有利于完善我国有色金属期货序列和有色金属期货指数，增强有色金属期货品种服务实体经济的集聚效应，培育和发展更多机构投资者。

上海期货交易所锡、镍期货合约见表10–5、表10–6。

表10–5　上海期货交易所锡期货合约

交易品种	锡
交易单位	1吨/手
报价单位	元（人民币）/吨

续表

最小变动价位	10 元 / 吨
每日价格最大波动限制	不超过上一交易日结算价 ±4%
合约交割月份	1—12 月
交易时间	每周一至周五上午 9:00—10:15、10:30—11:30，下午 13:30—15:00；连续交易时间为每周一至周五的 21:00 至次日 1:00；法定节假日（不含双休日）前第 1 个工作日的有色金属连续交易停止
最后交易日	合约交割月份的 15 日（遇法定假日顺延）
交割日期	最后交易日后连续 5 个工作日
交割品级	标准品：锡锭，符合国标 GB/T728-2010Sn99.90A 牌号规定，其中锡含量不小于 99.90% 替代品：锡锭，符合国标 GB/T728-2010Sn99.90AA 牌号规定，其中锡含量不小于 99.90%；Sn99.95A、Sn99.95AA 牌号规定，其中锡含量不小于 99.95%；Sn99.99A 牌号规定，其中锡含量不小于 99.99%
交割地点	交易所指定交割仓库
最低交易保证金	合约价值的 5%
交割方式	实物交割
交易代码	SN
最小交割单位	2 吨
上市日期	2015 年 3 月 27 日

表 10-6　上海期货交易所镍期货合约

交易品种	镍
交易单位	1 吨 / 手
报价单位	元（人民币）/ 吨
最小变动价位	10 元 / 吨
每日价格最大波动限制	不超过上一交易日结算价 ±4%
合约交割月份	1—12 月

续表

交易时间	每周一至周五上午 9:00—10:15、10:30—11:30，下午 13:30—15:00；连续交易时间为每周一至周五的 21:00 至次日 1:00；法定节假日（不含双休日）前第 1 个工作日的有色金属连续交易停止
最后交易日	合约交割月份的 15 日（遇法定假日顺延）
交割日期	最后交易日后连续 5 个工作日
交割品级	标准品：电解镍，符合国标 GB/T6516-2010Ni9996 规定，其中镍和钴含量不小于 99.96% 替代品：电解镍，符合国标 GB/T728-2010Ni9999 牌号规定，其中镍和钴含量不小于 99.99%；或符合 ASTMB39-79（2013）规定，其中镍的含量不小于 99.8%
交割地点	交易所指定交割仓库
最低交易保证金	合约价值的 5%
交割方式	实物交割
交易代码	Ni
最小交割单位	6 吨
上市日期	2015 年 3 月 27 日

第十一章　黄金期货

第一节　黄金简介

黄金具有良好的物理属性、稳定的化学性质、高度的延展性及数量稀少等特点，不仅是用于储备和投资的特殊通货，同时又是首饰业、电子业、现代通讯、航空航天业等部门的重要材料。黄金是最稀有、最珍贵的金属之一，其化学符号是 Au。黄金是人类发现和利用较早的金属，由于它稀少、特殊和珍贵，自古以来被视为五金之首，有“金属之王”的称号。

黄金在自然界中是以游离状态存在，不能人工合成的天然产物。按其来源的不同和提炼后含量的不同，可以分为生金和熟金。

生金亦称天然金、荒金、原金，是熟金的半成品，是从矿山或河底冲积层开采的没有经过熔化提炼的黄金。生金分为矿金和砂金两种。

矿金也称合质金，产于矿山、金矿，大都是随地下涌出的热泉通过岩石的缝隙沉淀积成，常与石英夹在岩石的缝隙中。矿金大多与其他金属伴生，其中除黄金外，还有银、铂、锌等其他金属，在其他金属未提出之前称为合质金。矿金产于不同的矿山，不同的矿山所含的其他金属成分也有所不同，因此成色高低不一，一般在 50% ~ 90% 之间。

砂金矿是古代和近代历史上生产黄金的主要矿床，但经过几千年的开采，富矿砂多已枯竭，现在主要以矿金为主。砂金产于河床弯曲的底层或低洼地带，与砂石混杂在一起，经过淘洗可以得到黄金。

砂金源于矿山。由于金矿石露出地面，经过长期风吹雨打，岩石经风化崩裂，金便脱离矿脉，伴随泥沙顺水而下，自然沉淀在砂石中，在河流底层或砂石下面沉积为含金层，从而形成砂金。砂金的特点是颗粒大小不一，大的像蚕豆，小的似细沙，形状各异。颜色因成色高低有所不同，九成以上为赤黄色，八成为淡黄色，七成为青黄色。

熟金是生金经过冶炼、提纯后的黄金，一般纯度较高，密度较小，有的可以直接用于工业生产。常见的有金条、金块、金锭和各种不同的饰品、器皿、金币以及工业用金丝、金片、金板等。由于用途不同，所需成色不一，或因没有提纯设备，只熔化未提纯，或提纯度不够，形成成色高低不一的黄金。人们习惯上根据成色的高低把熟金分为纯金、赤金、色金 3 种。经过提纯后达到相当高纯度的金称为纯金，黄金一般指达到 99.6% 以上成色的纯金。

赤金和纯金的意思相近，但因地方不同，赤金的标准有所差异，国际市场出售的黄金，成色达 99.6% 的称为赤金，境内的赤金一般在 99.2% ~ 99.6% 之间。

色金也称“次金”“潮金”，是指成色较低的金。这些黄金因其他金属含量不同而成色不同，成色高的达 99%，低的只有 30%。

按含其他金属的不同划分，熟金又可分为清色金、混色金、K 金等。清色金指黄金中只掺有白银成分，不论成色高低统称清色金。清色金较多，常见于金条、金锭、金块及各种器皿和金饰品。

混色金是指黄金内除含有白银外，还含有铜、锌、铅、铁等其他金属。根据所含金属种类和数量不同，可分为小混金、大混金、青铜大混金、含铅大混金等。

K 金是指银、铜按一定的比例，按照足金为 24K 的公式配制成的黄金。一般来说，K 金含银比例越多，色泽越青，含铜比例大，则色泽越接近紫红。中国的 K 金在解放初期是按每 K 4.15% 的标准计算。1982 年以后，已与国际标准统一起来，以每 K 4.166 6% 作为标准。

一、黄金历史

（一）20 世纪 60 年代前

黄金作为交易媒介已有 3000 多年历史。经过一段漫长的时期，金本位制度逐渐确立，在 1717 年成为英国货币制度的基础。至 19 世纪末期，欧洲国家已广泛实行金本位制度，美国于 1900 年实行金本位制度。国际方面，黄金可以自由进出口，用于结算国际收支差额，黄金从收支出现逆差的国家流入收支出现顺差的国家。第一次世界大战爆发后，英国正式在 1919 年停止实行金本位制度，但于 1926 年恢复使用金本位制度。

进入20世纪30年代初，世界经济处于动荡时期，迫使大部分国家放弃以黄金兑换货币的制度，只允许中央银行及各国政府之间进行黄金交易活动。在此情况下，形成了美元兑换制度，使美元可以在联邦储备局兑换黄金。国际间在1934年签署了布雷顿森林协议，确认了这个制度，并一直实行至1971年。1934年，美国总统罗斯福将联邦储备局买卖黄金的官价升至每盎司35美元，联邦储备局与欧洲的中央银行一直致力维持这个兑换价至1968年。

（二）1960年期间

由于自由市场对黄金作为制造首饰及投资用途的需求日增，美国连同英国、比利时、法国、意大利、荷兰、西德及瑞士成立黄金总库，希望把黄金市价保持在接近官价每盎司35美元的水平。

这个新机构实际上是外汇稳定基金的扩展，使财政部在必要时可以增加黄金供应量来平抑自由市场的金价。

（三）1968年期间

由于国际货币市场呈现不稳定及美国陷入越战，导致美元备受压力，带动全球黄金投机活动不断增加。在此情况下，各国中央银行暂停黄金总库的运作，伦敦金市亦停市两星期。

伦敦金市停业期间，瑞士信贷银行、瑞士银行及瑞士联合银行在苏黎世成立金库，进行黄金买卖，南非开始通过苏黎世金库定期沽售黄金。

黄金双价制开始推行，将私人及官方黄金买卖划分在两个不同的市场进行。

（四）1969年期间

新加坡对非当地居民开放黄金市场，美国解除对1934年前铸造的金币的限制。

（五）1971年期间

苏联自1966年停止向伦敦出售黄金后，首次恢复向伦敦售金。

美国宣布暂停以美元兑换黄金。

美国总统尼克松在艾高连会议上，同意将美元贬值7.89%。10大工业国组织同意美元贬值，把黄金的新官价定为每盎司38美元，上下限波幅不超过2.25%。

（六）1973年期间

日本开放黄金进口。

美元第二次贬值，黄金官价定为每盎司 42.222 2 美元。

新加坡对当地居民开放黄金市场。

（七）1974 年期间

自 1972 年英镑区解体后，香港开始发展黄金市场。

欧洲共同体财长达成宰斯特协议，各国中央银行可以按市场价互相买卖黄金。

例如中央银行从自由市场购入黄金，其数量不得用作增加中央银行的净持金量。10 国外长同意中央银行可用其黄金储备，按市场计算作为外债的担保。美国总统福特及法国总统狄斯唐同意中央银行可按市价重估其黄金储备。

（八）1975 年期间

美国开放黄金市场。美国财政部拍卖 250 万盎司黄金。英国暂停输入于 1837 年后发行的金币，包括富格林金币。10 国组织同意国际结算银行参与国际货币基金会的拍卖。

国际货币基金会成员达成协议，取消黄金官价制度，并以每盎司 42.222 2 美元的价格，将一半黄金归各成员，同时协议中央银行可在自由市场买卖黄金。国际货币基金会拍卖其 1/6 的黄金储备，所得收入用以援助落后国家。

（九）1976 年期间

十国组织同意在国际货币基金会修订组织章程前，不会在自由市场购入黄金，但同意国际结算银行代其购入黄金。德国及瑞士批出 2.50 亿美元的信贷给意大利，以黄金作抵押。

南非宣布以 500 万盎司黄金作担保获得外国贷款，国际货币基金会开始每月拍卖黄金，为期 4 年，共拍卖黄金 2 500 万盎司，另外把 2 500 万盎司归还成员国。

（十）20 世纪 80 年代

1980 年金价创历史新高，升至每盎司 850 美元，1985 年则跌至每盎司 284 美元低位。

20 世纪 80 年代，黄金买卖活动大幅下降，但实金购买量持续增长，尤其以亚洲地区为甚。当时世界主要黄金市场继续维持这种市场状况，各国央行及政府当局在 20 世纪 80 年代及 90 年代均有购买或沽售黄金。

1995 年 2 月底，国际货币基金会（全部成员国）黄金持有量为 9.051 亿盎司。

（十一）20 世纪 90 年代

1994—1996 年间，黄金价格并没有大幅波动。1996—1999 年，黄金价格下滑至 250 美元。此外，投资气氛清淡，亦导致金币及金条囤积需求下降。

1995 年，欧洲及北美等地区的投资转向，致使 1996 年的交投量下调。

（十二）21 世纪 10 年代

2002 年 2 月 6 日，上海黄金交易所成立，经营范围包括提供黄金、其他贵金属现货、延期及其衍生品交易服务等。

经中国证监会批准，上海期货交易所完成各项准备工作，于 2008 年 1 月 9 日挂牌交易黄金期货合约。

（十三）21 世纪 20 年代

上海黄金交易所作为全球最大的场内现货市场，2014 年推出“国际板”，2016 年推出“上海金”和“易金通”APP，上市了 ETF 黄金基金，现已颇具世界影响力。

二、全球黄金矿产资源分布简况

世界现查明的黄金基础储量为 9 万吨，储量为 5.4 万吨。世界上有 80 多个国家生产黄金，南非占世界查明黄金基础储量的 40% 和黄金储量的 11%。美国占世界查明黄金基础储量的 4%，占世界黄金储量的 5.56%。

除南非和美国外，主要的黄金资源国还有中国、俄罗斯、乌兹别克斯坦、澳大利亚、加拿大、巴西等。

2008—2017 年，世界黄金储量统计数据见表 11–1。

表 11–1　2008—2017 年世界黄金储量统计数据表

单位：万吨

2008	2009	2010	2011	2012	2013	2014	2015	2016	2017
4.7	5.1	5.1	5.1	5.2	5.4	5.5	5.6	5.7	5.4

中国黄金储量 2016 年为 1.21 万吨，仅次于南非，位居第 2 位。中国 2017 年黄

金产量为426吨，连续11年位居全球首位。

三、黄金的主要需求和用途

黄金是人类较早发现和利用的金属。由于它稀少、特殊和珍贵，自古以来被视为五金之首，有“金属之王”的称号，享有其他金属无法比拟的盛誉，其显赫的地位几乎永恒。正因为黄金具有这一“贵族”地位，一段时间曾是财富和华贵的象征，用它作金融储备、货币、首饰等。到目前为止，黄金在上述领域中的应用仍然占据主要地位。随着社会的发展，黄金的经济地位和应用在不断地发生变化，货币职能在下降，在工业和高科技领域方面的应用逐渐扩大。

黄金的主要需求和用途有四大类。

（一）用作国际储备

国际储备（International Reserves）是一国货币当局为弥补国际收支逆差、维持本国货币汇率的稳定以及应付各种紧急支付而持有的、为世界各国所普遍接受的资产。

能够作为国际储备的资产必须具有如下特性。

1. 公认性

国际储备资产应该是能为世界各国在事实上普遍承认和接受的资产，如果该资产不能为世界各国普遍承认和接受，就不能充当国际储备资产。

2. 流动性

国际储备资产必须具有充分的流动性，能在其各种形式之间自由兑换，各国政府或货币当局必须能无条件地获得并在必要时动用这些资产。

3. 稳定性

国际储备资产的内在价值必须相对稳定。由于黄金的优良特性，历史上黄金充当货币的职能，如价值尺度、流通手段、贮藏手段、支付手段和世界货币。

随着社会经济的发展，黄金已退出流通领域。20世纪70年代以来黄金与美元脱钩后，黄金的货币职能也有所减弱，但仍保持一定的货币职能。目前，许多国家（包括西方主要国家）的国际储备中，黄金仍占有相当重要的地位。

2008—2017年，国际黄金储备统计数据见表11–2。

表 11–2　2008—2017 年国际黄金储备统计数据表

单位：吨

年/储量/月	2008	2009	2010	2011	2012
3	30 103.04	29 920.9	30 812.54	30 953.52	31 254.5
6	30 061.12	30 352.28	30 817.16	30 980.89	31 334.9
9	29 961.06	30 382.66	30 831.34	31 024.19	31 486.69
12	29 959.7	30 484.16	30 805.16	31 171.18	31 646.33
年/储量/月	2013	2014	2015	2016	2017
3	31 762.35	31 819.99	31 876.86	32 698.49	33 362.75
6	31 840.19	31 841.41	32 524.05	32 889.24	33 417.81
9	31 824.55	32 063.54	32 590.13	33 138.02	33 598.33
12	31 819.09	31 996.07	32 704.16	33 257.88	33 673.29

（二）保值与避险需求

在通货膨胀上升的时期（负利率时代），为了避免货币购买力的损失，实物资产包括不动产、贵金属（黄金、白银等）、珠宝、古董、艺术品等往往会成为资金追逐的对象。由于黄金价值的永恒性和稳定性，作为实物资产即成为货币资产的理想替代品，发挥保值的功能。另外，在局势动荡、政局不稳的时期，必然伴随着该地区国家货币的贬值，甚至在政局更替的情况下，手中持有的货币更有可能变成一文不值。

所以，黄金价值高、易储存、流动性高和被普遍接受的特点使其替代货币成为财富的理想载体，发挥避险的功能。比如，在美国入侵伊拉克前夕，中东地区即掀起了抢购黄金的浪潮。但单纯存储黄金的行为没有利息收益，而且还需支付存储保管费用，因此众多黄金衍生工具随之诞生。

（三）用作珠宝装饰

黄金历来是财富和身份的象征，近年来黄金在珠宝装饰领域的需求呈快速增长的趋势。尤其是亚洲国家，随着生活水平的提高，成为黄金消费增长最快的地区。

据世界黄金协会的数据，2004 年黄金消费需求大幅上升 7%，其中全球最大黄金市场印度的消费需求增长 17%，中国的需求量上升 13%，其中主要是珠宝商和零售投资的需求。

（四）在工业与科学技术上的应用

金具有极高的抗腐蚀性和稳定性，良好的导电性和导热性。金的原子核具有较大捕获中子的有效截面，对红外线的反射能力接近 100%，在金的合金中具有各种触媒性质。金还有良好的工艺性，极易加工成超薄金箔、微米金丝和金粉。

金很容易镀到其他金属和陶器及玻璃的表面，在一定压力下，金容易被熔焊和锻焊。金可制成超导体与有机金等。正因为有这么多有益性质，使它有理由广泛应用到最需要的现代高新技术产业中去，如电子技术、通讯技术、宇航技术、化工技术、医疗技术等。

四、黄金交易市场

（一）伦敦黄金市场

伦敦黄金市场历史悠久，其发展历史可追溯到 300 多年前。1804 年，伦敦取代荷兰阿姆斯特丹成为世界黄金交易的中心。1919 年伦敦金市正式成立，每天进行上午和下午两次黄金定价，由五大金行定出当日的黄金市场价格，该价格一直影响纽约和香港的交易。市场黄金的供应者主要是南非。1982 年以前，伦敦黄金市场主要经营黄金现货交易，1982 年 4 月，伦敦期货黄金市场开业。目前，伦敦仍是世界上最大的黄金交易市场。

伦敦黄金市场的特点之一是交易制度比较特别，因为伦敦没有实际的交易场所，其交易是通过无形方式——各大金商的销售联络网完成。交易会员由最具权威的五大金商及一些公认为有资格向五大金商购买黄金的公司或商店组成，然后再由各个加工制造商、中小商店和公司等连锁组成。交易时由金商根据各自的买盘和卖盘报出买价和卖价。

伦敦黄金市场交易的另一特点是灵活性很强，黄金的纯度、重量等都可以选择。若客户要求在较远的地区交售，金商也会报出运费及保费等，也可按客户要求报出期货价格。最通行的买卖伦敦金的方式是客户无须现金交收，即可买入黄金现货，到期只需按约定利率支付利息即可，但此时客户不能获取实物黄金。这种黄金买卖方式，只是在会计账上进行数字游戏，直到客户进行了相反的操作平仓为止。

伦敦黄金市场特殊的交易体系也有若干不足。首先是各个金商报的价格都是实价，有时市场黄金价格比较混乱，连金商也不知道哪个价位的金价是合理的，只好停止报价，伦敦金的买卖便会停止。其次是伦敦市场的客户绝对保密，因此缺乏有效的黄金交易头寸统计。

（二）苏黎世黄金市场

苏黎世黄金市场是二战后发展起来的国际黄金市场。由于瑞士特殊的银行体系和辅助性的黄金交易服务体系，为黄金买卖提供了一个既自由又保密的环境。加上瑞士与南非也有优惠协议，获得了80%的南非金，前苏联的黄金也聚集于此，使得瑞士不仅是世界上新增黄金的最大中转站，也是世界上最大的私人黄金存储中心。苏黎世黄金市场在国际黄金市场上的地位仅次于伦敦。

苏黎世黄金市场没有正式的组织结构，由瑞士三大银行（瑞士银行、瑞士信贷银行和瑞士联合银行）负责清算结账。三大银行不仅可以为客户代行交易，而且黄金交易也是这三家银行本身的主要业务。苏黎世黄金总库（Zurich Gold Pool）建立在瑞士三大银行非正式协商的基础上，不受政府管辖，作为交易商的联合体与清算系统混合体在市场上起中介作用。

苏黎世黄金市场无金价定盘制度，在每个交易日任一特定时间，根据供需状况议定当日交易金价，这一价格为苏黎世黄金官价，全日金价在此基础上波动，不受涨跌停板限制。

（三）美国黄金市场

纽约和芝加哥黄金市场是20世纪70年代中期发展起来的，主要是1977年后美元贬值，美国人（主要是以法人团体为主）为了套期保值和投资增值获利，使得黄金期货迅速发展起来。目前,纽约商品交易所（COMEX）和芝加哥商品交易所（CME）是世界上最大的黄金期货交易中心，两大交易所对黄金现货市场的金价影响很大。

以纽约商品交易所（COMEX）为例，该交易所本身不参加期货买卖，仅提供交易场所和设施，并制定一些法规，保证交易双方在公平、合理的前提下进行交易。该所对进行现货和期货交易的黄金的重量、成色、形状、价格波动上下限、交易日期、交易时间等都有极为详尽和复杂的描述。

（四）香港黄金市场

香港黄金市场已有90多年的历史，其形成以香港金银贸易场的成立为标志。

1974年，香港撤消了对黄金的进出口管制，此后香港金市发展极快。香港黄金市场在时差上刚好填补了纽约、芝加哥市场收市和伦敦开市前的空档，可以连贯亚、欧、美，形成完整的世界黄金市场。其优越的地理条件引起了欧洲金商的注意，伦敦五大金商、瑞士三大银行等纷纷来港设立分公司。他们将在伦敦交收的黄金买卖活动带到香港，逐渐形成了一个无形的当地“伦敦金市场”，促使香港成为世界主要的黄金市场之一。

目前，香港黄金市场由三个市场组成。

（1）香港金银贸易市场，以华人资金占优势，有固定买卖场所，主要交易的黄金规格为99标准金条，交易方式是公开喊价，现货交易。

（2）伦敦金市场，以国外资金为主体，没有固定交易场所。

（3）黄金期货市场，是一个正规的市场，其性质与美国纽约和芝加哥的商品期货交易所的黄金期货性质是一样的，交投方式正规，制度也比较健全，可以弥补金银贸易市场的不足。

五、黄金交易所

（一）伦敦黄金交易所

1919年9月12日上午11:00，伦敦黄金交易所产生了第一笔黄金定盘，当时金价定在每盎司4磅8先令9便士。开头几天的报价是用电话进行的，后来决定在斯威辛街的洛西尔银行办公室里举行正式会议。如今金价一天定盘两次，上午10:30和下午3:00各一次。

伦敦黄金定盘价是独一无二的，与其他黄金市场不同，它为市场的交易者买入或卖出黄金只提供单一的报价。它提供的标准价格，被广泛地应用于生产商、消费者和中央银行作为中间价。有5个银行成员参加定盘，每次定价时他们各派一个代表出席。在定盘过程中，这些人用电话与其自身的交易员保持联系。

在每次定盘开始时，主席（自1919年开始以来，就由洛西尔银行的代表担任）向其他4位代表宣布一个开盘价，他们分别向本身的交易厅汇报，然后再将这个价格转告给他们的客户。各银行根据他们收到的订单，指示他们的代表宣布他们在该价位上是买进还是卖出。只要在该价格上既有买入又有卖出的，就会询问他们所需交易的金砖数量。

客户可以在定价前预先留下订单，也可以在定价的全过程中了解价格的变化，并随时更改订单，直到定盘为止。为保证任何订单的变化迅速地让主席知道，每个代表的桌上都有一面小旗，当听到从他的交易厅内传来变更要求时，立刻把小旗举起来。只要还有旗被举着，主席就不会宣布价格定盘了。

（二）东京黄金市场

东京黄金市场于1982年成立，是日本政府正式批准的唯一黄金期货市场，会员绝大多数为日本的公司。

东京黄金市场以每克日元叫价，交收标准金的成色为99.99%，重量为1公斤，每宗交易合约为1 000克。

（三）新加坡黄金交易所

新加坡黄金交易所成立于1978年11月，目前时常经营黄金现货和2、4、6、8、10个月的5种期货合约，标准金为100盎司的99.99%纯金，设有停板限制。

（四）上海黄金交易所

上海黄金交易所是经国务院批准，由中国人民银行组建，中国专门从事黄金交易的国家金融要素市场，于2002年10月正式运行。它的成立实现了中国黄金生产、消费、流通体制的市场化，是中国黄金市场开放的重要标志。

上海黄金交易所始终坚持服务实体经济和产业发展原则，努力为投资者提供更丰富的投资渠道，已逐步发展成为中国黄金市场的核心、枢纽以及全球重要的黄金、白银、铂金等贵金属交易市场。

上海黄金交易所建成了由竞价、询价、定价、租赁等市场共同组成、融境内主板市场与国际板市场于一体的多层次黄金市场体系。

竞价市场实行集中竞价撮合机制，是目前交易量最大的市场，金融机构、产用金企业等机构和个人均可参与，交易标的包括黄金、白银和铂金三大类品种，有现货实盘合约、现货即期合约和现货延期交收合约等16个合约。

询价市场是机构之间开展定制化衍生品交易的重要平台，主要提供黄金即期、远期、掉期和期权等交易品种，近年来交易规模增长迅速，已成为上海黄金交易所市场的重要组成部分。

租借市场主要开展商业银行之间的黄金拆借业务、银行与企业之间的黄金租借业务，是上海黄金交易所支持产用金企业发展、更好发挥黄金市场投融资职能的重要创新和有益探索。

上海黄金交易所实行“集中、净额、分级”的结算原则，目前主板业务共有指定保证金存管银行 18 家，国际板业务共有指定保证金存管银行 8 家。上海黄金交易所实物交割便捷，在全国 35 个城市使用 61 家指定仓库，并在全国范围内对金锭和金条进行统一调运配送。

根据交易方式不同，交易所挂盘合约分为现货实盘合约、现货即期合约、现货延期交收合约及其他经中国人民银行批准的合约。现货实盘合约包括 Au50g、Au100g、Au99.99、Au99.95、Au99.5、Pt99.95、iAu100g、iAu99.99、iAu99.5。现货即期合约包括 Ag99.9 和 Ag99.99。现货延期交收合约包括 Au（T+D）、Au（T+N1）、Au（T+N2）、mAu（T+D）、Ag（T+D）。

根据交割地点的不同，交易所挂盘合约分为主板合约和国际板合约。主板合约包括 Au50g、Au100g、Au99.99、Au99.95、Au99.5、Pt99.95、Ag99.9、Ag99.99、Au（T+D）、Au（T+N1）、Au（T+N2）、mAu（T+D）和 Ag（T+D）。国际板合约包括 iAu100g、iAu99.99 和 iAu99.5。

自 2007 年起，上海黄金交易所交易量连续 10 年位居全球场内黄金现货场所之首。截至 2017 年末，上海黄金交易所有会员 253 家，其中国内金融类、综合类共 165 家，特别会员 19 家，国际会员 69 家，国内会员单位年产金、用金量占全国的 90%，冶炼能力占全国的 95%；国际会员均为国际知名银行、黄金集团及投资机构。截至 2017 年末，机构客户 12 269 户，个人客户 931.22 万户。

六、黄金投资的优势

（一）对抗通货膨胀

近几十年，通货膨胀十分严重，各国都普遍受此问题的困扰。随着通货膨胀的产生，货币贬值，货币的购买力日渐降低，钱变得不值钱了。在一些极端情况下，国家的货币通货膨胀严重，钞票就会变得如同废纸一般。

黄金本身属于贵重商品，金价会随着通货膨胀而上升，也就是黄金抵消了通货膨胀的损失，保证了投资者的资产不会被通货膨胀侵蚀，因此黄金可以对抗通货膨胀。

（二）卓越的避险功能

当世界政局和经济不稳，尤其是发生战争或经济危机时，各种普遍的投资工具如股票、基金、房地产等都会受到严重的冲击，这时黄金就体现了很好的避险属性。

即使遭遇经济危机，黄金的价格仍能维持不变甚至稳步上升，保持了资产的价值。随着黄金矿藏的不断开采和需求的不断增加，黄金变得更加稀有，增强了自身的避险属性。

（三）市场难以被操控

地区性的股票市场，人为操纵大市的情况比比皆是。但是黄金市场属于全球性市场，没有任何个人或财团有足够的资金操控全球黄金市场，因此黄金价格能够一直保持在反映实际供求关系的水平。

黄金价格全球统一，没有交易商的报价敢偏离实际范围，因为一旦报出偏离的价格，全球就会有大量的投资者进行无风险套利。由于黄金市场无法被人为操纵，投资者在价格公平度方面就得到了最大的保障。

（四）不易崩盘

股票和房地产市场有发生崩盘的风险，一旦崩盘，投资者将血本无归。黄金是不可再生的稀有金属，目前已开采的总量超过地球蕴藏量的一半，未来黄金供给量只会越来越少，使得黄金价格趋势一直上升。即使中间时有波动，长期而言，黄金价格仍然是一路看好。

1944 年，黄金价格是每盎司 35 美元，如今黄金价格已超过每盎司 1 000 美元，期间黄金价格趋势持续上升，投资黄金不会像投资股票和房地产那样遭遇市场崩盘的情形。

（五）可 24 小时交易

黄金不是专属于某个国家的交易品种，而是全球通行的交易产品，因此当一个国家的黄金市场休市时，地球对面另一个国家的黄金市场正在开市。由于全球各地的交易时间连成一线，24 小时内黄金都有活跃的报价，因此可以随时进行交易。

当股票市场收市后，黄金投资者仍能捕捉各种投资机会进行交易，可以把世界每一分钟的变动化为实实在在的盈利。

（六）世界通行货币

古代世界各地的人们都视黄金为出远门的最佳盘缠，时至今日，黄金仍然是世界通行的货币。只要手中拥有真正的黄金，在世界各地的银行、首饰商、金商都能够把黄金兑换为当地的货币，黄金可以全世界通行无阻，它的货币地位比美元还要稳固。

另外，黄金也是全世界都认可的资产，所有国家的人们对黄金的贵重价值都有共识。

（七）没有折旧问题

几乎所有的奢侈品都会遇到折旧的问题，比如名包、名表、名车等。崭新的奢侈品买回来时，已经无法原价出售。用过并且时间久了，价值更是贬值得厉害，可能连原价的一半都不到。

黄金不存在折旧的问题，其光辉和价值是永久的。当金饰久经佩戴变得失色时，黄金本身的价值并没有消减。市场上没有价格打了折扣的二手黄金，黄金只要重新清洗，就可以恢复原来的光泽，可以随时熔炼制造全新的金饰或金条。

（八）价值稳定恒久

奢侈品不能保值，房屋和地皮是否能永久保值呢？且不说中国内地施行的 70 年房屋使用权，时间长了之后，房屋的维护和保养都是一笔很大的费用。如今人们已很难见到年代稍久的房屋，那些房屋已经不存在了。地皮同样无法永久保值，万一出现天灾人祸，都会令地皮价值大幅下降。另外，地皮的价值还受所在地经济发展的影响，取决于政府的规划，国家的治理和经济制度的完善等。

黄金不会存在这样的问题，在任何时间、任何地方，其价值都不会被地区的突变而撼动。

七、个人投资黄金品种

（一）标金

标金是标准条金的简称，是黄金市场为使场内买卖交易行为规范化、计价结算国际化、清算交收标准化而要求进场的交易标准物，必须按规定的形状、规格、成色、重量等要素精炼加工成条状金。黄金最大的特性就是投资属性。

（二）金币

金币是黄金铸币的简称，有广义和狭义之分。广义的金币泛指所有在商品流通中专作货币使用的黄金铸件，如金锭、金元宝等。

狭义的金币是指经过国家证明，以黄金作为货币基材，按规定的成色和重量浇铸成一定规格和形状，并标明其货币面值的铸金币。

（三）金饰

金饰品也有广义和狭义之分。广义的金饰品泛指不论黄金成色多少，只要含有黄金成分的装饰品，如金杯、奖牌等纪念品或工艺品，均可列入金饰品的范畴。

狭义的金饰品专指以成色不低于58的黄金材料通过加工制成的装饰物。

（四）黄金账户

黄金账户，是指商业银行为投资者提供的一种黄金投资方式。

（五）纸黄金

纸黄金也叫黄金凭证，就是在黄金市场上买卖双方交易的标的物是一张黄金所有权的凭证而不是黄金实物，是一种权证交易方式。

（六）黄金股票

黄金股票又称金矿公司股票，指的是金矿公司向社会公开发行的上市或不上市的股票。

（七）黄金基金

黄金基金是专门以黄金或黄金类衍生品种作为投资媒体，以获取投资收益的一种共同基金，黄金基金分为开放式基金和封闭式基金两种。

（八）黄金理财账户

黄金理财账户又称黄金管理账户，指的是投资者在商业银行开立一个黄金理财账户，将买入的黄金存放在商业银行的金库里，记载在黄金理财账户上，并交与商业银行全权管理处置，到了原定的投资收益分配期间，由黄金理财账户的运作与管理者——商业银行来分配投资盈利。

（九）黄金保证金交易

黄金保证金交易是指在黄金买卖业务中，市场参与者不需对交易的黄金进行全额资金划拨，只需按照黄金交易总额支付一定比例的价款作为黄金实物交收时的履约保证。目前的世界黄金交易中，既有黄金期货保证金交易，也有黄金现货保证金交易。

上海黄金交易所也是一种保证金交易，但仅针对其会员。这种保证金交易与伦敦现货保证金交易和美国期货黄金保证金交易都不一样，它是一种现货黄金交易。与伦敦现货市场不同的是，它有固定的交易场所，仅仅充当投资者的交易媒介，撮合投资者之间进行交易，交易所自身不参与黄金买卖。与美国期货市场不同的是，美国黄金期货交易的标的物是标准化的黄金买卖合约，而上海金交所的黄金延期交收是一种黄金现货交易。

黄金投资是一种永久、及时的投资。几千年以来，黄金永远散发着她的光芒和魅力，并以其独有的特性——不变质、易流通、保值、投资、储值功能作为人们资产保值的首选。无论历史如何变迁，国家权力如何更迭，抑或是货币币种更换，黄金的价值永存。

在当今不确定的经济、政治环境下，许多投资者纷纷转向投资黄金，将它称为“没有国界的货币”，黄金成为在任何时候、任何环境下最重要、最安全的资产。

选择黄金作为投资目标，成为越来越多的富裕起来的人、越来越多深陷股市泥潭的人需要思考的问题。的确，黄金作为一种世界范围的投资工具，具有诸多独特优势，比如全球都可以得到报价，抗通货膨胀能力强，税率相对于股票低得多，金价走势公正公平，产权容易转移，易于典当等。

八、黄金交易方式

（一）黄金实物交易

顾名思义，黄金是以黄金实物交割为特征的交易模式，包括金条、金币。投资人以当天金价购买金条，付款后，金条归投资人所有，由投资人自行保管。金价上涨后，投资人携带金条到指定的收购中心卖出。

优点：黄金是身份的象征。古老传统的思想让国人对黄金有着特殊的喜好，广受个人藏金者青睐。

缺点：这种投资方式主要是大的金商或国家央行采用，作为生产原料或国家的外汇储备，交易起来比较麻烦，存在“易买难卖”的特性。

（二）纸黄金交易

什么叫纸黄金？说的简单一点，就相当于古代的银票。投资者在银行按当天的黄金价格购买黄金，但银行不交付投资者实金，只是给投资者一张合约。投资者想卖出时，再到银行用合约兑换现金。

优点：投资较小，一般银行最低为10克起交易，交易单位为1整克，交易比较方便，省去了黄金的运输、保管、检验、鉴定等步骤。

缺点：纸黄金只可买涨，也就是说只能低买高卖。当黄金价格处于下跌状态时，投资者只能观望。投资的佣金比较高，时间比较短。

（三）现货黄金保证金交易

通俗地说，打个比方，一个100块钱的石头，你只要用1块钱的保证金就能够用它进行交易。如果你有 100 块钱，就能拥有 100 个 100 块钱的石头。如果每个石头价格上涨 1 块，变成 101 块，你把它们卖出去，这样你就赚了 100 块钱。保证金交易，就是利用这种杠杆原理把资金放大，可以充分利用有限资金来以小博大。

现货黄金交易基本上是即期交易，在成交后既交割或者在数天内交割。期货黄金交易主要目的是为套期保值，是现货交易的补充，成交后不立即交易，而由交易双方先签定合同，交付押金，在预定的日期再进行交割。其主要优点在于以少量的资金就可以掌握大量的期货，事先转嫁合约的价格，具有杠杆作用。

现货黄金跟期货黄金相比，优缺点如下。

1. 交易机制

（1）期货黄金：有做空机制，可双向交易获利，涨跌行情中均有获利机会。实行 T+0 交易制度，当天可以多次开仓平仓，但有交割日，到期必须交割，否则会被强行平仓或以实物进行交割，保证金不足时也会被强行平仓。

（2）现货黄金：有做空机制，可双向交易获利，涨跌行情中均有获利机会。实行 T+0 交易制度，当天可以多次开仓平仓，无交割限制，可无限持有，但保证金不足时会被强行平仓。

2. 交易资金

（1）期货黄金：保证金交易。用 10% 的资金可以做 100% 的交易，资金放大 10 倍。

（2）现货黄金：保证金交易。根据各黄金公司的不同放大倍数而存在区别，但是大多数可以用 1% 的资金操作 100% 的黄金，也就是 100 倍的放大比例。倍数是按手来计算的，例如 1 标准手＝ 100 盎司，有些平台可以做 0.1 手等。

3. 交易时间

（1）期货黄金：交易时间为上午 9:00—11:30，下午 1:30—3:00。由于交易时间短，和国际金价不接轨，跳空现象频繁，投资者不能在行情初期第一时间进入。

（2）现货黄金：由于时差关系，目前国内是周一早上 8:00 到周六凌晨 3:00 都可以交易，也就是全天交易，可以在行情的任何时段进入。价格的连续性上比期货更有优越性，其中交易最活跃的时段为 8:00 到 24:00 之间。

九、交易时间

全球黄金市场主要分布在欧、亚、北美三个区域。欧洲以伦敦、苏黎世黄金市场为代表，亚洲主要以香港为代表，北美主要以纽约、芝加哥和加拿大的温尼伯为代表。

虽然国际黄金市场是一个不分昼夜 24 小时连续交易的市场，一个市场的价格波动可以迅速波及到其他市场，但每一个市场又都有自身不同的特点。悉尼黄金外汇市场作为每天全球最早开市的黄金交易市场之一，交易时间约为 6:00—14:00（北京时间）。

第二节 黄金期货知识

一、影响黄金价格的因素

（一）黄金供求关系

由于黄金兼具商品、货币和金融属性，又是资产的象征，因此黄金价格不仅受商品供求关系的影响，对经济、政治的变动也非常敏感，石油危机、金融危机等都会引起黄金价格暴涨暴跌。此外，投资需求对黄金价格的变动也有重大影响。

世界黄金市场供求关系决定价格的长期走势。

从历史上看，20 世纪 70 年代以前，世界黄金价格基本比较稳定，波动不大。世界黄金价格大幅波动是 20 世纪 70 年代以后才发生的事情。例如，1900 年美国实行金本位，当时 1 盎司 20.67 美元。金本位制度保持到大萧条时期，1934 年罗斯福将金价提高至 1 盎司 35 美元。1944 年建立的布雷顿森林体系，实际上是一种“可兑换黄金的美元本位”，这种货币体系给战后经济重建带来积极的影响，金价保持在 35 美元，一直持续到 1970 年。

造成黄金价格剧烈波动的诱因是 20 世纪 70 年代布雷顿森林体系瓦解。1973 年，尼克松政府宣布不再承诺美元可兑换黄金，金价彻底和美元脱钩并开始自由浮动。从此，黄金价格的波动最大程度地体现了黄金货币和商品属性的均衡影响。

由于黄金有世界储备功能，所以黄金被当作具有长期储备价值的资产广泛应用于公共以及私人资产的储备中，其中黄金官方储备占有相当大的比例。目前世界已经开采出来的黄金约 15 万吨，各国央行的储备金就约有 4 万吨，个人储备的有 3 万多吨。世界上黄金官方储备量的变化，将会直接影响世界黄金价格的变动。

20 世纪八九十年代，各中央银行开始重新看待黄金在外汇储备中的作用。中央银行日渐独立以及日益市场化，使其更加强调储备资产组合的收益。在这种背景下，没有任何利息收入的黄金（除了参与借贷市场能够得到一点收益外）地位有所下降。部分中央银行决定减少黄金储备，结果 1999 年比 1980 年的黄金储备量减少了 10%。正是由于主要国家抛售黄金，导致当时黄金价格处于低迷状态。

2000—2018 年，伦敦现货黄金价格统计数据见表 11-3。

（二）其他影响因素

1. 世界主要货币汇率

美元汇率是影响金价波动的重要因素之一。

由于黄金市场价格是以美元标价的，美元升值会促使黄金价格下跌，而美元贬值又会推动黄金价格上涨。美元强弱在黄金价格方面会产生非常重大的影响，但在某些特殊时段，尤其是黄金走势非常强或非常弱的时期，黄金价格也会摆脱美元影响，走出独立的趋势。

美元坚挺一般代表美国国内经济形势良好，美国国内股票和债券会受到投资者竞相追捧，黄金作为价值贮藏手段的功能受到削弱。美元汇率下降，则往往与通货膨胀、股市低迷等有关，黄金的保值功能又再次体现。在美元贬值和通货膨胀加剧时，往往会刺激对黄金保值和投机性需求上升。

美元对其他西方货币坚挺，则世界市场上金价下跌。如果美元小幅贬值，则金价就会逐渐回升。金价与美元走势存在 80% 的逆相关性。

2. 石油供求关系

由于世界主要石油现货与期货市场价格都以美元标价，石油价格的涨落一方面反映了世界石油供求关系，另一方面也反映出美元汇率的变化、世界通货膨胀率的变化。石油价格与黄金价格间接相互影响。

通过对世界原油价格走势与黄金价格走势进行比较可以发现，世界黄金价格与原油期货价格的涨跌存在正相关关系的时间较多。

3. 世界政局动荡和战争

世界上重大的政治、战争事件都会影响金价。政府为战争或为维持国内经济的平稳增长大量支出，政局动荡使大量投资者转向黄金保值投资，都会扩大黄金的需求，刺激金价上扬。

比如二次大战、美越战争、1976 年泰国政变、1986 年“伊朗门”事件，都使金价有不同程度的上升。再如 2001 年“9·11”事件，曾使黄金价格飙升至当年的最高价。

表 11-3　2000—2018 年伦敦现货黄金价格统计数据表

单位：美元 / 盎司

月 \ 价格 \ 年	2000	2001	2002	2003	2004	2005	2006	2007	2008	2009	2010
1	283.3	263.5	284.2	351	412.5	422.5	561.75	627	913	810	1 128
2	304.25	258.55	299.85	354.25	411.7	424.4	540.5	664.75	912.5	942.5	1 098.25
3	289.15	262.05	290.3	335.2	398.1	440.65	556.5	648.5	1 003.5	919.5	1 104.25
4	282	260.55	300.1	325.45	398.25	424.6	593	686.5	929.75	891	1 154.5
5	275.05	266.6	308.3	354.25	376.5	419.25	687.5	668.25	881.25	929.5	1 236.5
6	287.4	272.2	322.1	358.3	386.5	428.7	569.5	653.1	888.25	932.25	1 225
7	280.25	268.25	319	348.25	403.15	418.35	663.25	666	986	938	1 208
8	274.15	275.35	312.65	364.5	401.65	443.5	625.5	667.25	786.5	953.5	1 223.5
9	272.6	285.75	315.35	373.5	404.45	454.8	573.6	716.35	775	996	1 267
10	273.25	281.85	316.2	373.5	420.4	466	595.1	758.85	847	1 053.5	1 367.5
11	264.6	275.45	319.1	396.7	437.6	468.25	617.75	794	747.5	1 130	1 368.5
12	270.35	277.05	333	407.5	439	506.25	623.75	789.5	826	1 122	1 388.75

续表

月 \ 价格 \ 年	2011	2012	2013	2014	2015	2016	2017	2018
1	1 367	1 641	1 680.5	1 236	1 259	1 093.75	1 203	1 339.25
2	1 372.75	1 733	1 612.25	1 320	1 229.25	1 208.2	1 224.4	1 352.45
3	1 400.5	1 648	1 595.5	1 385	1 150.75	1 232.2	1 198.8	1 318.75
4	1 476.75	1 653	1 395	1 298	1 192.9	1 227.1	1 284.15	1 349.35
5	1 500.76	1 556.5	1 410	1 299	1 220.5	1 285.75	1 233.3	1 295
6	1 529.75	1 627.25	1 391.25	1 276.25	1 181.4	1 283.3	1 254.55	
7	1 587	1 589.75	1 284.75	1 310	1 147.4	1 327	1 230.3	
8	1 739	1 601.75	1 329.75	1 296	1 118.25	1 339.4	1 270.3	
9	1 782	1 775.5	1 324	1 234.25	1 105.95	1 310.8	1 322.85	
10	1 678	1 736	1 270.5	1 237.5	1 184.25	1 251.75	1 303.3	
11	1 785	1 710	1 287.25	1 169	1 084.75	1 226.95	1 282.2	
12	1 574	1 696.25	1 234.75	1 209.25	1 061.5	1 126.95	1 254.6	

注：截取月中数据，个别数据并不是15日的，但最多相差1～2天。

4. 其他因素

除了上述影响金价的因素外，世界金融组织的干预活动，本国和地区中央金融机构的政策法规，也会对世界黄金价格走势产生重大影响。

随着亚洲逐渐成为全球黄金消费的重心，亚洲各大交易所对黄金定价权的争夺亦如火如荼。近些年来，中国上海黄金交易所推出了国际板 iAu99.5、iAu99.99、iAu100g 三个黄金现货品种，新加坡交易所也上市了可在新加坡实物交割的 25 公斤实物黄金合约，同时，迪拜黄金及商品交易所也上市了现货黄金交易合约。

CME 原有的三种黄金合约，即 100 盎司黄金期货合约、50 盎司的 COMEXmini 黄金期货合约和 10 盎司的 E-micro 黄金期货合约均以盎司计量，而上期所黄金期货合约则是以公斤计量的。新上市的公斤黄金合约，则为进行内外套利的投资者解决了非整数单位转换导致套利不能完全对冲的风险困扰。

同时，CME 全天交易时间达到 23 小时以上，而上期所也实行连续交易，其交易时间覆盖了主要亚洲、欧洲和美洲时段，交易时段的一致性也充分保证了跨市场套利能够顺利进行。

现在市场参与者越来越聪明，充分体现在他们的交易方式、策略、工具、速度方面，从而对合约本身以及交易所的要求也日益提高。作为交易者，要关注不同交易所每天流量的市场占比，以及不同交易所之间合约的相关性和相容性。

新的黄金期货合约可在 COMEX 批准的香港金库进行实物交割，COMEX 目前在香港地区批准的金库有两个，包括 Brink's Incorporated 和 Malca-Amit Far East Limited。

选择在香港上市这个合约，是因为香港一直作为亚洲市场的主要黄金中转站，靠近中国内地、印度这两大主要黄金消费市场。同时，作为实物交割的合约，需要考虑到关税、货币、稳定的政治、经济环境等一系列因素，香港在这些方面拥有得天独厚的优势。

二、上海期货交易所黄金期货合约

表 11-4 上海期货交易所黄金期货合约

交易品种	黄金
交易单位	1 000 克 / 手
报价单位	元（人民币）/ 吨

续表

最小变动价位	0.05 元 / 吨
每日价格最大波动限制	不超过上一交易日结算价 ±5%
合约交割月份	最近 3 个连续月份的合约以及最近 13 个月以内的双月合约
交易时间	每周一至周五上午 9:00—10:15、10:30—11:30，下午 13:30—15:00；连续交易时间为每周一至周五的 21:00 至次日 2:30；法定节假日（不含双休日）前第 1 个工作日的有色金属连续交易停止
最后交易日	合约交割月份的 15 日（遇法定假日顺延）
交割日期	最后交易日后连续 5 个工作日
交割品级	含金量不小于 99.95% 的国产金锭及经交易所认可的伦敦金银市场协会（LBMA）认定的合格供货商或精炼厂生产的标准金锭（具体质量规定见附件）
交割地点	交易所指定交割仓库
最低交易保证金	合约价值的 6%
交割方式	实物交割
交易代码	Au
上市日期	2008 年 1 月 9 日

三、外盘（COMEX）黄金期货合约

表 11-5　外盘（COMEX）黄金期货合约

交易单位	100 盎司
报价单位	美元 / 盎司
交易时间（纽约时间）	逐日场内交易时间：纽约早上 8:20 至下午 1:30，通过芝加哥贸易交易所（CME）的电子交易平台 Globex 发展的交易，从纽约时间每周日下午 6:00 至下周五下午 5:15，每天下午 5:15—6:00 有一个 45 分钟的休息时间
交易月份	即月及下两个日历月，23 个月内的所有 2 月、4 月、8 月、10 月，60 个月内的所有 6 月、12 月

续表

最小变动价位	10美分/盎司（10美元/手）
最后交易日	现货月最后1个工作日之前的第3个交易日
交割期限	交割月的第1个工作日到最后1个工作日
品质要求	纯度不得低于99.5%
持仓限度	所有月份合约净持仓不超过6 000手，即月合约不超过3 000手
保证金要求	只有敞口头寸须支付保证金，会员及套保客户为2 500美元/手，非会员为3 375美元/手
交易代码	GC

第十二章　白银期货

第一节　白银简介

银在自然界中很少以游离态单质存在，主要以含银化合物矿石存在。银的化学性质稳定，活跃性低，价格贵，导热、导电性能好，不易受化学药品腐蚀，质软，富延展性。其反光率极高，可达 99% 以上。

一、矿产分布

目前已知以银为主要元素、次要元素和不定量形式存在的银矿物和含银矿物有 200 多种，以银为主要元素的银矿物和含银矿物有 60 余种，其中具有重要经济价值，作为白银生产主要原料的矿物有 12 种：自然银（Ag）、银金矿（AgAu）、辉银矿（Ag_2S）、深红银矿（Ag_3SbS_3）、淡红银矿（Ag_3ASS_3）、角银矿（AgCl）、脆银矿（Ag_2SbS_3）、锑银矿（Ag_3Sb）、硒银矿（Ag_3Se）、碲银矿（Ag_2Te）、锌锑方辉银矿（$5Ag_2Sb_2S_3$）、硫锑铜银矿 [8（AgCu）SSb_2S_3]。

银矿成矿的一个重要特点，就是 80% 的银是与其他金属，特别是与铜、铅、锌等有色金属矿共生或伴生在一起。我国重要的银矿区有江西贵溪冷水坑、广东凡口、湖北竹山、辽宁凤城、吉林四平、陕西柞水、甘肃白银、河南桐柏银矿等。矿床类型有火山 – 沉积型、沉积型、变质型、侵入岩型、沉积改造型等几种，以火山 – 沉积型和变质型最为重要。从成矿时代分析，除太古宙和新生代没有发现具有工业意义的银矿床外，自元古宙到中生代都有大中型银矿床产出，其中以中生代形成的银矿最多。

2016 年年底全球银矿探明储量为 57 万吨，其中中国储量为 3.9 万吨，中国是银矿资源中等丰富的国家。中国银矿分布较广，在全国绝大多数省区均有产出，探明储量的矿区有 569 处，以江西银储量为最多，占全国的 15.5%。云南、内蒙古、广西、湖北、甘肃等省（区）银资源亦较丰富。

中国银矿储量按照大区划分，以中南区为最多，占总保有储量的29.5%。其次是华东区，占26.7%。西南区占15.6%，华北区占13.3%，西北区占10.2%。最少的是东北区，只占4.7%。

二、白银供应情况

（一）白银资源分布

全球约2/3的银资源是与铜、铅、锌、金等有色金属和贵金属矿床伴生的，只有1/3是以银为主的独立银矿床。

白银储量主要分布在波兰、中国、美国、墨西哥、秘鲁、澳大利亚、加拿大和智利等国，这几个国家约占世界总储量和储量基础的80%。

（二）白银储量

从世界分布情况看，波兰、中国、美国、墨西哥、秘鲁、澳大利亚、加拿大和智利等国的储量占到世界总储量和储量基础的80%，其中波兰的储量和储量基础均位居世界首位。

2008—2017年，世界白银矿储量统计数据见表12-1。

表12-1 2008—2017年世界白银矿储量统计数据表

单位：万吨

2008	2009	2010	2011	2012	2013	2014	2015	2016	2017
27	40	51	53	54	52	53	57	57	53

2008—2017年，中国白银矿储量统计数据见表12-2。

表12-2 2008—2017年中国白银矿储量统计数据表

单位：万吨

2008	2009	2010	2011	2012	2013	2014	2015	2016	2017
2.6	3.4	4.3	4.3	4.3	4.3	4.3	4.3	3.9	3.9

（三）世界主要独立银矿

世界最大的银矿山是澳大利亚坎宁顿铅锌银矿，该矿隶属于必和必拓（BHP）公司，是澳大利亚最主要、最大的白银生产企业。

世界第二大银矿山是墨西哥普罗阿诺银矿，该矿位于墨西哥中部萨卡特卡苏州弗莱斯尼勒（Fresnillo）附近，隶属于世界第二大银矿生产商佩罗莱斯工业公司（Penoies）。

世界第三大银矿山是俄罗斯杜卡特银矿，该矿位于俄罗斯著名的多金属产区马加丹（Magadan）地区，隶属于世界第五大银矿生产商俄罗斯多种金属公司（Polymetal）。

（四）白银的生产和库存

白银市场供应大致可以分为两个方面，新生矿产银供应以及地面库存供应。地面库存的来源包括制成品回收、私人收藏，以及各国政府银锭库存的流通。

与黄金不同，黄金市场的流动性大多由中央银行决定，而白银期货市场和衍生品市场流通的白银则大都来自私人库存银锭。

地面库存最主要的来源通常是制造业产品回收，其中摄影业的回收占最大份额。黄金市场中，大量制品表现为首饰。因为饰品成品中黄金纯度很高，因此首饰回收对价格的敏感度也很高。而银制品中，除了一些特殊产品外，白银的含量很低，因此，再生银回收业对价格水平和价格波动缺乏弹性。

三、中国白银资源状况

（一）中国银矿床类型

（1）矽卡岩型银矿床和产于碳酸盐岩中的热液型银矿床。两类矿床的主岩都是碳酸盐，矽卡岩型接触变质深，碳酸盐岩型接触变质弱。典型矿床如四平山门银矿、高家堡子、凤凰山等，储量占银产量的36.62%。

（2）赋存于变质岩和碎屑岩中的热液型银矿床。变质岩中热液型银矿床多呈脉状，物质来源有与陆相火山热液有关的（浙江银坑山），有与斑岩热液有关的，有与岩浆热液、构造热液双重有关的（庞西洞）。此类型矿床储量占银储量的24.3%。

（3）岩浆型和产于侵入体中的热液脉型银矿床。岩浆型矿床是指赋存于基性和超基性岩中，与铜镍硫化物伴生的银矿床，典型矿床为新疆喀什通克矿区。产于侵入体中的热液型矿床的赋矿床围岩多为酸性岩基或大岩体，银矿以石英脉为主，爆破角砾次之，典型矿床为丰宁牛圈子银矿。此类型矿床储量占银矿储量的3.78%。

（4）陆相岩型与次火山岩（斑岩）型银矿床。这类矿床指赋存于火山岩或斑状超浅成侵入体中的矿体，是世界也是中国最重要的银矿床类型，储量占银矿储量的19%。典型矿床为冷水坑铅锌银矿，河北支家地银矿。

（5）海相火山岩型和沉积变质型银矿床。这类矿床主要产于秦岭褶皱系远古宇、祁连褶皱系古生届及巴颜喀拉甘孜褶皱系中生届。此类矿床探明储量占银矿储量的13.7%。海相火山岩型典型矿床为湖北竹山银董沟银金矿，沉积变质型矿床为河南桐柏破山银矿。

（6）沉积型和风化淋积型矿床。此类矿床探明储量占银矿储量的3.58%。沉积型银矿床又分为震旦系顶部黑色页岩中的银钒矿，赋存于红盆中伴生的砂岩铜矿和赋存于同生断陷盆中细碎屑岩灰岩中的含银铅锌矿，典型矿床为陕西柞水银硐子银铅锌铜矿。风化淋积型银矿典型矿床如浏阳七宝山金银矿，就是铁锰帽型。

（二）中国银资源空间分布

全国600多个银矿床，除西部唐古拉山、昆仑山等工作程度极低地区外，从北起黑龙江、大兴安岭，向南到海南岛，西至滇西、藏东，西北到天山、阿勒泰，都有银矿床分布。

我国银矿的成矿从晚太古到第四纪都有工业银矿床产出。元古宇最多，占30%，上古生届次之，占29%，中生届占24.8%，新生届和太古均少于3%。按成矿期次分，形成于燕山期的银矿床数最多，占62%。海西期的占13%，元古宇的占9%，喜山期的占6%。太古宇的最少，占1%。

四、白银的用途

（一）电子电器材料

电子电器是用银量最大的行业，其使用分为电接触材料、复合材料和焊接材料。银和银基电接触材料可以分为纯银类、银合金类、银－氧化物类、烧结合金类。全世界银和银基电接触材料年产量约2 900 ～ 3 000吨。

复合材料是利用复合技术制备的材料，分为银合金复合材料和银基复合材料。从节银技术来看，银复合材料是一类大有发展前途的新材料。银的焊接材料有纯银焊料、银－铜焊料等。

（二）感光材料

卤化银感光材料是用银量最大的领域之一。目前生产和销售量最大的几种感光材料是摄影胶卷、相纸、X- 光胶片、荧光信息记录片、电子显微镜照相软片和印刷胶片等。

随着电子成像、数字化成像技术的发展，卤化银感光材料用量逐渐减少，但卤化银感光材料在某些方面的应用尚不可替代，仍有很大的市场空间。

（三）化学化工材料

银在这方面有两个主要的应用，一是银催化剂，如广泛用于氧化还原和聚合反应，用于处理含硫化物的工业废气等，二是电子电镀工业制剂，如银浆、氰化银钾等。

（四）工艺饰品

银具有诱人的白色光泽、较高的化学稳定性和收藏观赏价值，深受人们（特别是妇女）的青睐，因此有“女人的金属”之美称，广泛用作首饰、装饰品、银器、餐具、敬贺礼品、奖章和纪念币。

银首饰在发展中国家有广阔的市场，银餐具备受家庭欢迎。银质纪念币设计精美，发行量少，具有保值增值功能，深受钱币收藏家和钱币投资者的青睐。

（五）纯银应用

纯银是一种美丽的银白色金属，具有很好的延展性，其导电性和传热性在所有金属中都是最高的。银常用来制作灵敏度极高的物理仪器元件，各种自动化装置，火箭、潜水艇、计算机、核装置以及通讯系统，所有这些设备中的大量接触点都是用银制作的。

在使用期间，每个接触点要工作上百万次，必须耐磨且性能可靠，能承受严格的工作要求，银完全能满足这种要求。如果在银中加入稀土元素，性能更加优良。用这种加入稀土元素的银制作的接触点，寿命可以延长好几倍。

最重要的银化合物是硝酸银。在医疗上，常用硝酸银水溶液作眼药水，因为银离子能强烈地杀死病菌。

五、影响白银价格的因素

白银具有货币属性、投资属性、商品属性这三重属性，这也决定了银价的驱动因素是复杂多样的。银价除了受供给和需求两大因素影响之外，还受地缘政治、经济、金融和实物白银供给四大驱动因素的影响。

地缘政治因素对白银价格的影响最直接、最明显，是白银短线投资者必须关注和分析的因素。世界上重大的政治事件、重要国家的战争、重大突发事件和核心国家安全战略调整，都会对金价带来很大的影响，从而很大程度上影响银价的运行。

地缘政治的不稳定会影响信用货币的吸引力，从而影响黄金、白银的价格。在经济和政治发生动荡的时候，信用货币的信用度将会受到不同程度的影响，使信用货币吸引力发生变化，市场资金将会大量流入商品市场和避险市场。白银具有天然的货币属性和保值功能，作为有限的商品资源，是资金流向的理想归宿。

白银的货币属性使白银在避险属性方面跟随黄金的价格波动，而白银的商品属性使白银很多时候跟随大宗商品的代表——原油的价格波动。石油是现代经济的血液，石油价格的动荡会引发恶性通胀和经济停滞。地缘政治因素是影响原油价格最有力的推手，因为它直接影响原油的供给和需求，而且比自然气候或者其他人为因素对原油的供需影响更加显著。每次国际政治局势动荡，油价飙升的时候，都是银价借势大涨的契机，也是白银投资者难得的“乱世”投机机会。

白银价格受经济因素的影响，实际上是经济稳定性对银价的影响。经济因素对白银价格的影响仅次于地缘政治因素，也是短线白银投资者每天需要关注的因素。经济稳定性和地缘政治是两个对立的因素，经济增长的基础是地缘政治稳定，地缘政治是经济衍生出来、驾驭经济增长的力量。经济提供动力，政治提供稳定。

大多数人简单地认为经济繁荣，白银会涨。反之，经济萧条，白银会跌。这个观点是片面的。这个观点只是看到了白银的商品属性，完全忽略了白银的货币属性。当经济发展过热的时候，投资者担心通货膨胀，因此大量购买黄金、白银这种能够对冲通货膨胀风险的商品，使得白银市场的资本存量和流入量大幅增加，同样使得金银价格呈现上涨势头。

当经济衰退时，政府为了刺激经济，会逐步调低利率，那么就会出现通货膨胀。如果通货膨胀严重的话，白银的内在稳定性和抗通胀能力就会凸显出来，作为很好的保值手段，投资者会纷纷购买白银，因此也会出现上涨甚至暴涨的势头。

美国经济数据的好坏，对黄金、白银价格的变动发挥重要影响。美元作为世界货币，它的兴衰直接关系到世界经济格局的变化，同样黄金、白银也不例外。美国经济数据好坏是外汇和黄金、白银市场日常重点关注的周期性因素，对外汇和金银价格具有短期的冲击力，一些重要的数据（就业数据，双赤字数据）出现异常情况的时候，甚至会在一定时期内持续影响金银价格走势。

全球金融因素是影响银价的重要因素，影响优先程度仅次于经济因素，但影响的持续性更强，是中线投资者必须掌握和分析透彻的因素。其中基金持仓量变化是投资者需要重点关注的内容。世界上最大的白银 ETF 是美国巴克莱资本旗下的 I Shares Silver Trust（SLV）公司的白银 ETF，它的持仓路线可以作为世界白银基金持仓路线很好的样本。它的白银持仓量变化，往往对白银价格的中期走势有很好的指导作用，投资者可以根据它的持仓量变化判断后市中期趋势。

相比地缘政治因素、经济因素和金融因素，用银的供求因素对白银价格的影响优先度最低，但是影响持久度很高，是白银长线投资者必须把握的因素。白银的货币属性和投资属性决定白银价格的短期和中期走势，而白银的商品属性，也即世界用银供给情况，则决定白银价格的长期走势。

众所周知，商品价格是由市场供求关系决定的。当商品供不应求时，价格就会上升；供过于求，价格就会下跌。白银作为贵金属商品，银价的长期走势也是由供求关系决定的。如果白银产量大幅增加，银价就会存在下行风险。反之，如果白银需求出现增长或者增长预期，银价就会受到长期支撑而上行。

正是由于多方面的影响，才使得贵金属白银价格波动频繁，无论在乱世还是在盛世，都是投资者理财的首选品种。熟悉银价的驱动因素及其逻辑层次关系，将有助于交易者在入市前获得一个征战白银市场的利器。

第二节　白银期货知识

2012 年 5 月 10 日，国内白银期货在上海期货交易所上市，从而结束了我国作为白银生产和消费大国却长期没有价格发言权的历史。在国际市场上，比较著名的白银期货交易所有伦敦金属交易所和纽约金属交易所，其白银期货价格一直反映并指引着现货白银的价格变动。

上海期货交易所 2013 年 7 月 5 日正式开始黄金、白银期货的夜盘交易。根据白银的品种特性、市场条件和国内外相关市场的交易时间，上海期货交易所将每周一至周五的 21:00 至次日凌晨 2:30 作为连续交易时段。此时段与上海黄金交易所夜盘时间基本一致，并且覆盖了芝加哥商业交易所集团（CME Group）旗下成交量最大的黄金电子盘的活跃交易时段（北京时间 21:00—2:00），以及伦敦金银市场协会每日第二次现货定盘价时间（北京时间 23:00）。连续交易的推出，有利于国内客户及时消化国际市场信息，通过国内市场管理风险。

从全球主要的白银期货市场来看，目前比较成功的是美国纽约商品交易所（COMEX）的 5 000 盎司白银期货和印度多种商品交易所（MCX）的小型（1 千克、5 千克、30 千克）白银期货交易。上述 4 个白银期货合约，也是 2011 年全球交易量最大的白银期货合约。

目前，美国是全球白银期货的交易中心和定价中心。1963 年 6 月 12 日，COMEX 在全球首先推出的白银期货是大型化的 5 000 盎司（约 155.52 千克）合约。按照成交千克数计算，美国是全球白银期货交易量最大的国家，COMEX 交易的 5 000 盎司白银期货也是全球交易量最大的白银期货，COMEX 是全球白银期货交易量最大的期货交易所。

表 12-3　上海期货交易所银期货合约

交易品种	白银
交易单位	15 千克 / 手
报价单位	元（人民币）/ 千克
最小变动价位	1 元 / 千克
每日价格最大波动限制	不超过上一交易日结算价 ±3%
合约交割月份	1—12 月
交易时间	每周一至周五上午 9:00—10:15、10:30—11:30，下午 13:30—15:00；连续交易时间为每周一至周五的 21:00 至次日 2:30；法定节假日（不含双休日）前第 1 个工作日的有色金属连续交易停止
最后交易日	合约交割月份的 15 日（遇法定假日顺延）
交割日期	最后交易日后连续 5 个工作日
交割品级	标准品：符合国标 GB/T4135-2002IC-Ag99.99 规定，其中含银量不小于 99.99%
交割地点	交易所指定交割仓库
最低交易保证金	合约价值的 4%

续表

交割方式	实物交割
交割单位	30 千克
交易代码	AG

表 12-4　外盘（COMEX）白银期货合约

合约单位	5000 盎司
报价单位	美元和美分 / 盎司
交易时间（美东时间）	公开喊价交易时间为 8:25—13:25；电子盘交易时间为周日 18:00 至周五 17:15，其中每天 17:15—18:00 间暂停 45 分钟
合约月份	当前月，下两个日历月，自当前月开始 23 个月内任意 1 月、3 月、5 月、9 月，60 个月内任意 7 月、12 月
最小价格变动	对于单纯远期交易，包括期货转现货交易，最小价格变动是每盎司 1/2 美分（或 0.005 美元）的倍数，相当于每份合约 25 美元；对于套期交易以及结算价格，最小价格变动是每盎司 1/10 美分（或 0.001 美元），相当于每手合约 5 美元。价格每波动 1 美分相当于每手合约波动 50 美元
最后交易日	交割月倒数第 3 个交易日
交割方式	交易所指定仓库或保管场所交割指定厂商并印有序列号的白银
交割日期	交割月的第 1 个工作日至最后 1 个工作日
期货转现货交易	买方或卖方向交易所提交申请，要求将期货合约换成等量现货头寸，新开仓或平仓都适用
品级及质量要求	刻有交易所指定厂商识别码的、含银纯度不低于 999、重量为 1 000 或 1 100 盎司的银条
头寸限制	单个月份或多个月份合约的总数不超过 6 000 手，且现货月份合约不超过 1 500 手
交易代码	SI

第十三章 焦炭期货

第一节 焦炭简介

冶金焦是高炉焦、铸造焦、铁合金焦和有色金属冶炼用焦的统称。铸造焦是化铁炉熔铁的主要燃料，作用是熔化炉料并使铁水过热，支撑料柱保持其良好的透气性。由于 90% 以上的冶金焦均用于高炉炼铁，因此往往把高炉焦称为冶金焦。焦炭期货交割标的物是冶金焦。

焦炭是烟煤在隔绝空气的条件下加热到 950 ~ 1 050℃，经过干燥、热解、熔融、粘结、固化、收缩等阶段制成的，这一过程叫高温炼焦（高温干馏）。由高温炼焦得到的焦炭用于高炉冶炼、铸造和气化。

炼焦过程中产生的经回收、净化后的焦炉煤气既是高热值的燃料，又是重要的有机合成工业原料。焦炭主要用于高炉炼铁和铜、铅、锌、钛、锑、汞等有色金属的鼓风炉冶炼，起还原剂、发热剂和料柱骨架作用。

炼铁高炉采用焦炭代替木炭，为现代高炉的大型化奠定了基础，是冶金史上的一个重大里程碑。为使高炉操作达到较好的技术经济指标，冶炼用焦炭（冶金焦）必须具有适当的化学性质和物理性质，包括冶炼过程中的热态性质。

焦炭除大量用于炼铁和有色金属冶炼（冶金焦）外，还用于铸造、化工、电石和铁合金，其质量要求有所不同。如铸造用焦一般要求粒度大、气孔率低、固定碳高和硫分低。化工气化用焦对强度要求不严，但要求反应性好，灰熔点较高。电石生产用焦要求尽量提高固定碳含量。

世界各国的焦炭主要用于钢铁工业，世界钢铁产量在增长，焦炭产量也在增长。据国际钢铁协会统计，2010 年世界粗钢产量达到 14.14 亿吨，同比增长 15%。生铁 10.31 亿吨，同比增长 14.08%。2000 年全球焦炭产量 3.36 亿吨，2010 年全球焦炭产量达到 6.3 亿吨。

2008—2018 年，世界粗钢产量统计数据见表 13-1。

表 13-1　2008—2018 年世界粗钢产量统计数据表

单位：万吨

月＼产量＼年	2008	2009	2010	2011	2012	2013	2014	2015	2016	2017	2018
1	11 287.0	8 647.6	11 337.5	12 805.9	12 454.37	13 025.33	13 706.08	13 750.42	12 814.07	13 826.834	13 943.87
2	10 746.5	8 661	10 711.9	11 837.22	12 174.84	12 428.46	12 603.54	12 557.51	12 153.52	12 720.981	
3	11 993.4	9 214.4	12 089.7	12 985.8	13 353.73	13 520.19	14 158.55	13 883.28	13 849.26	14 401.603	
4	11 702.3	8 964.4	12 092	12 669.38	13 052.08	13 259.29	13 667.99	13 550.32	13 530.98	14 221.2	
5	12 106.2	9 617.7	12 463.9	12 997.08	13 283.91	13 635.87	14 120.64	14 003.04	14 040.97	14 311.503	
6	11 885.1	10 066.1	11 834.6	12 767.41	12 922.86	13 145.59	13 782.34	13 640.36	13 646.22	14 196.317	
7	11 677	10 470.1	11 436.5	12 725.95	12 891.2	13 269.91	13 683.06	13 290.32	13 471.8	14 459.903	
8	11 272.6	10 835.1	11 314.1	12 430.1	12 384.91	13 116.31	13 520.9	13 208.34	13 488.49	14 457.578	
9	10 772.3	11 077.3	11 234	12 293.88	12 374.18	13 249.29	13 455.92	13 094.33	13 381.85	14 433.531	
10	9 920.2	11 476.5	11 737.7	12 353.32	12 518.62	13 425.33	13 640.1	13 278.92	13 718.58	14 465.12	
11	8 651.3	10 859.6	11 463.7	11 536.78	12 177.22	12 813.16	13 033.72	12 681.38	13 144.29	13 659.364	
12	8 170.4	10 779.2	11 615.7	11 705.81	12 047.26	12 919.08	13 371.21	12 814.07	13 286.91	13 757.429	
合计	130 184.3	120 669	139 331.3	149 108.6	151 635.2	157 807.8	162 744.1	159 752.3	160 527	168 911.4	

一、国内焦炭生产情况

自20世纪80年代以来，随着中国经济的快速发展，中国炼焦工业也进入了一个快速发展时期。2010年国内钢铁联合企业焦化厂焦炭产量约13 003.2万吨，同比增长5.0%，独立焦化企业焦炭产量25 400.8万吨，同比增长9.8%。钢铁联合企业焦化厂焦炭产量比重33.55%。

从统计数据来看，2008—2010年，钢铁联合企业焦炭产量稳定在1.2亿吨左右，相对于2007年之前钢铁联合企业焦炭产量比重整体有所增加。随着大型钢铁企业焦炭生产快速发展，钢铁联合企业焦炭产量所占比重还会不断增加。

2008—2017年，中国焦炭产量统计数据见表13–2。

从焦炭产量分布来看，山西、河北、山东、河南、内蒙、辽宁、云南、陕西、江苏、四川这10个焦炭年产量1 000万吨以上的省（区）的产量之和达29 000万吨，占我国焦炭总产量的75%以上。

从焦炭产量地区分布来看，我国炼焦企业地域分布不平衡，炼焦企业主要集中于华北、华东和西北地区，所以这3个地区焦炭产量之和占全国的比重在70%以上。

从焦炭成本方面来看，精煤的配比不同，焦炭产量也不同，但一般配比是1.4吨洗精煤能够炼出1吨焦炭。1吨精煤的配比煤种往往有四五种，主要构成为：主焦煤60%（含主焦煤、肥煤；各企业配比不同，产出的焦炭质量不同）、瘦煤30%、气煤10%。部分企业采用无烟煤炼焦新工艺，其精煤构成为：主焦煤50%（含主焦煤、肥煤、瘦煤，主焦煤占90%）、无烟煤50%。企业可以采用无烟煤炼焦，其主要原因在于当地蕴含大量的无烟煤，且55%为粉状，适宜炼焦。

一般焦化企业中，上游煤的成本占焦炭成本的75% ~ 90%，生产成本占到10% ~ 25%。现在多数焦化企业采用回收尾气进行蒸汽发电的方式来降低用电成本，把大约8%的电费成本隐含到生产成本中去。

运输成本一般在100 ~ 200元/吨左右，视距离的远近有所增减，一般不包含在报价中。焦化企业多给出车板价，运费由买方负责。

二、国内焦炭消费情况

2010年，国内粗钢和生铁产量分别达到62 650万吨和58 555万吨，强力拉动了我国焦炭需求的增长。尽管焦炭出口大幅度下降，重点大中型钢铁企业入炉焦比下降，我国焦炭表观消费量仍高达38 433.4万吨。

表 13-2　2008—2017 年中国焦炭产量统计数据表

单位：万吨

月＼产量＼年	2008	2009	2010	2011	2012	2013	2014	2015	2016	2017
1	2 673.04	2 339.28	3 031.07	3 326.98	3 463.02	3 711.6	3 772.49	3 824.82	—	—
2	2 571.33	2 423.83	2 860.1	3 222.5	3 430.25	3 649.1	3 803.39	3 592.1	—	—
3	2 904.29	2 597.35	3 183.2	3 488	3 857.4	4 050	3 831.5	3 799	3 605.3	3 764.3
4	2 961.75	2 473.65	3 244.6	3 502.9	3 763.3	3 947.8	3 845.7	3 743	3 625	3 832.3
5	2 993.56	2 767.43	3 352.9	3 664.4	3 847.3	4 032.7	3 918.7	3 769	3 781	3 720
6	3 119.77	3 172.31	3 366	3 797.5	4 104.66	4 104.66	4 109.5	3 838	3 854	3 816
7	3 007.41	3 188.16	3 152.1	3 720.7	3 912.49	3 912.49	4 024.33	3 757	3 731	3 728
8	2 966.81	3 122.69	3 139.5	3 785.2	3 920	3 920	3 992	3 735	3 913	3 691
9	2 566.48	3 151.43	3 192.9	3 708.2	4 029.21	4 029.21	4 012.17	3 673	3 929	3 644.5
10	2 194.07	3 153.19	3 196.3	3 573.9	4 026.31	4 026.31	4 065	3 717.43	3 993	3 479
11	2 025.42	3 131.16	3 265.9	3 343.8	3 939.75	3 939.75	3 966	3 666.1	3 876.6	3 446.6
12	2 217.14	3 266.98	3 420.3	3 487.8	3 981.43	3 981.43	4 097	3 518	3 805.7	3 509
合计	32 201.1	34 787.5	38 404.9	42 621.9	46 275.1	47 305.1	47 437.8	44 632.5	38 113.6	36 630.7

从焦炭需求分布来看，2010年，我国冶金焦炭总消费量为26 500万吨，河北地区不但是焦炭主产区，消费量也最大，占国内焦炭总消费量的23%。排名前10位的省区焦炭需求量占我国总需求量的73%。

从焦炭需求地区分布情况来看，2010年，我国焦炭总消费量为26 500万吨，其中华北、华东、华中、东北是焦炭需求主要区域，华北地区不但是焦炭主产区，消费量也最大，占全国焦炭总需求量的33%。华东地区焦炭产量占全国焦炭产量的31%。

2008—2015年，中国焦炭表观消费量统计数据见表13–3。

表13–3 2008—2015年中国焦炭表观消费量统计数据表

单位：万吨

2008	2009	2010	2012	2013	2014	2015
29 756.70	31 743.32	33 583.69	39 262.62	45 694.00	46 750.00	43 923.00

三、国内焦炭进出口情况

（一）中国焦炭进口量及价格分析

“九五”和“十五”期间，我国焦炭进口量一直很少，大部分年份在几百吨到几万吨之间，主要是个别企业用于生产调剂或进口部分焦丁，最高年份进口量也没超过20万吨，与出口量及产量相比，基本可以忽略不计。我国焦炭进口的价格一直在小幅攀升，尤其是在2008—2010年间上涨幅度比较大。参见表13–4。

表13–4 2001—2010年中国焦炭进口量与单价统计数据表

单位：万吨，美元/吨

年份	进口数量	进口单价	年份	进口数量	进口单价
2001	0	0	2006	0	0
2002	0	0	2007	0	0
2003	0.2	80.28	2008	0	0
2004	7.7	98.54	2009	15.9	128.12
2005	0	0	2010	10.9	154.27

2011—2018 年，中国焦炭进口量统计数据见表 13-5。

表 13-5　2011—2018 年中国焦炭进口量统计数据表

单位：吨

月 \ 进口量 \ 年	2011	2012	2013	2014	2015	2016	2017	2018
1	16	0.2	3.74	0.18	30.37	12.5	4 531.88	14 874.27
2	35	5.91	27.43	17.01	0.33	3.42	30	
3	17.25	16.43	0.52	72.79	68.85	27.02	77.49	
4	8 412.82	33.81	34 628.25	16.09	42.16	63.13	36.13	
5	6 124.55	19.59	18.51	37.18	10.6	1.13	23.75	
6	7 002.25	20.91	5.83	23.4	40.85	68.43	28.61	
7	14 396.67	128.69	90.36	48.8	26.23	52.42	82.11	
8	17 092.95	0.27	0.13	30.76	25.63	11.13	68.5	
9	14 020.96	4.89	0	27	66.06	55.88	17.48	
10	17 625.91	10 981.66	16.02	3.53	0	53.87	4 590.99	
11	30 997.6	23 878.04	14.8	78.2	7.77	69.58	93.09	
12	1.13	3.74	16	25.71	3 439.76	48.87	108.03	
合计	115 743	35 094.1	34 821.6	380.65	3 758.61	467.38	9 688.06	

（二）我国焦炭出口量及价格分析

改革开放以来，我国一直是焦炭净出口国，出口量比较平稳。“九五”和“十五”期间，我国焦炭出口有 8 年维持在 1 200 ~ 1 500 万吨 / 年，只有 2009 年出现大幅下滑，其主要原因是 2008 年初我国将焦炭出口税从 15% 增加到 25%，同年 8 月又增至 40%，加上年末又发生了严重国际金融危机，国外市场极度萎缩，焦炭国内外价格倒挂，因此，2009 年焦炭出口量只有 54 万吨，数量较少。2010 年焦炭出口有所恢复，出口量为 335 万吨。参见表 13-6。

表 13-6 2001—2010 年中国焦炭出口量与单价统计数据表

单位：万吨，美元 / 吨

年份	出口数量	出口单价	年份	出口数量	出口单价
2001	1 387	66.94	2006	1 450	138.47
2002	1 357	70.56	2007	1 529	202.14
2003	1 472	113.60	2008	1 213	478.76
2004	1 507	258.33	2009	54	369.62
2005	1 276	234.10	2010	335	419.82

2011—2018 年，中国焦炭出口量统计数据见表 13-7。

表 13-7 2011—2018 年中国焦炭出口量统计数据表

单位：万吨

年 / 出口量 / 月	2011	2012	2013	2014	2015	2016	2017	2017
1	18.85	6.79	4	73.61	106.77	74	79	69
2	24.02	7.84	12	55.28	56.31	88	81	64.7
3	76.74	10.2	10	65.45	68.47	112	40	
4	48.43	4.06	28	46.62	70.7	69	74	
5	44.6	14.1	42	99.67	122.96	57	65	
6	31.96	15.34	54	51.94	49.74	76	70	
7	18.14	11.02	53	50.34	73.47	110	72	
8	24.58	5.42	37	66.11	64.2	104	46	
9	13.81	11.31	31	69	66.53	62	47	
10	9.85	4.62	52	81.96	77.26	87	34	
11	8.87	4.91	68	94.49	83.98	93	97	
12	10.09	6	75	101.7	145.15	90	104	
合计	281.51	101.61	466	856.17	985.54	1 022	809	

四、煤炭转运港口

（一）秦皇岛港

秦皇岛港是世界最大的煤炭输出港和散货港，拥有世界最先进的煤炭装卸设备、工艺及配套设施，拥有世界最大的港口煤炭专用堆场，最大堆存量 1 042.5 万吨。

作为世界最大的煤炭输出港和我国“北煤南运”大通道的主枢纽港，秦港股份公司年输出煤炭占全国沿海港口下水煤炭总量的近 50%。

（二）天津港

天津港是中国北方最大的国际贸易港口和首都北京的海上门户，现有 7 个煤炭专业泊位，煤炭通过能力为 3 300 万吨 / 年。

港内用于接卸煤炭火车的道线共 7 条，年煤炭接卸能力为 1 000 万吨。港内局属煤炭堆场有效使用面积为 98 万平方米，全港局属煤炭堆场一次性堆存能力为 180 万吨。

（三）日照港

日照港地处中国海岸线中部，直接经济腹地包括山东南部、河南北部、河北南部、山西南部及陕西关中等地区。

日照港拥有中国吃水最深、泊位能力最大的 2 个 15 万吨级煤炭专用泊位和 1 个 5 万吨级煤炭专用泊位，煤炭专用堆场 10 个，堆存能力 350 万吨，年通过能力 4 500 万吨。

（四）广州港

广州港地处珠江入海口和我国外向型经济最活跃的珠江三角洲地区中心地带，广东省是华南地区能源消耗大省，煤炭年消费量超过 8 000 万吨，通过水运输送的煤炭量占广东全省电力用煤量的 70%。

广州港为华南最大的能源中转港，并成立了煤炭交易中心。

（五）青岛港

青岛港是中国内地第一个国际集装箱中转港。青岛港现拥有煤炭专用泊位 2 个，可进行 0.5 万吨到 10 万吨级煤炭船舶作业，年通过能力在 1 500 万吨以上。

青岛港拥有国际一流的现代化煤炭专用码头和全套先进的自动化翻车装船系统，翻车效率为每小时 120 节 0.76 万吨，装船效率为每小时 0.9 万吨。

（六）连云港

连云港地处中国沿海中部的海州湾西南岸，为横贯中国东西的交通大动脉枣陇海、兰新铁路的终点港。

连云港煤炭专用码头装船能力可达 1 200 万吨，接卸能力和单线装船能力均达 0.3 万吨 / 小时。

（七）京唐港

京唐港区是国家重点物资运输的重要港口，在我国煤炭、矿石、钢铁等货物运输中占有重要地位，是“北煤南运”七港之一。2009 年港口货物吞吐量达到 10 541 万吨，同比增长 38%，增幅居全国沿海港口第一。

五、焦炭贸易流向

我国焦炭区域间贸易流通量比较大。从输出看，山西、河南、内蒙、陕西、云南、山东、黑龙江、新疆等省（区）属于焦炭主要输出地。从输入看，河北、江苏、天津、辽宁、上海、湖南、广东、福建、广西等地区的焦炭缺口较大，焦炭输入量都在 340 万吨以上。

目前，国内焦炭流通格局包括两个方面。

一是主流向，主要包括三条路径:第一，焦炭由主产地山西、陕西等地通过铁路、公路向华北、华东等地区流通。第二，焦炭由山西、陕西及其他北方省份通过铁路、公路运到天津港、连云港、日照港后，再经水路销往华东、中南地区。第三，符合这个由北向南、以华北为枢纽的基本流向的，较临近省份或地区间的流通，如华北省份的焦炭销往华东、中南各省，中南地区北部省份向其南部、华东地区销售等。

二是区域性的焦炭流通，主要是东北地区和西南、中南地区的小范围流通，以及各邻近地区、省份之间与主流向不一致的焦炭流通。其特点是运输距离较短，数量较小，不构成国内焦炭流通的主要流向。

六、影响焦炭价格的因素

（一）炼焦煤价格波动

炼焦煤是焦炭生产的主要原材料，生产 1 吨焦炭需消耗 1.4 吨焦煤。焦煤价格对焦炭需求变化的反应具有一定的时滞，往往是焦煤价格先涨，过一段时间后焦炭价格也往上涨。而焦炭价格下跌一段时间后，炼焦煤价格才相应下跌。焦煤价格是影响焦炭市场价格的重要因素。

近两年我国焦煤进口量大幅增加，随着我国钢铁产业高炉大型化趋势越来越明显，对于焦炭质量要求也越来越高，焦煤的进口量会持续增加，国内焦炭价格受国际影响也会越来越大。

（二）钢材价格波动

从焦炭消费构成分析可知，钢铁工业是焦炭最主要的消费领域，因此，焦炭消费高度依赖于钢铁工业的运行，钢铁价格与焦炭价格高度相关。

我国作为钢材主要生产和消费国，钢材价格的变动，对我国国民经济具有深刻的影响。从焦炭与钢材的关系来看，钢材是焦炭主要的下游行业，钢材价格变动直接影响焦炭的价格走势。

（三）宏观经济、政策等其他综合因素

（1）与炼焦准入门槛相关的政策。

（2）与产业规模相关的政策。

（3）与环保相关的政策。

（4）与限制出口相关的政策。

（5）鼓励焦炭副产品回收和深加工的政策。

（四）市场供求关系

焦炭价格波动的基本因素是市场供求关系，其他因素都是通过影响供求关系来影响价格的，因此价格分析最重要的就是研究供求关系。

供求关系指在市场经济条件下，商品供给和需求之间相互联系、相互制约的关系，它是生产和消费之间的关系在市场上的反映。

当供大于求时，价格下跌，反之则上扬。同时价格反过来又会影响供求，即当价格上涨时，供应会增加而需求减少，反之就会出现需求增加。

（五）焦炭库存

库存状况是供求关系分析的一个重要指标。生产者、贸易者、消费者主要是根据焦炭价格的变化和自身的库存能力来调整库存的，库存是分析焦炭价格趋势的重要指标。比如，占全国焦炭出口 75% 的天津港，其港口库存已成为中国出口焦炭价格的风向标。

库存分报告库存和非报告库存。报告库存又称“显性库存”，是指交易所库存。

非报告库存又称“隐性库存”，指全球范围内生产商、贸易商和消费商手中持有的库存。由于这些库存不会定期对外公布，因此难以统计，故一般都以交易所库存来衡量。

（六）焦炭进出口

分析焦炭供求关系，要关注中国焦炭的进出口情况。焦炭出口价格基本上与国内价格联动，同时配额数量也起到关键作用。

（七）国家政策变化

国家政策对价格的影响是显而易见的。环境保护政策，国家进出口政策，尤其是关税政策，是影响焦炭价格的重要因素。

（八）产业发展趋势

消费是影响焦炭价格的直接因素，而用焦行业的发展则是影响消费的重要因素。其中生产成本是衡量商品价格水平的基础。

（九）相关行业状况

关注上下游产品的价格变化，以及其他能源资源类产品价格的变化趋势，有助于分析研究焦炭价格的变动方向。比如上游的主焦煤和炼焦配煤资源余缺、国际石油价格波动、钢铁行业产能变化等，都会影响焦炭的价格。

（十）宏观经济形势

焦炭是重要的工业原材料，其需求量与经济形势密切相关。经济增长时，焦炭需求增加，从而带动焦炭价格上升。经济萧条时，焦炭需求萎缩，从而促使焦炭价格下跌。

在分析宏观经济走势时，有两个指标很重要，一是经济增长率，或者说 GDP 增长率，另一个是工业生产增长率。宏观经济发展周期、景气状况，经济发展趋势、汇率变动等，会影响焦炭价格的变化，也是需要了解的背景资料。

（十一）市场心理波动

投资者的心理因素也会影响交易市场上焦炭商品的价格变化，心理因素起助涨助跌的作用。当投资者信心崩溃时，往往使市场加速下跌。当投资者信心满满时，往往让市场更加疯狂。

第二节　焦炭期货知识

世界上有80多个国家和地区拥有煤炭资源，有70多个国家使用煤炭，有50多个国家进行煤炭商业开采活动。整体上说，煤炭产业是全球重要的能源产业之一。

一些国家的燃煤发电比例很高，例如，波兰的燃煤发电比例高达94%，南非燃煤发电比例为92%，中国为81%，澳大利亚为79%，美国为51%。

最近几年时间，煤炭已成为世界上发展最快的能源资源，甚至超过了石油、天然气、核能、水电和其他可再生能源。

煤炭期货交易开展的时间比较晚，其中有多方面的原因。

（1）一直到20世纪末，煤炭国际贸易量都不是很高。在世界主要工业化国家能源结构中，煤炭的地位也普遍没有石油和天然气重要。很多国家产煤主要是为了满足本国需求，所以制约了煤炭期货的开发，使其落后于石油、天然气等能源品种。

（2）煤炭自身存在一些开展交易的困难，一定程度上阻碍了煤炭期货品种的开发。煤炭属于大宗散装货物，种类与等级数量繁多。对于类似电煤这个大类而言，质量等级划分存在一定的模糊性。虽然一些更细分的子类明确划分并不存在问题，但是因为产量较小，国外开展期货交易的需求并不是特别大。

（3）煤炭是发电的主要原料，需求量偏大，运输需要庞大的运力支持，在很多国家，这一方面都是个瓶颈。

（4）如果煤炭保存期限过长，可能存在自燃风险。这一因素给期货品种设计带来一定的困难，推迟了煤炭期货的开发。

随着全球石油使用量不断增加，原油价格上升，煤炭成本和储量优势开始凸现出来，在能源使用中逐渐得到重视，所以全球很多国家开始研究开展煤炭期货交易的可行性。

另外，很多交易所原有的商品期货品种和新开发的期货品种，开始从实物交割转向现金交割，煤炭交易活跃度进一步提高，从而为煤炭期货的开发提供了新的思路。

目前，国内大连商品交易所推出了焦炭期货（参见表13-8）、焦煤期货，郑州商品交易所推出了动力煤期货，都是相关的煤炭期货品种。

美国煤炭品种上市时间较早，虽然规模较大，但是交易一直不是很活跃，国内煤炭品种上市偏晚。

表 13-8 大连商品交易所焦炭期货合约

交易品种	冶金焦炭
交易单位	100 吨 / 手
报价单位	元（人民币）/ 吨
最小变动价位	0.5 元 / 吨
涨跌停板幅度	上一交易日结算价的 ± 4%
合约月份	1—12 月
交易时间	每周一至周五上午 9:00—10:15、10:30—11:30，下午 13:30—15:00；连续交易时间为前一自然日 21:00—23:30
最后交易日	合约月份第 10 个交易日
最后交割日	最后交易日后第 3 个交易日
交割等级	大连商品交易所焦炭交割质量标准
交割地点	大连商品交易所焦炭指定交割仓库
最低交易保证金	合约价值的 7%
交割方式	实物交割
交易代码	J
上市日期	2014 年 4 月 15 日

第十四章　焦煤期货

第一节　焦煤简介

生产焦炭的焦煤（coking coal）也称作冶金煤，属于烟煤或次烟煤。焦煤在炼焦炉中隔绝氧气，经过 1 000℃干馏后，可去除挥发成分，剩余的固态物质即焦炭。

一、定义

焦煤（coking coal）是中等及低挥发分的中等粘结性及强粘结性的一种烟煤。在中国煤炭分类国家标准中，焦煤是对煤化度较高，结焦性好的烟煤的称谓，又称主焦煤。

二、分类

GB5751–86 中国煤炭分类标准 [1] 规定焦煤分两类。

第一类焦煤的干燥无灰基挥发分 Vdaf = 10% ~ 28%，粘结指数 G > 65，胶质层最大厚度 y ≤ 25mm。这部分煤的结焦性特别好，可以单独炼出合格的高炉焦。

第二类焦煤的干燥无灰基挥发分 Vdaf = 20% ~ 28%，粘结指数 G = 50 ~ 65，结焦性比前者差。

焦煤具有中等挥发分和较好的粘结性，是典型的炼焦煤，在加热时能形成热稳定性良好的胶质体。单独炼焦时能得到块度大、裂纹少、抗碎强度高的焦炭。其耐磨性也好，但产生的膨胀压力大，使推焦困难，必须配入气煤、瘦煤等，以改善操作条件，提高焦炭质量。在炼焦配合煤中，焦煤可以起到焦炭骨架与缓和收缩应力的作用，从而提高焦炭机械强度，是优质的炼焦原料。

三、焦煤分布

从世界范围来看，焦煤资源比较匮乏，所以很少用焦煤单独炼焦。在我国，第一类焦煤的典型煤种有河北峰峰二矿、山西古交的西曲、黑龙江鸡西的滴道、安徽淮北的张庄和四川攀枝花的大宝顶煤。第二类焦煤的典型煤种有吉林通化的铁厂和内蒙包头的河滩沟煤。我国东北本溪，河北唐山、井陉，山东新汶等，都是焦煤的著名产地。

四、焦煤结构性短缺

优质炼焦煤作为特殊和稀缺煤种，在澳大利亚、美国、加拿大等国家都得到了战略性保护，成为战略性原料品种。

早在2009年，国土资源部就发布关于实施《全国矿产资源规划》的通知，指出加强重要优势矿产保护和开采管理，应对国民经济具有重要价值的特殊煤种和稀缺煤种实行保护性开采，合理控制开采规模，加强焦煤、肥煤等的合理利用。

我国炼焦煤资源分布极不均衡，主要集中在华北、华东。其中山西省炼焦煤种资源储量最大，查明资源量为1 551.84亿吨，占全国资源储量的55.35%。

中国是煤炭资源大国，已经探明储量约1.15万亿吨，存储量仅次于美国和俄罗斯。按照用途来划分，我国的煤炭可以分为动力煤和炼焦煤，分别占我国煤炭资源的72%和26%，另外2%分类暂不明。据数据统计，我国炼焦煤已查明的资源储量为2 803.67亿吨，占世界炼焦煤查明资源量的13%。我国炼焦煤资源分布并不均衡，主要集中在华北和华东地区。其中，山西省炼焦煤种资源储量最大，其他储量较大的省份还有安徽、贵州、山东、黑龙江。

按照煤炭的煤化程度由低到高进行划分，可以分为褐煤、烟煤和无烟煤。一般情况下，炼焦煤是指将具有一定粘结性、在室式焦炉炼焦条件下可以结焦、用于生产一定质量焦炭的原料煤的统称。

按照我国煤炭分类标准，烟煤中的焦煤、气煤、气肥煤、肥煤、1/3焦煤、瘦煤和贫瘦煤都属于炼焦煤，而褐煤、无烟煤以及烟煤中的长焰煤、不粘煤和贫煤，都属于非炼焦煤。中国炼焦煤各煤种的储量分布并不均匀，以气煤（包括1/3焦煤）最多，然后是焦煤。此外，尚有未分类的占1.96%。

五、焦煤用途：基础炼焦配煤

焦煤是一种结焦性最好的炼焦用煤，碳化程度高，粘结性好，加热时能产生热稳定性很高的胶质体。如果用焦煤单独炼焦，可以获得块度大、裂纹少、强度高、耐磨性好的优质焦炭。但单独炼焦时，由于膨胀压力大，易造成推焦困难。

六、肥煤用途：基础炼焦配煤

肥煤是粘结性最强、中等煤化程度的煤，加热时能够产生大量胶质体。用肥煤单独炼焦能产生熔融性好、强度高的焦炭，但焦炭的横裂纹多，气孔率高，易碎，因此多与粘结性较弱的气煤、瘦煤或弱粘煤等配合炼焦。

七、1/3 焦煤用途：基础炼焦配煤

1/3 焦煤是介于焦煤、肥煤和气煤之间的过渡煤，属于中高挥发分的强粘结性煤。这种煤单独炼焦时能生成熔融性良好、强度较高的焦炭。炼焦时，1/3 焦煤的配入量可在较宽范围内波动，都能获得强度较高的焦炭，这种煤也是良好的炼焦配煤中的基础煤。

八、气肥煤用途：基础炼焦配煤

气肥煤是一种挥发分、胶质体厚度都很高的强粘性肥煤类。气肥煤结焦性介于肥煤和气煤之间，单独炼焦能产生大量气体和液体化学产品。

九、瘦煤用途：基础炼焦配煤

瘦煤是煤化程度最高的炼焦煤，它的挥发分低，受热后产生的胶质体数量比焦煤少，且软化程度高。用瘦煤单独炼焦时，能得到块度大、裂纹少、抗碎强度较好的焦炭，但这种焦炭的耐磨强度较差。瘦煤作炼焦配煤用效果较好。

十、气煤用途：基础炼焦配煤

气煤是一种碳化程度最低的炼焦煤，加热时能产生较多的挥发分和较多的焦油，胶质体的热稳定性低于肥煤。

气煤也能单独炼焦，但焦炭的抗碎强度和耐磨强度较差，焦炭多呈细长条且易碎，并有较多的纵裂纹。配煤炼焦时多配入气煤，可增加产气率，提高化学产品回收率。

第二节　焦煤期货知识

作为能源战略品种，焦煤期货上市以后，国内期货市场形成了炼焦煤—焦炭—钢铁的完整产业链，对于焦煤企业以及下游钢铁和焦化企业而言，有了更多的渠道

稳定市场价格，对冲市场风险。

焦煤处于产业链的最上游，我国每年焦煤需求量大约在4.55亿吨，涉及下游近百家大中型钢厂、近千家焦化企业，此外还有上百家煤矿以及上万家焦煤贸易商。

在炼焦煤各品种中，焦煤对焦炭生产具有不可替代性，价格具有代表性，是炼焦煤价格的风向标，国际国内炼焦煤贸易最关注的是焦煤价格。同时，焦煤市场化程度高，不存在价格管制，生产、贸易和消费企业较多，竞争较为充分，现货交易流畅，可供交割量较为充足，国家标准明确，检测较为方便。因此，选择焦煤作为期货交易标的较为合理。

焦煤期货上市有利于进一步完善焦煤价格体系，健全焦煤价格形成机制，并为其他炼焦煤提供定价基准，有助于焦煤、焦炭和钢铁市场的平稳运行。同时为炼焦煤生产、贸易和消费企业提供必要的避险工具，促进现货企业稳健经营，提高自身竞争力。

一、大连商品交易所焦煤期货

表14–1　大连商品交易所焦煤期货合约

交易品种	焦煤
交易单位	60吨/手
报价单位	元（人民币）/吨
最小变动价位	0.5元/吨
涨跌停板幅度	上一交易日结算价的± 4%
合约月份	1—12月
交易时间	每周一至周五上午9:00—10:15、10:30—11:30，下午13:30—15:00；连续交易时间为前一自然日21:00—23:30（周一夜盘交易时段为上周的21:00—23:30）
最后交易日	合约月份第10个交易日
最后交割日	最后交易日后第3个交易日
交割等级	大连商品交易所焦煤交割质量标准
交割地点	大连商品交易所焦煤指定交割仓库

续表

最低交易保证金	合约价值的 7%
交割方式	实物交割
交易代码	JM
上市日期	2013 年 3 月 22 日

煤炭期货开发落后于原油、天然气等能源品种，这是因为煤炭自身存在一些开展期货交易的困难，阻碍了煤炭期货品种的开发。

二、CME 煤炭期货交易情况

2001 年，芝加哥商品交易所（CME）上市煤炭期货后，一直到 2008 年前，交易都不是很活跃，每月交易量在 5 000 手以下。按照每手 0.155 万吨来计算，每月成交不足 775 万吨，与美国煤炭现货市场相比明显还很小。

2008 年下半年后，CME 煤炭期货的成交量逐渐增大。2009 年 9 月，月成交量突破 20 000 手，创上市以来的新高。2010 年月成交量维持在 11 000 手以上，未来成交量有望继续增加。

三、ICE 煤炭期货交易情况

2006 年美国洲际交易所（ICE）上市煤炭指数期货后，一度没有任何交易。直到 2007 年 6 月,全部合约的月度交易量才突破 1 000 手。但进入 2008 年后,交易量激增。在 2010 年 1 月，全部合约月成交量首次突破 100 000 手，显示出巨大的市场潜力。

第十五章　动力煤期货

第一节　动力煤简介

动力煤指用于作为动力原料的煤炭。从狭义上讲，就是指用于火力发电的煤。从广义上讲，凡是以发电、机车推进、锅炉燃烧等为目的，产生动力而使用的煤炭都属于动力用煤，简称动力煤。动力煤的热值和挥发分、灰分要求不像冶金煤（如炼钢用的焦煤）那么高。

动力煤主要包括褐煤、长焰煤、不粘结煤、贫煤、气煤、少量的无烟煤。从商品煤来说，主要包括洗混煤、洗中煤、粉煤、末煤等。

煤炭在世界一次能源消费中所占比重为 26.5%，低于石油所占比重 37.3%，高于天然气所占比重 23.9%。从世界范围来看，动力煤产量占煤炭总产量的 80% 以上。

我国动力煤消费结构中，有 65% 以上是用于火力发电。其次是建材用煤，约占动力煤消耗量的 20% 左右，水泥用煤量最大。其余的动力煤消耗分布在冶金、化工等行业及民用领域。

秦皇岛港是我国重要的对外贸易口岸，是目前世界最大的煤炭输出港和散货港。秦皇岛港作为我国“北煤南运”的核心枢纽港，其煤炭价格在一定程度上反映了华东及东南沿海地区电煤市场的供求状况，也成为全国动力煤价格的风向标。

一、中国动力煤资源地区分布

按地区看，我国动力煤资源主要集中在华北和西北地区。华北地区的动力煤资源储量占全国动力煤查明资源储量的 46.09%，西北地区高达 39.98%，即“两北”地区的动力煤资源储量占全国的 80%以上。工业发达的华东地区仅占全国动力煤资源储量的 1.77%，东北和中南地区的动力煤占全国动力煤资源储量仅为 5.02%。

二、中国动力煤的煤种分布

动力煤指用于作为动力原料的煤炭，一般狭义上就是指用于火力发电的煤。动力煤的热值和挥发分、灰分的要求不像化工煤（如炼钢用的焦煤）那么高。从广义上来讲，凡是以发电、机车推进、锅炉燃烧等为目的，产生动力而使用的煤炭都属于动力用煤，简称动力煤。动力煤主要包括褐煤、长焰煤、不粘结煤、贫煤、气煤、少量的无烟煤、天然焦及部分未分类的煤种。

我国动力煤的保有资源储量中，以不粘煤为最多，占动力煤查明资源储量的21.83%。第二是长焰煤，占动力煤查明资源储量的 20.07%。第三是褐煤，占动力煤查明资源储量的 17.69%。第四是无烟煤，占动力煤查明资源储量的 15.24%。储量最少的是弱粘煤，只占动力煤查明资源储量的 2.18%。

三、中国动力煤产量与构成

随着国内经济的发展，我国煤炭产量连续几年环比上升。2009 年，整合煤炭资源后，我国煤炭产量达到 30.5 亿吨，同比上涨 10.99%。2010 年、2011 年和 2012 年产量增速有所放缓，年增速分别达到了 6.23%、8.64% 和 3.98%，2012 年之后产量又有提升。

2016 年 2 月，国务院出台《关于煤炭行业化解过剩产能实现脱困发展的意见》（国发 [2016]7 号），去产能方面，2016—2017 年合计淘汰落后产能 4.4 亿吨，完成整个十三五规划的 55%，后续未完成量可能针对非核定产能进行。

在行业整体去产能的大趋势下，动力煤的产量出现了一定程度的下滑，2016 年全年生产动力煤 28.24 亿吨，2017 年动力煤产量为 29.00 亿吨，2018 年动力煤产量估计为 29.44 亿吨。

我国各地区动力煤供应量均有不同，按地区来看，华北地区动力煤供应最多，东北地区动力煤供应量最少。

四、动力煤的价格形成

（一）价格走势

秦皇岛港是我国重要的对外贸易口岸，是世界最大的煤炭输出港和散货港。目前，秦皇岛港作为我国“北煤南运”的核心枢纽港，其煤炭价格在一定程度上反映了华东及东南沿海地区电煤市场供求状况，也成为全国动力煤价格的风向标。

动力煤期货的交割结算价以秦皇岛港 5 500 千卡 / 千克动力煤价格为基准。根据发热量及产地等的不同，秦皇岛港选取报价的动力煤品种有大同优混、山西优混、山西大混、普通混煤等。

（二）影响动力煤价格的因素

1. 基本因素

（1）煤炭产能。

煤炭产能决定动力煤有效供给的上限，从而成为影响我国动力煤价格的最基本因素。整个十二五期间，伴随着供给过剩与终端需求走弱的两级分化，动力煤价格从 2011 年 850 元 / 吨的高点回落至 2015 年年底的 280 元 / 吨的绝对低位后，开始触底反弹。2016 年 3 月开始，国家在加强去产能的同时出台了“276 政策”，政策约束下煤炭产量下滑明显、供需格局迅速扭转，动力煤也开启了一整年的上涨行情，2016 年 11 月取得整年度高点，年度涨幅约 120%。

从 2017 年整年度来看，政策调控与淡旺季因素共同作用下，动力煤价格表现出了明显的宽幅震荡形态。2016 年 11 月上旬开始，有效产量增加下，价格回落至 1 月初 500 元 / 吨附近后开始出现支撑，2017 年全年动力煤平均价格超过 630 元 / 吨，整体趋于紧平衡。

2009—2018 年中国煤炭生产量统计数据见表 15–1。

表 15–1 2009—2018 年中国煤炭生产量统计数据表

单位：万吨

年份	2009	2010	2011	2012	2013
生产量	297 300.00	342 844.73	376 444.00	394 512.81	397 432.70
年份	2014	2015	2016	2017	2018
生产量	387 392.00	374 654.00	340 900.00	359 300.00	364 700.00

（2）运输成本。

从煤炭价格结构来看，煤炭价格主要由生产成本、运输成本以及各涉及部门的利润构成。现阶段我国煤炭的生产成本仅占到最后消费价格的百分之十几，中间环节的费用和成本则占有很大比重，尤其是运输问题对煤炭价格的影响举足轻重，是影响煤炭市场的主要因素之一。目前，随着我国铁路体制改革及水运专用泊位的改造和新建，我国煤炭运输能力大大提高，煤炭运输瓶颈制约和运输矛盾已经得到有效缓解。

（3）消费状况。

动力煤的消费需求主要取决于以下几个因素。

第一，国民经济的增长速度。近年来，我国国民经济仍保持相对稳定的增长速度。

第二，电力、冶金、建材、化工等动力煤消费集中行业的需求。一方面，随着经济的发展，这四大行业正保持稳步发展，动力煤用量稳步增加。另一方面，随着宏观调控措施的效应逐步显现，再加上构建节约型社会以及转变经济增长方式，限制高耗能、重污染行业发展措施的实施，我国单位 GDP 能耗逐步降低，从而放缓这四大行业对动力煤需求的增长速度。

第三，适合城镇集中供暖锅炉的烟煤和灰分低、发热量大的优质煤末需求增势强劲。今后一段时期，煤炭的社会需求总量仍将保持稳定增长。

2. 具体因素

（1）国家政策。

虽然国家放开了煤炭价格管制，煤炭价格放开，但是实质上国家对煤炭价格管制的影响并没有消除。如从 2004 年年底国家对山西省煤炭企业加收税费或专项资金，加大了煤炭价格成本，煤炭成本上升了 18.6 ~ 31.6 元 / 吨，在一定程度上影响了山西煤炭价格。2012 年出台的《煤炭工业发展“十二五”规划》中有关煤炭资源税的改革方向——由从量计征改为从价计征，也会对煤炭生产和贸易产生重要影响。还有，煤炭供给侧改革，2016 年 3 月份开始实行“276 政策”，煤炭主产区开始大幅减少煤炭供应，整年度价格向上翻倍调整。2016—2017 年实行供给侧改革后，煤炭行业净利润得到明显修复。

（2）上下游产品供求。

上游产品通过影响动力煤的生产成本影响动力煤价格。不过，对于动力煤而言，其价格主要受下游产品的影响，主要耗煤行业（特别是电力、建材和化工等行业）的生产和需求状况，是影响煤炭市场的最重要因素，决定了煤炭价格的走势。如 2009 年入冬以来，我国遭遇罕见强冷空气袭击，全国用电量大幅增长，火力发电大幅上升，带动了动力煤价格的上升，其中秦皇岛动力煤价格最高上升了 40% 以上。

（3）国际市场煤价。

随着市场的进一步放开，国际市场煤价对国内市场的影响日益加剧，国内外市场煤炭价格的联动性进一步增强。即使现阶段，国际市场煤炭价格也会影响煤炭出口，其影响会通过煤炭价格予以体现。2011 年我国煤炭进口量进一步增长，国内煤炭价格与国际价格衔接更加紧密。2012 年 4 月份，受煤炭进口量以及产量显著增长的影响，国内港口煤炭市场运行低迷，连一向比较稳定的产地煤炭价格也出现了明显下滑，可以说明当前国内外煤炭价格的联动性已经很强，对于价格的分析需要同时关注国内外的情况。

（4）其他能源价格。

煤炭和石油是最基本的能源。石油价格的上涨对煤炭市场也有一定影响。石油价格大幅上扬，对煤炭价格的上涨会起到推波助澜的作用。石油价格对煤炭价格的影响，一是比价关系促使煤价上涨，二是通过相关产品和行业对两种能源品的需求转换促使煤价上涨。在未来较长的时期内，世界石油价格的波动，对煤炭价格仍会产生一定的持续性影响。

（5）煤炭库存。

煤炭库存是煤炭生产、运输、消费等多种因素作用的结果，与价格形成的因素基本相同，对煤炭价格变动具有先导作用。近年来，秦皇岛煤炭库存已经成为动力煤价格变化的风向标。

（6）煤炭进出口。

煤炭进出口量的多少，直接影响到煤炭市场的供求情况，进而影响到煤炭价格。当国内供应不变而进口增加时，如果需求量不变，供应增加，必将使得原本平衡的市场出现供给过剩，价格下跌。同样，出口煤炭会减少国内的供应，必然也会影响到煤炭的供求关系，进而影响价格，其间机制完全一样。

五、动力煤主要铁路运输干线

（一）大秦铁路

大秦铁路自山西省大同市至河北省秦皇岛市，纵贯山西、河北、北京、天津，全长 653 公里，是中国西煤东运的主要通道之一。大秦铁路主要经营货物运输，尤其是煤炭运输业务，除了主要运载山西北部的煤炭，一些来自内蒙古西部、陕西北部的煤炭也由大秦铁路运出。

2009年、2010年、2011年，大秦铁路分别运送煤炭33 000万吨、40 500万吨、44 000万吨，其煤炭运输量约占全国铁路煤炭运输量的20%，占晋北、蒙西煤炭外运量的85%以上。晋北、蒙西地区内的大同煤矿集团、中煤集团、准格尔能源公司等大型煤炭生产企业的煤炭，基本上通过大秦线外运。2012年大秦铁路发运量略有减少，全年完成煤炭发运43 000万吨。

（二）神朔黄铁路

自陕西省神木神东煤田至河北省沧州市的黄骅港，是我国西煤东运的第二大通道，也是运输神华煤炭（神府东胜煤田）的专用线，由神朔铁路和朔黄铁路组成。它是神华集团矿、路、港、电、航、油一体化工程的重要组成部分，在全国路网中占有重要地位，其年运量超过亿吨，与大秦铁路一起构成山西省煤炭外运（通向环渤海地区）的两大重要铁路。

神朔铁路运营里程270公里，西起陕西省的大柳塔，东至山西省朔州市，于1996年开始运营，为双线电气化线路。从朔黄线的黄骅南站连接至神华天津煤码头，为神华煤开辟了便捷的西煤东运下水新通道。它不仅有效缓解了黄骅港的运输压力，还大大节约了神华煤的铁路运输成本，优化了神华运输格局，极大地提高了中国神华的运输效能。

（三）丰沙大铁路

丰沙大铁路起于北京枢纽丰台西站，经沙城迄于大同西站，全长389公里，主要技术标准为国铁Ⅰ级，双线电气化，自动闭塞，限坡7‰，8K型电力机车牵引，到发线有效长850米，牵引质量0.4万吨，限制区段为沙城至张家口南，输送能力为客车24对，货运能力6 500万吨。

（四）京原铁路

京原铁路起于北京枢纽石景山南站，迄于北同蒲线原平站，全长437公里。1965年11月开工，1971年10月通车，1973年交付使用，共有车站53个。沿线蜿蜒于冀晋两省太行山区，跨河穿山，桥多隧长，是一条重要的战略铁路，又是晋煤外运的通道。

主要技术标准为国铁Ⅱ级，单线内燃，半自动闭塞，限坡12‰，DF4B型内燃机车牵引，到发线有效长850米，牵引质量0.35 ~ 0.4万吨，输送能力为客车3对，货运能力1 700万吨。

（五）集通铁路

该铁路由铁道部与内蒙古自治区合资建设，起于京包线责红站，迄于大郑线通辽站，全长 945 公里。途经内蒙古自治区四个盟（市）、13 个旗（县），是最长的地方铁路，煤炭来源主要为东胜、乌海和石嘴山等矿区。

六、北方四港具体情况

（一）秦皇岛港

秦皇岛港具有独特的经济地理地位。该港坐落在环渤海圈北岸的中端，西南临渤海湾，东北近辽东湾，同大连港、天津港成鼎足之势，堪称中国北方及北京的重要门户。

该港是世界上最大的煤炭输出港和散货港，是我国“北煤南运”大通道的主枢纽港，它担负着东南沿海电煤运输的主要任务以及国家外贸煤炭出口的主要任务，其年输出煤炭占全国沿海港口下水煤炭总量的近 50%。按港口功能分工和货源分类，该港主要货源煤炭分布于山西北部、内蒙古西部、宁夏、陕西北部等，这些地区都是中国著名的煤炭生产地。

多年来，港口煤炭吞吐量呈逐年上升趋势，2011 年该港发送煤炭 25 100 万吨，比 2010 年增加了 3 100 万吨。2012 年下半年，由于煤炭市场持续低迷，秦皇岛港煤炭发运量出现了小幅下降，达到了 23 500 万吨。

2008—2017 年，秦皇岛港煤炭运量统计数据见表 15–2。

（二）天津港

天津港地处渤海湾西端，位于海河下游及其入海口处，是环渤海中与华北、西北等内陆地区距离最短的港口，是首都北京的海上门户，也是亚欧大陆桥最短的东端起点。该港地处环渤海“C”型湾的中部，是我国华北、西北和京津地区的重要水路交通枢纽。

京津唐高速公路、丹拉高速公路、京津塘公路（103 国道）、津晋高速、海防公路等形成辐射状公路网络，连接了北京、天津及华北、西北地区各省市。京哈、京沪、京津三条铁路干线在此交汇，并外接京广、京九、京包、京承、京通、京坨、石德、石太、陇海、包兰、兰新等干线与全国铁路。港区共有铁路专线 120 公里，铁路经过专用编组站和塘沽火车站与京哈线、京沪线相连，并经过津霸联络线与京九线连接，港口货物可经过铁路通往全国各地。天津港也是新亚欧大陆桥的重要桥头堡之一。

表 15-2 2008—2017 年秦皇岛港煤炭运量统计数据表

单位：万吨

月＼运量＼年	2008	2009	2010	2011	2012	2013	2014	2015	2016	2017
1	1 804.6	1 437	1 832.8	2 032.4	1 976	1 842	1 760.1	1 862.4	1 456.3	1 861.7
2	2 003.5	1 269.3	1 486.5	1 692.6	1 804	1 792	1 728	1 605.6	1 116.1	1 704.4
3	1 907.8	1 882.7	1 818.7	2 280.4	2 229	2 032	2 236	1 720.8	1 335.5	1 876.1
4	1 892.3	1 636.3	1 893.1	2 040.4	1 933	2 086	2 044	1 873.2	1 240.6	1 618.8
5	2 015.4	11 735.5	1 973.4	2 263	2 050	1 968	1 958	2 079.6	1 182.1	1 820.9
6	2 064.3	1 717.6	2 001.9	2 034	1 844	1 865	1 861	2 001.9	1 139.8	1 815.8
7	1 777.2	1 831.4	1 853.7	2 148	1 898	1 823	2 068	1 912.8	1 157.9	1 781.6
8	1 991.6	1 877.5	1 938.1	2 178	1 924	1 985	2 168	2 053.6	1 215.1	1 819.2
9	1 830	1 692.3	1 705.5	2 249	1 937	1 918	2 004	1 821	1 126.6	1 803.1
10	1 606.2	1 479.1	1 832.5	2 045	1 915	1 948.5	2 008	1 581.8	1 376.8	1 837.4
11	1 251.6	1 682.9	1 958.3	1 929	1 826	2 126	1 983	1 571.7	1 646.6	1 762.7
12	1 336	1 844.2	1 698	2 226	2 119	2 179	1 889	1 925	1 917.8	1 830.8
合计	21 480.5	30 085.8	21 992.5	25 117.8	23 455	23 564.5	23 707.1	22 009.4	15 911.2	21 532.5

港口铁路年接卸能力 3 000 万吨。神华在天津港建设煤码头二期工程，建设 1 个 10 万吨级、1 个 7 万吨级、1 个 5 万吨级煤炭专用泊位，年煤炭吞吐能力 3 500 万吨，2011 年 12 月份竣工并投入运营。2011 年，天津港货物吞吐量突破 45 000 万吨，煤炭吞吐量 8 411 万吨。

2008—2017 年，天津港煤炭运量统计数据见表 15-3。

表 15-3 2008—2017 年天津港煤炭运量统计数据表

单位：万吨

月＼运量＼年	2008	2009	2010	2011	2012	2013	2014	2015	2016	2017
1	768.1	522.5	551.2	630.3	521	446	528	792.9	869	793.3
2	702.8	400.2	458.5	449	569	331	477	677	751.5	544.9
3	652.6	485.3	528.2	659.2	754	551	714	807.2	1 038.2	927.1
4	680.9	502	566.9	715.3	705	569	752	766.1	1 038.9	1 069.6
5	718.8	549.8	545.3	747	624	619	736	852	1 111.8	789.6
6	768.8	403.1	496.5	815	519	578	655	870.3	995.6	635.9
7	632.4	385.3	563.1	852	574	609	726	873.7	982.2	563.2
8	615	404.8	582	747	615	606	717	886.8	1 011.1	498.8
9	477.6	425.4	527.5	726	663	530	621	779	952.3	527.7
10	641.7	366.6	552.8	732	622	521	650	863.6	799.8	542.5
11	697.6	414.1	554.7	672	627	532	708	697.4	761.1	554.3
12	704.3	524.2	522	666	599	595	554.3	593.4	609.6	516.9
合计	8 060.6	5 383.3	6 448.7	8 410.8	7 392	6 487	7 838.3	9 459.4	10 921.1	7 963.8

（三）唐山港

唐山港下设两个港区，即京唐港区和曹妃甸港区。

1. 京唐港

京唐港区位于河北省唐山市东南 80 公里外的唐山海港开发区，东距秦皇岛港 64 海里，西距天津新港 70 海里。京唐港具有良好的交通运输条件，主要以公路为主。

唐山市内现有 205、102、112 三条国道通过，另有唐港高速，并连接京哈高速公路。铁路主要有滦港铁路专线，由港口至滦南站，与京山线连接可与京秦、大秦线接轨。京唐港年吞吐能力 5 000 万吨。

2. 曹妃甸港

曹妃甸港区位于渤海湾西岸，地处唐山市曹妃甸岛，毗邻京津冀城市群，北距唐山 60 公里，西距北京 210 公里，天津 110 公里，东距秦皇岛 150 公里。

曹妃甸专业煤炭码头位于港区挖入式港池西侧岸线，是为适应大秦线扩能的要求，满足国家西煤东运、北煤南运的要求而建设的专业化煤炭中转码头。

（四）黄骅港

黄骅港开发区位于渤海湾弓顶处，位于河北省沧州市以东约 90 公里的渤海之滨，恰在河北、山东两省交界处，环渤海经济圈的中部。漳卫新河（山东省境内）与宣惠河（河北省境内）交汇的大口河（流程仅 4.5 公里）在此入海。

黄骅港海上距天津 60 海里，陆上 112 公里。东距龙口约 149 海里，陆上 280 公里。西距黄骅市 45 公里，朔（县）黄（骅）铁路直通港口。该港进港煤炭大部分为神华集团生产，也有少量神华通过外购再进行销售。

2010 年，该港全年货物吞吐量达 8 903 万吨，增长了 1 057 万吨，堆存能力为 300 万吨，共有 7 个泊位，1 ~ 8 万吨级的船舶均能停靠。进港煤炭均由铁路直接运入。

北方四港中，秦皇岛港的煤炭库存是我国煤炭市场的“晴雨表”，且其参考价值日益增强，主要有以下几方面原因决定。

一是因为秦皇岛港地理位置比较特殊。该港距离我国“三西”煤炭主产区比较近，并有我国第一条煤炭运输大通道——大秦铁路做后盾，海岸有深水码头作支撑，水运可达我国东部和南部所有沿海和沿江省份。

二是因为北方其他港口的运输能力和天然条件暂时不如秦皇岛港。即使这些港口煤炭运输能力大幅提高，只会增加秦皇岛港煤炭市场“晴雨表”的作用，因秦皇岛港距离东部沿海相比其他港较远，按照“就近运输”原则，若秦港库存持续偏高，说明煤炭市场供过于求已比较突出。它的库存连续偏低，说明煤炭市场短缺已经开始。

七、南方三港介绍

动力煤进口主要集中在广东、福建、广西等省（区），其中广州新沙港、广西防城港、福州可门港是主要的煤炭进口港口。

南方三港具体情况如下。

（一）广州新沙港

新沙港区濒临南海，坐落在狮子洋畔，地处东莞，紧靠广州，西望莲花山，与广州经济技术开发区、高新技术开发区和保税区一衣带水。新沙一期工程已建成 10 个 3.5 万吨级以上的深水泊位。为迎合华南经济加速发展的需求，新沙港区预留超过 30 个深水泊位的发展空间。目前 10 个泊位包括煤矿泊位 3 个，集装箱泊位 3 个，散粮泊位 1 个，汽车滚装码头 1 个，杂物和通用泊位共 2 个，采用的机械设备为目前国内国际最先进。

新沙港区是华南地区最大的内陆港口，现已建成 3.5 万吨级泊位 10 个，最大可停泊 11 万吨级轮船，设备先进，装卸、仓储、疏运快捷便利，年吞吐量达 3 600 万吨以上，5 万吨船舶可全天候靠泊，年货物吞吐量超过 3 600 万吨。

（二）广西防城港

防城港是中国沿海 12 个主枢纽港之一，是中国重要的铁矿石、建材及煤炭等重要战略物资的中转基地。港口现有码头泊位 36 个，其中万吨级以上深水泊位 22 个，拥有 20 万吨级矿石码头和西部地区唯一的专业集装箱码头等一批现代化大型港口设施设备，可建万吨级以上泊位 200 多个，设计年吞吐能力达 100 000 万吨。

已开通至香港、海防、新加坡、釜山、东京的多条国际集装箱航线，与 80 多个国家和地区的 220 多个港口通航。2012 年完成亿吨跨越，吞吐量达 10 058.42 万吨，占广西沿海港口总吞吐量的 70%。

（三）福州可门港

福州可门港区位于连江县东北部，罗源湾南侧，背山面海，是天然的深水良港。福州可门港系福建及省外腹地外贸物资运输任务的重要口岸，对台“三通”的重要通道，重要的国际物流中转枢纽。

四通八达的水水、水陆、水铁中转路线，构成了一个多维的高速流动物流网络。距离福州市区 50 公里，距贯穿中国南北的沈海高速 22 公里，且目前可门港高速公路从福州东绕城高速的浦口互通口引入，与福州西绕城高速、规划中的疏港高速公路及福宁高速复线相连，已纳入福州半小时经济圈范围内。

水铁这块，港区疏港铁路支线与温福铁路相连，通过外福铁路、横南铁路、向莆铁路西通三明、江西、湖南等内陆地区，形成快捷的通道。

第二节 动力煤期货知识

动力煤期货合约（参见表 15–4）设计的基本原则是：贴近现货市场实际，遵循期货市场规律，方便现货企业套期保值，兼顾期货市场的流动性。

表 15–4 郑州商品交易所动力煤期货合约

交易品种	动力煤
交易单位	100 吨 / 手
报价单位	元（人民币）/ 吨
最小波动价位	0.2 元 / 吨
每日价格波动限制	上一交易日结算价 ±4% 及《郑州商品交易所期货交易风险控制管理办法》相关规定
最低交易保证金	合约价值的 5%
合约交割月份	1—12 月
交易时间	每周一至周五上午 9:00—11:30，下午 13:30—15:00；最后交易日上午 9:00—11:30；连续交易时间为前一自然日 21:00—23:30
最后交易日	合约交割月份的第 5 个交易日
最后交割日	车（船）板交割：合约交割月份的最后 1 个日历日 仓单交割：合约交割月份的第 7 个交易日
交割品级	见《郑州商品交易所期货交割细则》
交割地点	交易所指定交割地点
最低交易保证金	合约价值 5%
交割方式	实物交割
交易代码	ZC
上市日期	2013 年 9 月 26 日

动力煤期货上市以来，虽然市场规模仍有待提高，但期货市场价格充当领先指标的作用得到了市场的高度认同。

动力煤期货、现货价格走势始终保持较高的相关性，在上下游企业议价、大集团降价等关键时点，动力煤期货因其敏锐性、预期性，在充分博弈后率先反应，价格走势通常领先于现货市场，价格发现功能逐步显现。动力煤期货运行平稳，交割顺畅。